Eduard Raimund Baierlein

Nach und aus Indien

Reise und Culturbilder

Eduard Raimund Baierlein

Nach und aus Indien
Reise und Culturbilder

ISBN/EAN: 9783337020989

Hergestellt in Europa, USA, Kanada, Australien, Japan

Cover: Foto ©Andreas Hilbeck / pixelio.de

Weitere Bücher finden Sie auf **www.hansebooks.com**

Nach und aus Indien.

Reise- und Culturbilder

von

E. R. Baierlein,
Missionar.

Leipzig,
Verlag von Justus Naumann.
1873.

Vorwort.

Die vorliegenden Skizzen meiner Reise nach Indien über Athen, Konstantinopel, Damaskus, Jerusalem und Egypten erschienen zuerst in dem Leipziger „Evang.=Luth. Missionsblatt", mit Ausnahme des Artikels über den Libanon, welcher neu hinzugekommen ist. Vielfachen Aufforderungen gemäß, lasse ich sie nun in einem besondern Abdruck ausgehen. Der zweite Theil „Aus Indien" enthält Skizzen über Land und Volk von Indien, wie sie in verschiedenen Zeiten und unter verschiedenen Umständen an Ort und Stelle niedergeschrieben sind; sie befinden sich ebenfalls zerstreut in dem genannten Missionsblatte. Das Ganze dürfte nicht unwillkommenen Stoff zu Missionsvorträgen bieten und somit auch als Ergänzung der von mir unter dem Titel: „Die ev.=luth. Mission in Ostindien" herausgegebenen „Missionsstunden" dienen.

Möge denn was hier im Zusammenhange erscheint, dieselbe freundliche Aufnahme finden und gleiche Freude bereiten, als seiner Zeit die zerstreuten Aufsätze. Möge das Interesse für Indien, als das Land der Sehnsucht, das Land der Religion, das Land der Philosophie, und das Land der lutherischen Mission, auch hierdurch neu belebt, fester gegründet und beständig erhalten werden. Alles zur Ehre des HErrn, der nicht nur der Christen, sondern auch der Heiden Gott ist, und der da will, daß allen Menschen geholfen werde und sie zur Erkenntniß der Wahrheit kommen, die da ist in Christo Jesu, dem Könige der Wahrheit.

Dresden.

E. R. Baierlein.

Inhalt.

Nach Indien.

		Seite
1.	Bis zum Meere	1
2.	Bis Athen	7
3.	Athen	12
4.	Nach Constantinopel	17
5.	Constantinopel	19
6.	Des Sultan Ferman. Reise bis Smyrna	38
7.	Nach Beyrut	45
8.	Der Libanon und seine Bewohner. Das letzte Blutbad unter den Christen	51
9.	Nach Damaskus	73
10.	Damaskus und seine letzten Gräuelscenen	77
11.	Nach Joffa	87
12.	Nach Jerusalem	91
13.	Golgatha und Gethsemane	100
14.	Der Oelberg	106
15.	Das Thal Josaphat, Tophet und Ben Hinnom	110
16.	Besuch auf dem Moria, in der Moschee Omars, in der el Aksa und unter dem Tempelberge	118
17.	Zion	131
18.	Ein Ritt um Jerusalems Mauern	139
19.	Die Grabeskirche	146
20.	Nach Jericho	153
21.	Nach dem Jordan, dem todten Meere und San Saba	160
22.	Nach Bethlehem, Mar Elias und zurück nach Jerusalem	166
23.	Jerusalems Bewohner	173

		Seite
24.	Bethanien, Abschied von Jerusalem. Nach Egypten	182
25.	Nach den Pyramiden, nach Memphis und Sakhara	194
26.	Der Reise letztes Stück	202

Aus Indien.

1.	Koubistan und die Konds	215
2.	Die Nilagiris oder blauen Berge	236
3.	Sturm und Ueberschwemmung	265
4.	Die letzte der Satties	273
5.	Der dreifache Weg und die einzige Brücke zu Gott	278
6.	Nach Nallalam	287
7.	Aus dem Palaste der Großmoguln	308
8.	Vom Todtenfelde	311
9.	Vom Grabe eines Weisen	312

Nach Indien.

1.

Bis zum Meere.

> Ich bin ein Gast auf Erden
> und hab hier keinen Stand.
> Der Himmel soll mir werden,
> da ist mein Vaterland.
> Hier reis ich aus und abe,
> dort in der ew'gen Ruh
> ist Gottes Gnadengabe,
> die schließt all Arbeit zu.

„Da wird alles sehr gut seih!" hier ist des Nichtguten nicht wenig. Doch ist die Erde des HErrn und trägt auch der Spuren seiner Güte hier und da, und seiner Macht überall sehr viel. Zwar sind diese Spuren zuweilen etwas verwischt, oder vielmehr unsre Augen sind im Alter der Welt etwas trübe geworden. Aber die Augensalbe, die nun seit fast zweitausend Jahren schon feil geboten wird und so Vielen der Augen rechtes Licht erzeugt hat, ist überall zu haben und immer noch probat. Wer sie braucht, der erfährt's und sieht was er sonst nicht gesehen, und liest was ihm sonst unleserlicher war, als Egyptens älteste Hieroglyphen. —

Unsre Abschiedsstunde hatte wieder einmal geschlagen. Noch einmal waren wir versammelt im Kämmerlein: zum letzten mal umarmten wir unsre Gottesgaben. Verhüllt bleibe die Scene des Schmerzes und des Kampfes. Wo nur Gott helfen kann und stärken, bleiben Menschen ausgeschlossen. Und kommen die Stunden der Angst wieder: bei dem HErrn allein ist Trost zu finden und Stärke, denn Menschenhülfe ist kein nütze. Wenn es wieder still geworden ist in der Tiefe, der Sieg wieder unser und die Freude am HErrn unsre Stärke, dann treten wir aus dem Kämmerlein mit heiterem Angesicht.

Noch gab es manchen Abschied von lieben Freunden und Brüdern, mancher war auf Wiedersehn — im Himmel. Wo der Nachmittag eingetreten ist und der Abend schon naht, da ist ein Begegnen auf dem Pilgerwege nicht mehr zu erwarten. Es ist ein weiter Weg in das Land der Tamulen. Wenn wir uns nur am Ziele des Weges wiederfinden! „Dort wird alles sehr gut sein!" —

Der letzte Abschied war im lieben Missionshause, und dann galt's der Ueberschrift desselben zu folgen: „Gehet hin in alle Welt und prediget das Evangelium aller Creatur". Das geschah nun zum dritten male am Morgen des 24. Juli 1862. Am Abend waren wir in München. Eine theilnehmende Freundin, B. v. E., reiste mit uns, um in unsrer Gesellschaft den Orient zu besuchen. In ihrer Gesellschaft konnte der Abschiedsschmerz uns weniger oft bewältigen, und in Bezug auf die Reise ward uns möglich, was uns sonst nicht möglich gewesen wäre. Somit waren wir unsrer vier auf dem Wege: unsre Freundin, meine Gehülfin und ich mit dem braunen Abraham.

In München sollte Rasttag gehalten werden, um nach dem ersten Ansatz erst alles recht zu ordnen für den langen Weg, der vor uns lag. Da ich indeß dergleichen nicht nöthig hatte, so machte ich einen kleinen Abstecher und schlief am 26. auf dem Rigi.

Seit vielen Jahren zieht die Schweiz viel tausend Menschen an. Sie kommen aus allen Weltgegenden und bewundern hier Berge und Thäler, Glätscher und Seen, und gehen dann wieder heim. Sie reden verschiedene Sprachen und verstehen doch oft kein Wort von der Sprache der Schweiz, weder von der Sprache, welche die Schweizer reden, noch von der, welche die Schweiz selber redet. Sie bewundern die „Natur", die Bildung und Beschaffenheit der Berge und was sonst etwa zum Staube des Fußschemels gehört, oft ohne nur einmal den Fußschemel selbst recht in's Auge zu fassen, viel weniger aber den Blick zu Dem zu erheben, der die Erde zu seinem Fußschemel gemacht hat. Und doch ist Er das bewußte oder unbewußte Ziel der Sehnsucht eines jeden Menschenherzens. Ohne Ihn kommt es zu keiner Ruhe, und die große Reise- und Schaulust unsrer Tage ist oft nur eine Folge der Unruhe des Herzens, das hier und da sucht und doch nimmer findet, bis es zu Dem kommt, der allen Mühseligen und Beladenen Ruhe der Seele verheißen hat und allein geben kann.

Ueber den wundervollen Wallensee kam ich nach Innsbruck, und dort waren wir in einer Stunde wieder alle beisammen. Am andern Tage brachen wir von Innsbruck auf und fuhren über Brixen, Botzen und Trient nach Verona. Es ist ein recht interessanter Weg durch diesen Theil von Tyrol, wo, wie bekannt, das Papstthum eine seiner stärksten Vesten hat. Die Priester scheinen sich hier besonders wohl zu fühlen und besitzen eine ganz unbestrittene Herrschaft über das Volk. Da sollte man meinen, müßte wohl etwas mehr geistliches Licht und Leben zu finden sein. Wie dick aber hier und anderer Orten mitunter die römische Finsterniß ist, läßt sich kaum glauben. Ich trat früher einmal in einen alten römischen Dom ein und freute mich, auch außer den gottesdienstlichen Stunden eine Anzahl Beter darin zu finden. Aber meine Freude fiel gar sehr, als ich hörte, es seien bezahlte Beter, und den Zusammenhang der Sache erfuhr. In der Ohrenbeichte nämlich werden den Beichtenden eine Anzahl Vaterunser und Ave Maria's zu beten aufgegeben, womit sie die begangenen Sünden gleichsam gut beten sollen. Das ist nun freilich finster genug, wiewohl bekannt. Daß aber die „Vornehmen" es „beschwerlich" finden, diese Gebete selbst zu verrichten, und daher arme Leute bezahlen, um diese aufgegebenen Gebete für sie herzusagen, das war mir doch neu, und ich hätte eine solche Verfinsterung des Geistes mitten in der Christenheit kaum für möglich gehalten.

Von Verona ist's nicht weit nach Mailand. Dort steht der größte gothische Bau in der Christenheit, die Kathedrale. Sie ist im Innern noch über 24,000 ☐Fuß größer als der Kölner Dom, und über 34,000 ☐Fuß größer als Notre-Dame in Paris. Ganz von weißem Marmor erbaut, ist es ein gar glänzendes, stattliches, großartiges Gebäude, geziert mit 98 Thürmchen und mit 4,500 Statuen. Ebenso großartig, ja überwältigend ist das Innere. Vier lange Säulenreihen tragen das Dach und bilden somit 5 Hallen von 450 Fuß Länge und 200 Fuß Breite. Und unter diesen gewaltigen Hallen befindet sich noch eine unterirdische Kapelle, in welcher die Gebeine des heil. Borromeo ruhen, eines heilig gesprochnen Erzbischofs von Mailand, † 1584. Der Thurm ist 335 Fuß hoch und gewährt eine sehr schöne Aussicht auf die Alpen. Von welcher Seite man auch das herrliche Bauwerk betrachten, auf welchem Punkte man stehen mag: überall ist man überrascht und erstaunt, und geht höchst befriedigt von dannen. Sehr viel trägt auch das köstliche Material dazu bei, denn hier erscheinen alle Statuen in voller Lebenskraft und wohl erhalten, während sie z. B. am Kölner Dom gar sehr an Altersschwäche leiden, ja manche Heilige schon Finger, Zehen und Nasen verloren haben. Ich konnte mich lange nicht von dem herrlichen Bau trennen und that es endlich mit der Frage: Wann werden wir solche Kirchen in Indien haben? Aber die Zeit für dergleichen Gebäude scheint für immer dahin zu sein. Was auch für großartige Bauten in unsrer Zeit aufgeführt werden: einen Mailänder Dom zu erbauen, ist unsre Zeit nicht im Stande. Zwar an Mitteln fehlte es nicht, und auch nicht an der nöthigen Kunstfertigkeit, aber der Geist hat eine ganz andre Richtung genommen.

Mailand hat auf über 180,000 Seelen 80 zum Theil sehr schöne Kirchen. Da haben denn die Einwohner Raum darinnen, obwohl immer noch über 2000 auf jede Kirche kommen. Das sind aber doch übersehbare Kirchspiele. In mancher wohlhabenden protestantischen Stadt Deutschlands würde leider kaum der zehnte Theil der Einwohner Raum in den wenigen Kirchen haben, wenn sie hineingehen wollten, und man läßt in der neueren Zeit große volkreiche Vorstädte entstehen ganz ohne Gotteshäuser und folglich ohne die Mittel, ein geruhiges und stilles Leben führen zu lernen in aller Gottseligkeit und Ehrbarkeit. In einer mir sehr lieben Stadt fand ich eine Kirche, in welcher bei 30,000 Seelen eingepfarrt waren! Und während sich in den gerade dort nach allen Richtungen hin rasch angewachsenen neuen Stadttheilen ein Spiel- und Tanzhaus an das andere reihte, in denen die niedrigsten Leidenschaften des Volks erregt werden, hatte man für die Erbauung auf dem Grunde des Heils im öffentlichen Gottesdienste nicht nur nirgends gesorgt, sondern sogar mehrere ältere Kirchen niedergerissen. Wie kann man sich dabei noch wundern, daß die Immoralität in den Städten in furchtbarer Weise zunimmt und das Volk immer gottloser und unruhiger wird! Wenn doch die, welche das in Händen haben, einsehen wollten, daß das eben nur die natürliche Frucht ihrer eigenen Aussaat ist!

Unter den vielen schönen Kirchen Mailands ist auch noch die des heil. Ambrosius vorhanden, in welcher er gepredigt, die Eingriffe der listigen Arianer niedergebetet und in neuen Weisen niedergesungen hat, und in welche er dem Kaiser Theodosius den Eintritt verweigerte, bis er Buße gethan wegen des in Thessalonich veranlaßten Blutbades. Sie ist auf der Stätte und zum Theil aus dem Material eines frühern Bacchus-Tempels erbaut und hat noch einige Reste davon aufzuweisen. Man muß aber einige Stufen zu ihr hinabsteigen, da die Zerstörungen, die auch Mailand betroffen, den Boden ringsumher erhöht haben.

Nur 24 Stunden weilte ich in Mailand und eilte dann dem Meere zu nach der alten Dogenstadt Venedig. Das ist eine Stadt einzig in ihrer Art. Sieht's doch aus, als ob die Menschen, die sie erbauten, gar keinen Raum mehr auf Erden gefunden uns sich daher auf dem Meere angebaut hätten. Das Wasser des Meeres bildet die Straßen der Stadt, schwarze Gondeln (d. h. eigenthümlich gebaute Boote) bilden die Droschken, und schwere Barken die Frachtwagen. Statt der Spaziergänger sieht man hier und da Schwimmer in den Straßen, die mit großem Ernste zwischen den Gondeln und Barken ihre Bäder nehmen, was auch niemandem aufzufallen scheint. Der Markusplatz ist fast der einzige Platz, wo man ordentlich gehen kann, und der wird denn auch treulich dazu benutzt. Jeden Abend versammelt sich hier, so zu sagen, ganz Venedig und promenirt sich müde. Ueberall stehen Tische mit Erquickungen, hier und da auch Sänger und Spieler. Das Ganze trägt die Form eines heiteren Lebens, doch freute ich mich des äußern Anstandes und der Sitte um so mehr, je weniger ich sie hier erwartet hatte.

Venedig hat viele schöne Kirchen, die eigenthümlichste darunter ist die Markuskirche. Sie ist im orientalischen (byzantinischen) Style erbaut und mit orientalischem Reichthum verziert, aber der kirchliche Charakter tritt durchaus nicht bei ihr hervor, und mit dem Mailänder Dom hält sie trotz ihres größern Reichthums keinerlei Vergleich aus. Auch an schönen Palästen mit wohlklingenden Namen ist kein Mangel, sie stehen aber meist leer. Es ist eine vergangene Größe. Einst war die Stadt reich und mächtig, da ward sie stolz und hart und übermüthig, und so konnte ihr Fall nicht lange ausbleiben. Ihre ganze Lage mitten auf den Wassern — zum Theil auf sehr kleinen Inseln, zum Theil auf Pfählen erbaut — wie ihre öffentlichen und privaten Bauten zeugen von einer großen Energie des Geistes und der Kraft. Aber alles hat weichen müssen, da der Segen von oben wich. „Der Mensch lebt nicht vom Brot allein", und die Städte nicht von ihrer Energie allein. Groß oder klein, bleiben wir schon noch etwas abhängig von Dem, der da zerstreuet, die hoffärtig sind in ihres Herzens Sinn, der die Gewaltigen vom Stuhle stößt und erhebt die Niedrigen.

Von Venedig führte uns ein interessanter Weg zur Eisenbahn nach Triest, und hier stand schon unser Schiff bereit und nahm uns auf.

2.
Bis Athen.

Wenn einer den nächsten Weg von Leipzig nach Cuddalore wählen wollte, so müßte er geradeaus nach Constantinopel gehen. Von da müßte er durch Kleinasien oder um Kleinasien herum nach Haleb, und von da an den Euphrat und auf demselben hinunter an den Ruinen Babylons vorüber nach dem persischen Meerbusen. Von da gäbe es dann nur eine ganz kurze Seereise nach Bombay, und dann ginge es zu Lande quer durch Indien hindurch nach der östlichen Küste Indiens, auf welcher Cuddalore liegt. Das wäre der kürzeste Weg nach Cuddalore, und auch wohl der interessanteste. Ihn hätte ich gern zu meiner Rückreise gewählt. Aber wiewohl der kürzeste, ist es doch nicht der gebahnteste Weg. Und die Eisenbahn, die man von dem mittelländischen Meere nach dem Euphrat und an demselben entlang nach dem persischen Meerbusen zu bauen gedachte, besteht zur Zeit nur noch in Gedanken. So ist dieser Weg für jetzt noch ein sehr beschwerlicher und gefährlicher und auch von ziemlich langer Dauer, so daß er sich in weiblicher Begleitung schwerlich machen läßt. Weil sich nun nicht der ganze Weg machen ließ, wollten wir doch einen Theil davon machen, und so zogen wir von Triest geraden Weges nach Constantinopel.

Am 9. August nahm uns unser Dampfer auf und wiegte uns an den Küsten und Inseln Dalmatiens vorüber. Wir aber meinten von der Seekrankheit hier nicht übermannt werden zu dürfen, da es ein hübsches, freundliches Meer ist. Doch kann die „Adria" schon auch recht böse werden, wie Apostelgesch. 27 beweist. Wer aber nur das adriatische oder überhaupt das mittelländische Meer bereist hat, der kennt das Leben zur See nur halb. Er befindet sich gleichsam auf classischem Boden, wo vor ihm so viele große und kleine Helden voll Lust und voll Leid geschifft sind. Wer wollte die Größen alle nennen, die von Ulysses an diese Wogen befahren haben? Auf ihnen holten sich Lykurg und Solon ihre Staatsweisheit, Pythagoras seine Philosophie, Herodot seine Völkerkunde, Xerxes seinen Untergang. Auf ihnen fuhr Cäsar mit seinem Glück, Paulus mit seinen Ketten, Dandolo mit seiner Macht und in seiner Nacht. Es ist als ob die Wogen redeten und alte Mähr erzählten. Die Inseln auch, sie haben alle ihre Namen, ihre Geschichte, ihr Interesse. Und wenn eine kaum vorüber oder doch dem Geistesauge kaum entschwunden ist, so ist schon eine andere zur Hand und unterhält den Reisenden mit ihren Erinnerungen, erfreut ihn mit ihren Formen und erquickt ihn mit ihren Früchten. Man ist zur See und doch auch zu Lande; es ist nur eine halbe Seereise.

Wie so anders ist das alles auf den großen Weltmeeren. Unbekannte Wogen sind's, die der Kiel durchbricht, sie haben keine Geschichte. Sie reden nur durch ihr Brausen und Toben, und wenn sie schweigen, so ist dieses Schweigen oft noch schrecklicher, als das lauteste Brausen. Eine anhaltende völlige Windstille in den Tropen ist fast schrecklicher noch als der wildeste Sturm. Die Sonne ist wie ein glühendes Eisen über dem Haupte, und die See haucht unangenehme, übelriechende Dünste aus. Der Mensch auch wird faulig. Ein Sturm weckt was von guten Kräften im Menschen verborgen ist: Muth, Gottvertrauen, Gebet. Anhaltende Stille weckt nur das Böse im Menschen: Unzufriedenheit, Murren, Zank und Zwietracht. Und ein Glück ist's, wenn sich nicht noch ein andrer Gast einstellt, der unter diesen Umständen so schrecklich ist: Mangel.

„Denn nichts Frecheres giebt es fürwahr, als quälenden Hunger,
Der mit gewaltigem Zwang stets nöthigt, sein zu gedenken,"

zu Lande schon. Aber fern auf dem Meere, hunderte von Meilen vom Lande entfernt und bei völliger Windstille — das weiß nur, wer's erfahren. Wenn es aber auch am besten hergeht, wenn weder heftige Stürme noch langweilige Windstillen angetroffen werden, so ist doch die Reise im Ganzen eine langweilige, einsame, uninteressante. Tage lang, ja oft Wochen lang sieht man kein Schiff nah oder fern und fühlt sich völlig allein. Nichts, worauf das Auge ruhen könnte, als nur Himmel und Wasser. Auch kein Vogel ist zu sehen, die Delphine nur und die Wallfische treiben dann und wann ihr Spiel um das Schiff her. In den südlichen Gewässern kömmt auch wohl einmal ein Albatros sehr weit vom Lande her und begleitet das Schiff; die Matrosen sehen den stattlichen Vogel mit seinem Kreuz auf dem Rücken für ein gutes Zeichen an und tödten ihn nicht, denn das würde, fürchten sie, Unglück bringen.

Auch für den Schiffer selbst ist eine Fahrt auf den kleinen Gewässern nur eine halbe Seereise. Ihm genügt Compaß, Senkblei und Logleine: denn er weiß immer ziemlich genau, wo er sich befindet, und die nächste Insel sagt es ihm wieder ganz genau. Auf dem offnen Meere ist's ganz anders. Wenn oft in mehreren Wochen kein Land gesehen worden ist, so ist's gar schwer genau zu wissen, auf welchem Punkte der Karte das Schiff sich befindet. Und doch ist das nöthig, wenn das Schiff nicht auf Klippen gerathen soll und untergehen. Darum sind hier Chronometer und Sextanten nicht zu entbehren und es wird eine gar künstliche Berechnung erfordert, um die Lage des Schiffes genau zu bestimmen. Es ist ein Triumph der Seekunst, daß nun nach selbst Monate langer Entfernung von jeglichem Lande dennoch bestimmt werden kann, an welchem Tage und auch wohl um welche Tageszeit dieses oder jenes Land zu Gesicht kommen wird.

Auf unserm kleinen Meere waren wir nach einer Fahrt von zwei Tagen schon wieder auf dem Lande, in Korfu. Hier tritt das griechische Wesen schon stark hervor. Griechen und Türken gehen hier friedlich, doch wohl bepistolt und bedolcht, neben einander her. Insonderheit aber zeichnen sich in der sehr bunten Bevölkerung Korfu's die Albanesen vortheilhaft aus. Ihre Tracht ist äußerst zierlich und kleidsam und besteht aus weißen, eng anliegenden, unten gestickten Beinkleidern, einem weißen und sehr faltenreichen Rock, der bis an die Kniee reicht, über welchen noch eine kurze, sehr reich gestickte Jacke geworfen ist. Die Männer haben einen leichten und zierlichen Gang und sehen überhaupt sehr gewandt und muthig aus. Natürlich fehlen auch ihnen Pistolen und Dolche nicht, womit ihre Gürtel reichlich versehen sind.

Korfu mit seiner bunten Bevölkerung und seinem schönen Hafen, mit seinen Bergen und Felsen und dem nahen Festlande Albaniens ist sehr malerisch und hübsch. Die Befestigungen des Hafens jedoch und die Citadelle, auf hohen schroffen Felsen erbaut, zeigen, daß jetzt die Bewohner der Insel längst nicht mehr sagen können, wie sie einst durch den Mund Nausikaa's sagten:

„— Der Sterbliche lebt wohl nicht, noch wird er geboren,
Der jemals das Gebiet der Phäatischen Männer beträte
Feindschaft tragend im Sinn! Wir sind ja geliebt von den Göttern,
Wohnen so weit entfernt, an der viel aufwogenden Meerfluth
Aeußerstem Saum, und haben mit Sterblichen keine Gemeinschaft."

Denn mit bitterer „Feindschaft im Sinn" und mit tödtlichem Haß im Herzen kamen unter anderm die Türken noch im Jahre 1716 mit 22 Kriegsschiffen und 35,000 Kriegern vor Korfu an und belagerten es. Sie mußten aber nach 6 Wochen langem Kampfe, in welchem sie die Hälfte ihrer Macht verloren, wieder abziehen. Denn die „Phäatischen Männer" vertheidigten sich tapfer, von dem deutschen Grafen Schulenburg geleitet, dessen Statue, von den Venetianern, die damals Korfu besaßen, errichtet, auf der Esplanade steht und noch in gutem Zustande ist.

Am andern Tage, nachdem wir Korfu verlassen, fuhren wir zwischen Cephalonia und Ithaka hin, so daß wir beiden Inseln sehr nahe waren. Unsere Blicke richteten sich unwillkürlich und immer wieder auf die viel kleinere der beiden Inseln, auf Ithaka. Und doch war sie nicht die schönste. Aber was ihr dauerndes Interesse giebt, das ist ihr ehemaliger Fürst, „der beharrliche Dulder Odysseus." Kein Wunder, daß er nach vieljähriger Abwesenheit seine Heimath nicht wieder erkannte. Denn er hatte inzwischen viel schönere und fruchtbarere Länder gesehen. Die Heimath aber war stets wie im rosigen Lichte in seiner Erinnerung geblieben. Als er sie nun in nackter Wirklichkeit sah und auf ihr wandelte, wußte er's nicht und wollte es nicht glauben, als es ihm gesagt wurde. Doch Heimath bleibt Heimath. Und ob auch des rosigen Schimmers beraubt, in welchen langjährige Abwesenheit immer eine geliebte Heimath hüllt, so behält sie doch als das Land unsrer Kindheit für uns der Reize sehr viele. Andern mag unsre Heimath uninteressant, langweilig, unerträglich sein, uns bleibt sie immer das liebste Land auf Erden. Sehnt sich doch auch ein Grönländer nach seinen Eisbergen zurück. Stirbt doch der Indianer, wenn er von seinen geliebten Wäldern entfernt wird. Vertauscht doch auch kein Pescheräh seine kalten nackten Felsen und Vulkane, Steppen und Moräste mit schöneren Ländern und besseren Klimaten.

"Wie ein Ton von goldnen Saiten
Fällt der Name ihm in's Ohr,
Aller Lande Herrlichkeiten
Zieht er seine Fluren vor.

Das gilt von der Heimath eines Jeden.

Am 12. August landeten wir vor Syra, einer kleinen Insel in den griechischen Gewässern, und stiegen an's Land. Wir fanden ein reges Leben in den Straßen und viel Handel. Das ist auch nicht zu verwundern, denn es ist die bedeutendste Handelsstadt

Griechenlands. Griechisches Leben, nicht sehr reinlich, ist hier zu Hause. Es ist eine gesunde fruchtbare Insel, die viel gewonnen hat, seit sie den türkischen Händen entkommen ist. Aber im Innern ist Syra längst nicht so interessant, als vom Meere aus. Es hat eine gar eigenthümliche Lage, fast wie Algier. Terassenförmig liegen die Häuser hoch übereinander, von dem Hafen an rückwärts gelehnt. Keines Baumes Schatten durchbricht das Einförmige der weißen Häuserfronten, die in ihrer terassenförmigen Lage alle zugleich dem Auge erscheinen. Dazu überraschte uns eine Reihe Windmühlen, die statt 4 Flügeln, wie die unsrigen, ihrer 12 hatten, die aber natürlich viel kleiner waren und statt Fachwerk kleine Segel hatten, in welchen sich der Wind fing und sie in Bewegung setzte.

Wir verließen Syra am Nachmittage und waren am nächsten Morgen noch vor Tage im Pyräus, dem Hafen Athens. Schnell stiegen wir an's Land und fuhren auf gutem Wege mit raschen Pferden, als eben die Sonne aufging, frohen Muthes nach Athen.

3.
Athen.

Es war ein herrlicher Morgen, der 13. August, an welchem wir der Stadt so vieler Größe, so großen Ruhms entgegenfuhren. Wie forschten unsre Augen schon von fern nach dem ersten Erscheinen der berühmten Stadt. Und als die Akropolis immer deutlicher entgegentrat und wir die Stadt endlich erreicht hatten, bogen wir alsbald rechtsum, ließen die Stadt in Ruhe und zogen hin zu den Ruinen vergangener Herrlichkeit.

Zuerst besuchten wir den ältesten und besterhaltenen Tempel Athens, den Theseustempel. Vierunddreißig dorische Säulen aus weißem Marmor tragen das Dach und die Wände stehen noch ganz. Es ist ein etwas schwerfälliges Gebäude, es steht dafür aber auch schon über 2300 Jahre und trotz dem Zahne der Zeit.

Die Athener hatten einst einen ritterlichen König, Theseus, der sie von der harten Herrschaft Kreta's befreite, dem Staate eine Verfassung gab und dem Lande viel Gutes erwies. In seiner Abwesenheit aber vergaßen die Bürger des Guten, das er ihnen erwiesen hatte, gaben seinen Feinden Gehör und traten ihm, als er wiederkam, mit solchem Undank entgegen, daß er der Stadt fluchte, wieder verreiste und auf dieser Reise durch seine Feinde umkam. So hatten Athens Väter ihrem Wohlthäter gelohnt, ihre Kinder aber erhoben ihn zum Halbgott und bauten ihm diesen Tempel. Die Juden tödteten die Propheten, ihre Kinder bauten ihnen Gräber. Die Heiden tödten ihre Wohlthäter, ihre Kinder bauen ihnen Tempel. Ueberall derselbe Geist.

Als das Christenthum gesiegt hatte, ward aus dem Theseustempel eine christliche Kirche, nach dem ritterlichen Georg benannt. Heut ist's keine christliche Kirche mehr, sondern eine Art Rumpelkammer, in welcher gute und schlechte Antiken — einzelne Arme, Beine, Füße und Köpfe, auch Rumpfe ohne Kopf und Glieder und was sonst — aufbewahrt werden. Auch ein Zeichen der Zeit.

Griechenlands Söhne, kräftige Gestalten, exercirten vor dem Theseustempel, als wir herauskamen. Wir aber eilten ohne Rast der Akropolis zu und traten ein in die Propyläen. Das war dereinst ein hohes Säulenthor aus weißem Marmor mit fünf Durchgängen in der Mitte. Am rechten Flügel stand ein kleiner Tempel — der Siegestempel — und auf dem linken ein anderes Gebäude. Die Propyläen waren also eigentlich nur ein Staatsthor am Eingange des Tempels, kosteten aber nicht weniger als 5 Millionen Gulden. Sechs große dorische Säulen mit Friesen sind jetzt die hervorstechendsten Reste dieses großen Werkes.

Durch die Propyläen hindurch gelangten wir zu dem Parthenon. Zwischen beiden stand früher die Göttin Pallas Athene aus Metall, 50 Fuß hoch. Die Göttin schwang eine Lanze und hielt den Schild empor als Vertheidigerin der Stadt und Burg. Meilenweit soll man sie haben sehen können vom Meere aus. Im Parthenon selbst, dem größten und schönsten Tempel, stand wieder die Göttin aus Elfenbein und Gold von Phidias gearbeitet, in ruhiger Stellung. Hinter ihr waren die Schätze des Staates und Landes aufbewahrt. Prächtig, großartig muß das alles ausgesehen haben, denn das bezeugen noch die gewaltigen Trümmer. Aber weder die kämpfende noch die ruhende Göttin konnte die Akropolis vor Erstürmung und Zerstörung schützen, ja sie fiel selbst der Zerstörung anheim. Zur Seite des Parthenon stehen noch schöne Reste eines andern Tempels, des Erechtheon, dessen Säulen mit besondrem Fleiße gearbeitet worden sind. Mehrere der hingefallenen hat man wieder aufgerichtet.

Die Akropolis hat eine herrliche Lage. Man hat die Stadt zu seinen Füßen, darüber hinaus hat man den Parnaß und den Pentelikon, von wo der herrliche weiße Marmor kam, aus welchem alle Bauten auf der Akropolis errichtet wurden. Zur andern Seite hat man das Meer vor Augen mit Salamis und seinen Erinnerungen. Ungern schieden wir von der Akropolis.

Unfern der Akropolis ist ein andrer Hügel, Musaion genannt, mit 4 in den Felsen gehauenen Kerkern. Das waren die Staatsgefängnisse. Einer dieser Kerker hat keinen Eingang zur Seite und ist nur von oben zugänglich. Hier soll Sokrates seine letzten dreißig Tage verlebt und dann den Becher des Undanks getrunken haben, gefüllt mit tödtlichem Gifte.

Von hier aus begaben wir uns auf den Areopagus. Hier giebt es keine Ruinen, aber die Stätte selbst hat hohes Interesse. Dann auf diesem Berge versammelten sich die zu Richtern bestellten Bürger Athens zum Gericht. Leben und Tod ward hier entschieden. Das

„Schuldig!" und „Unschuldig!" traf manchen mit Recht, manchen mit Unrecht, war aber immer entscheidend. Die Stufen sind noch sichtbar und steinerne Bänke noch vorhanden, wo einst Volk und Kläger und Verklagte saßen.

Hier stand auch der Apostel Paulus, die Stadt vor seinen Augen, die gewaltigen Tempel zu seiner Rechten und verkündigte den verwunderten Athenern, die sich so viel auf ihre kunstvollen Götzen einbildeten, den Gott, der nicht mit Händen gemacht ist, dessen auch nicht mit Menschenhänden gepflegt wird und der nicht in stolzen Tempeln wohnt. Das ging noch so hin. Als er ihnen aber Den verkündigte, an welchem sich scheiden aller Menschen Herzen, sich auf ihn erbauen oder an ihm zerschellen: da fingen grobe Athener an zu spotten, feine Athener entschuldigten sich mit ungelegener Zeit, aber heilsbedürftige Athener fielen ihm zu, gaben Gott die Ehre und den todten Götzen Abschied. —

Nun erst zogen wir in die Stadt und suchten uns eine Herberge, denn der Leib verlangte nach seiner Nothdurft.

Aber nicht lange, so zog es uns wieder hinaus, die Stadt näher zu betrachten. An mehreren Orten wurden interessante Marmortrümmer ausgegraben, die tief unter dem Schutt und den Fundamenten der jetzigen Häuser begraben lagen. Uebrigens steht die Stadt nur zur Hälfte auf dem Boden der alten Stadt und hat an sich nicht viel Auszeichnendes. Auf einem schönen Platze vor der Stadt fanden wir die colossalen Reste des Jupiter-Tempels, schon im Jahre 530 vor Christo begonnen, aber erst unter dem Kaiser Hadrian vollendet. Korinthische Säulen von 60 Fuß Länge und über 6 Fuß im Durchmesser liegen umher, 16 davon stehen noch und zeigen, welch einen Effect dieses colossale Gebäude in seinem Glanze gehabt haben muß. Um diese Tempelreste promeniren Athens Kinder gern und staunen die Werke ihrer Väter an. Es ist auch ein schöner Platz, dem königlichen Schloß und der Akropolis nahe.

Auf einer Seite der letztern ward gerade Schutt in ungeheuren Massen weggeräumt und es kam tief unten ein großes halbmondförmiges Theater zum Vorschein, dessen Sitze noch wohl erhalten wären. Hier und da stand auch ein besonders fein gearbeiteter Stuhl von weißem Marmor, wahrscheinlich den ehemaligen Großen der Stadt angehörig. Von hier aus zogen wir noch einmal auf den Areopagus und dann auf den Pnyx, den Versammlungsort der Bürger, wo die Fragen über Krieg und Frieden besprochen und die bedeutendsten Reden gehalten wurden.

Es war ein reiches, etwas anstrengendes Tagewerk, das wir in Athen hatten, denn noch vor Abend mußten wir schon wieder aufbrechen und dem Hafen wieder zueilen. Lange noch und oft blickten wir auf die Akropolis zurück, bis sie unsern Blicken verschwand und wir den großen Steinblöcken entlang, die einst Themistokles zu einer Mauer aufführen ließ, um so den Hafen mit Athen zu verbinden, dem Piräus zufuhren. Hier fanden wir noch Zeit nach Salamis überzuschiffen und die Gräber zu besehen, deren eins für das des Themistokles ausgegeben wird.

Wohl keine Stadt hat mehr große Männer gehabt, als Athen und wohl keine hat ihre besten Staatsdiener so schlecht (meist mit Verbannung) gelohnt, wie Athen. Frieden wohnte nie viel in ihren Mauern und Einigkeit haben die Bürger wohl nie gekannt. Trotz der weisesten Staatsmänner glich Athen fast immer einem wogenden Meere. Und trotz der weisesten Redner blieb es thöricht bis es unterging. Athen giebt viel zu bewundern und viel zu lernen. Unter anderm auch dies:

> Wenn der HErr nicht die Stadt behütet,
> So wachen die Wächter umsonst.
> Wenn der HErr nicht das Haus bauet,
> So arbeiten umsonst, die daran bauen.

4.
Nach Constantinopel.

Als die Sonne sank, lichteten wir die Anker und fuhren aus dem Hafen hinaus in das inselreiche Meer hinein. Wir fuhren zwischen Euböa und Andros hindurch, kamen des zweiten Tages an Lemnos und Imbros vorüber und steuerten dem Hellespont entgegen. Wie waren Aller Blicke auf die nahenden Ufer gerichtet. Das Schlachtfeld von Troja lag vor unseren Augen. Bald gewahrten wir einen runden Hügel — Ajax Grab. Nicht weit davon sahen wir einen zweiten runden Hügel — Achilles Grab, und über dem wasserleeren Flußbette stand der dritte Hügel — Patroclus Grab. Nahe und doch in einiger Entfernung ruhen — so meint man — hier die Freunde und Helden so großer Thaten seit drei Tausend Jahren, jeder wie in einer eignen Burg verschlossen.

Bald waren wir zwischen den Schlössern der Dardanellen, die von dem Erzfeinde der Christenheit erbaut, mit ihren Kanonen unwillkommene Schiffe in ein Kreuzfeuer nehmen und einst so fürchterlich waren. Ich konnte mir aber nicht verhalten, daß sie zur Zeit des Schrecklichen gar viel verloren haben. Einem Segelschiff werden sie immer noch gefährlich genug sein, ein gut geführtes Dampfschiff aber hat sich vor den schlecht besorgten Kanonen schwerlich sehr zu fürchten. Möchten diese Schlösser, gegen die christlichen Mächte erbaut und gegen sie erhalten, bald ganz verfallen und der Halbmond von ihnen verschwinden für immer!

Europas und Asiens Ufer kamen sich hier oft sehr nahe und beide sind sehr interessant. Doch ist das europäische Ufer viel besser bebaut und die Ortschaften bedeutender und schöner. Zur linken Hand Europa, zur rechten Asien, fuhren wir dahin. Die Sonne sank, schön beleuchtete das Abendroth die Ufer Europas und ließ sie — wie zum Abschied — im rosigen Lichte erscheinen. Tiefe

Schatten, finstere Nacht lagerte zur selben Zeit auf Asiens Ufern. Der Kontrast war auffallend. Hätte ein Künstler Europa und Asien malen wollen, er hätte es nicht besser thun können. Das Licht von oben leuchtet noch auf Europa, aber es ist im Scheiden begriffen, und Asien, einst so hell erleuchtet, liegt schon im Dunkeln und die schwarze Nacht bricht tiefer herein. Wie hätte ich den Seufzer unterdrücken können, daß Europas Licht bleiben und Asiens Licht wiederkommen möchte: das Eine wahrhaftige Licht, das alle Menschen erleuchtet, die die Finsterniß nicht mehr lieben denn das Licht.

Es war volle Nacht, als wir in das Meer von Marmara einfuhren. Wir fürchteten sehr, noch vor Tagesanbruch am Ziel der Reise zu sein und somit viel von der köstlichen Aussicht zu verlieren. Aber so oft ich des Nachts hinausschaute, waren nur Meereswogen und noch kein Land zu sehen. Gegen 8 Uhr aber am 16. August traten zuerst Europas und dann auch Asiens Gelände wieder vor unsere spähenden Blicke. Bald aber richteten sich aller Augen nach einem Punkte, das war die Stadt selbst, Constantinopel. Wie Rom, auf sieben Hügeln erbaut, tritt dem Ankommenden bald der eine, bald der andre derselben näher und höher hervor und die Menge der prächtigen Kuppeln scheint mit den Wogen des Meeres zu steigen und zu sinken. Unter ihnen suchte mein Blick von fern nach der einzig herrlichen — jetzt schon längst in die Hauptmoschee der Stadt verwandelten — Sophienkirche und befriedigte sich nicht eher, als bis er auf derselben ausruhte. Niemand darf sie einem zeigen, man erkennt die niegesehene sobald man sie sieht. Ihre ungeheure Kuppel von 115 Fuß Durchmesser ist nur einmal vorhanden.

Wer den Anblick beschreiben wollte, der sich vor Constantinopel dem Auge darbietet, dem würde es gehen, wie einem, der die Herrlichkeit der Raphael'schen Madonna beschreiben will. Die Worte fallen kraftlos zu Boden; es muß gesehen werden. Der Blick wird trunken und die ganze Seele geht im Schauen auf. Und wenn sich der Dampfer am Serai wendet und Skutari, der Bosporus, Pera, das goldne Horn und Stambul zugleich dem Blicke entgegentreten und jedes den Fremdling ganz für sich fesseln möchte — da ist, wen die Erde noch entzücken kann, entzückt.

Wir wandten uns um das Serai rings herum, zogen ein in das goldne Horn, mitten in den bunten Wald der Masten von Seglern und Dampfern und warfen Anker vor Pera. Ein Boot nahm uns auf und brachte uns an das Ufer sammt unserm Gepäck. Letzteres wurde von den mächtigen, ehrlichen Kofferträgern Constantinopels, die wie kein andrer Mensch Lasten tragen können, auf ihre breiten Rücken genommen und nun ging der Zug vorwärts durch das Gedränge hindurch, eine krumme, schmutzige, steile Straße hinauf, mit einem Steinpflaster, das noch von Constantin herzurühren schien. Wir meinten, das sei die schlechteste Straße in dieser schönen Stadt und erfuhren doch bald, daß es die Hauptstraße war und die einzige, die uns vom Meere aus an einen Ort leiblicher Ruhe führte.

5.
Constantinopel.

Von allen Städten, die ich in vier Welttheilen gesehen habe, gebe ich die Palme unbedenklich dieser Stadt. Keine hält einen Vergleich mit ihr aus, auch nur annähernd nicht. Ich meine aber nicht die Häuser und Straßen der Stadt. Erstere haben nichts besondres und letztere könnten viel schlechter kaum sein. Wenn die lästigen Hunde und Raubvögel nicht wären, so würden böse Seuchen kaum aufhören. Denn die Türken werfen jeden Unrath des Hauses auf die Straße, und die Christen machen es ihnen nach. Im Hause hat der Türke es gern reinlich, ja glanzvoll und prächtig, aber außer dem Hause und auch an den Zugängen desselben mag es sein wie es will, er bleibt in seiner Ruhe. Wenn nun die Hunde nicht den hinausgeworfenen Unrath auffräßen, die Raubvögel ihn wegtrügen und der Regen die bergigen Straßen abwüsche — wer könnte es aushalten. Die constantinopolitanischen Hunde sind eine böse Race, aber sie sind gar nothwendige Uebel. Sie entstehen, leben und vergehen auf der Straße. Alt und jung laufen sie umher. Gefallenes Vieh wird natürlich ebenso wenig weggeschafft als andrer Unrath, denn die vielen Raubthiere thun dies Amt unbezahlt. Sahen wir doch vor den Fenstern des herrlichen neuen Palastes, den der Sultan bewohnt, ein todtes Pferd im Bosporus liegen in schon halb verwestem Zustande. Winde oder Wogenschlag, die es gebracht hatten, mochten es auch wieder fortführen, was sollte der Türke sich darum kümmern? Wer in den Straßen der Stadt fahren will, muß gute Rippen haben. Es thut es auch fast Niemand, als wer es aus Standesrücksichten thun zu müssen meint. Nur einmal versuchte ich es und that es nicht wieder. Und aufrichtig bedauerte ich die italienischen Prinzen, die auch grade in Constantinopel waren, und die der Sultan in seinem Wagen mit Gefolge umherfahren ließ. Sie werden etwas davon zu erzählen gewußt haben, als sie wieder auf den geraden Straßen Turins fuhren.

Also nicht durch die Häuser und nicht durch die Straßen, noch durch das, was die Straßen füllt, ist Constantinopel so über allen Vergleich herrlich, sondern durch seine Lage. Die ist einzig in der Welt und die Erde hat eine gleiche nirgends. Aus den Fenstern unserer Wohnung genossen wir jeden Morgen das herrlichste Panorama, das sich nur erdenken läßt. Das goldne Horn mit Tausenden von Masten großer und kleiner Schiffe, zu unsern Füßen Stambul mit dem Serai, seinen zahllosen Kuppeln, mit der unvergeßlichen Aja Sophia (Sophienkirche), gleich daran Stutari mit seinem ungeheuren Cypressen-Walde voller Leichensteine, die Prinzeninsel in ihrer herrlichen Gruppirung, Chalcedonia, die älteste Niederlassung in dieser Gegend, und Asiens ferne Gebirge mit dem Olymp im Hintergrunde — das alles lag mit einem Male offen vor unsern Augen. Und das alles in der herrlichsten Beleuchtung und in der nie ermüdenden Abwechselung von Berg und Thal, von Land und Meer, von Europa und Asien! Wo hätte die Erde noch einmal so viel Herrlichkeit auf einem Punkte zusammengedrängt? Auch das Klima ist das beste, das die Erde hat. Die Hitze ist durch die Seeluft gemildert, also daß man den ganzen Tag recht wohl draußen sein kann. Und die Erde trägt Brod und Wein mit den herrlichsten Früchten. Weintrauben hat man hier zehn Monate lang im Jahre und bessere giebt es nirgends. Möchten doch die Bewohner dieses so reich gesegneten Landes den Geber so vieler guten Gaben erkennen und ihn im Geist und in der Wahrheit anbeten!

Unser erster Gang war, Pera und Galata genauer zu besehen. Auf dem Rückwege nahmen wir eine Erfrischung ein und erhielten statt der Scheidemünze ein Stückchen besiegeltes Papier, das der Restaurant sich selbst zur Münze gestempelt hatte, und das daher natürlich auch nur bei ihm Geltung hatte. Die Geldverhältnisse der Türken sind überhaupt bodenlos, wie vieles andre auch. Täglich zweimal steigt und fällt der Werth des Geldes, und die Zeitungen theilen es jedesmal mit, wie viel z. B. die Napoleone oder die Pfunde Sterling des Morgens und wie viel sie des Abends gelten. Früh gilt eines derselben vielleicht 100 Piaster, Abends gilt es nur noch 95 Piaster oder auch 105. So ist der Fremde ganz in den Händen der Wechsler, und wer es mit Banquiers zu thun hat, kommt ungerupft nicht fort. Unsre Napoleone waren, als wir Constantinopel verließen, über 10 Piaster weniger werth, als da wir hinkamen.

Des andern Tages war Sonntag und wir wohnten einem englischen Gottesdienste bei. Es wird in Constantinopel auch in der deutschen, französischen, spanischen, griechischen, armenischen, hebräischen und türkischen Sprache evangelischer Gottesdienst gehalten. Aber es scheint, der beschauliche Orientale weiß sich an leeren Ceremonien besser und an trocknen Predigten schlechter zu erbauen, als der Abendländer.

Die tanzenden Derwische haben ihr Bestes auch am Sonntage, nicht wie die übrigen Muhammedaner am Freitage. Ihr Tanz aber ist ziemlich ernster Natur. Der kränkliche Priester las mit großem Ernste die Gebete. Darauf legten die Männer ihre Mäntel ab, behielten aber ihre hohen Derwisch-Hüte auf, verneigten sich tief vor ihrem Priester und begannen dann langsam mit ausgebreiteten Armen den Tanz. Ihre weiten Röcke, Weiberröcken ähnlich, beschrieben unten einen weiten Kreis. Ihre ausgebreiteten Arme bildeten bei schneller Bewegung oben einen andern. Sie kamen einander oft sehr nahe, doch berührten sie sich nie, was mich um so mehr wunderte, als sie ihre Köpfe hinten über warfen und die Blicke in die Höhe, so daß sie auf einander nicht Acht haben konnten. Auf dem Chore spielte eine einzelne Flöte und sang eine einzelne Stimme ziemlich wehmüthige Töne. Das ging so eine lange Weile fort. Dann verstummte die Musik, die Tanzenden stießen ein sehr langgedehntes Oh! aus und standen darauf still. Der Priester las wieder sehr ruhig ein Gebet, und ein jeder ging also heim, weiß nicht, ob viel gebessert. Sie scheinen eine Geheimlehre unter sich zu haben, die ihren Ursprung nicht im Muhammedanismus sondern im Heidenthum hat. Und ihr Tanz ist vielleicht nichts, als eine Nachahmung — sinnbildliche Darstellung — des Kreislaufs der Sphären. Im innersten Grunde scheinen sie Pantheisten zu sein.

Viel ungeschlachter als sie waren die heulenden Derwische, die ihr Wesen auf der asiatischen Seite in Skutari trieben. Ihr greiser Priester hatte zwar ein ganz ehrwürdiges Ansehen, um so mehr wunderte ich mich, daß er solchen Tollheiten vorstehen konnte. Der Anfang geschah damit, daß sich die Männer, nicht in einerlei

Tracht wie die tanzenden Derwische, sondern in allerlei Trachten, auf den Boden setzten und anfingen zu singen. Das dauerte lang und war langweilig. Sie standen dann auf, legten ihr Oberkleid ab, stellten sich in einer Reihe Schulter an Schulter auf und begannen dann mit den Füßen zu stampfen und den Oberkörper nach vorn und hinten zu werfen, so weit als es ihnen möglich war. Ihr monotoner Gesang „La-i-la-il-la-lah" = es ist kein Gott als Gott, ward bald zum eigentlichen Geheul, in welchem man nur noch die einzelnen Töne il-lah heraushören konnte, und bald auch das nicht mehr. Das dauerte wieder sehr lang und ward je länger je unheimlicher. Jeden Augenblick meinte ich, es müßte einer zu Boden stürzen. Das thaten sie aber nicht, sondern sie standen endlich alle still, worauf der Alte wieder sehr ruhig ein Gebet herlas, und nun trat eine Pause ein. Wir meinten, es sei der Narrheit nun genug und gingen fort. Aber wir hörten, es habe noch einmal angefangen. Die Wand, an welcher der Alte saß, ist mit sehr vielen und gar sonderbaren Marter- und Mordwerkzeugen behangen. Von diesen reichte der Alte den Fanatikern, was sie wollten. Darauf schlugen und stachen sie sich damit nach Herzenslust. Die war jedoch nicht sehr groß, soll aber zuweilen größer sein. Sobald etwas Blut kam, ließen sie nach. Der Alte benetzte seinen Finger, legte ihn auf die blutende Stelle, murmelte unverständliche Worte dazu, und der Schaden war wieder heil. Das war denn das Ende.

Was wir am meisten zu sehen begehrten, die Aja Sophia, das konnten wir nicht so ohne weiteres haben. Wir mußten uns erst einen Ferman verschaffen, ehe wir Eintritt erlangen konnten. Denn obwohl die übrigen Moscheen dem Fremdling ohne Mühe zugänglich sind, läßt man doch die den Christen geraubte Aja Sophia nur ungern und gezwungen von ihnen betreten. Und noch vor wenig Jahren würde es dem Christen seinen Kopf gekostet haben, der es gewagt hätte, hineinzugehen. Der Ferman des Sultan gilt dann aber nicht für die Sophia allein, sondern auch für das Serai mit, und was sonst noch zu sehen ist. Ein türkischer Beamter schließt sich dann dem Zuge an und verschafft dem Ferman den gebührenden Respect. Wir gingen zuerst in's Serai der Sultane. Da aber die Turiner Prinzen auch umhergeführt wurden, so schlossen wir uns Anfangs ihrer Suite an und bekamen somit auch da Zutritt, wo gewöhnlichen Reisenden sonst keiner gestattet wird. Der Herrlichkeiten im orientalischen Styl gab es genug; wer wollte sie aufzählen. Mich interessirte besonders der Thronsaal, die Rüstkammer, die vielen Größen von den Janitschaaren, Eunuchen, Ministern, Paschas 2c., die hier in ihren außerordentlichen Trachten und Gesichtsausdrücken lebensgroß dastanden, mehrere Säle voll. Ich wunderte mich, unter dieser hohen Gesellschaft auch den Meister der Köche in gar sonderbarer Tracht zu finden. Aber so ein Küchenmeister hatte schon seine Bedeutung, denn ihm war ein ziemliches Heer von Feuerkönigen untergeben, die für den Hausstand des Sultans kochen mußten. Der Hausstand umfaßte nämlich auch die Minister, Pagen, Diener, die vielen Frauen, Eunuchen, Sclavinnen 2c. So brauchten denn die Sultane zu ihrem täglichen Brot nicht weniger als täglich 100 Ochsen, 200 Schafe, 100 Lämmer, 10 Kälber, 600 Hühner, 100 Paar Tauben, 50 Gänse 2c. Sie selbst aber, die Sultane, genossen nichts von den „Freuden des Mahles", sondern aßen ihre Portion ganz allein und einsam. Auch der jetzige Sultan ißt noch für sich allein, wiewohl er nicht mehr im Serai wohnt, sondern in dem wunderschönen neuen Palast am europäischen Ufer des Bosporus, von seinem Vater und Bruder erbaut. Das alte Serai der Sultane bildet eine Stadt für sich und soll so groß sein, wie Wien ohne Vorstädte. Es ist mit einer Mauer umgeben und umschließt viele freie Plätze und Gärten, in welchen die verschiedenen Paläste ziemlich ordnungslos umherliegen.

Aus dieser Erdenherrlichkeit, die auch jene Fontaine mit umschließt, an welcher die Sultane den mißliebigen Paschas die Köpfe absäbeln ließen, gingen wir in eine andere höhern Styls, die aber einen gar wehmüthigen Eindruck macht. Es ist die Aja Sophia. „Ich hab' dich überwunden, Salomo!" rief der Kaiser Justinian, als er zu ihrer Einweihung in diese wundervolle Kirche trat. Was die bekannte Welt an Herrlichkeiten hatte, ward herbei geschafft, um diesen Bau zu zieren. So mußte der Sonnentempel zu Baalbeck seine schönsten 8 Porphyrsäulen hergeben, der Dianentempel zu Ephesus eben so viel schöne grüne Serpentinsäulen, und der Tempel der Pallas zu Athen Säulen von weißem Marmor. Die Thüren waren theils Elfenbein, theils Bernstein, theils Cedernholz, das Hauptthor aber war von vergoldetem Silber. Zur Altarplatte hatte die Erde nichts köstlich genug, gediegenes Gold war zu gering. So zerschlug man Perlen, mischte sie mit Gold und goß daraus die Altarplatte. Die heiligen Geräthschaften und hohen Kreuze von gebiegenem Golde und voller Edelsteine waren in Menge vorhanden, und die Wände und der ungeheure Dom war von köstlicher Mosaik bedeckt, wovon Reste noch vorhanden sind. Dieser großartige Bau ward 7½ Jahr lang vorbereitet und dann in 8½ Jahren vollendet, so daß er im Ganzen 16 Jahr dauerte; das ist mehr als das Doppelte von Salomo's Tempelbau. Der Reichthum aber mag hier wohl noch größer gewesen sein. Der Schmuck an Gold und Silber ist nun freilich längst verschwunden, aber auch ohne allen Schmuck ist das Gebäude gar köstlich und großartig. Immer wieder richtet sich der Blick zur riesigen Kuppel hinauf, die einen Durchmesser von 115 Fuß hat wie sonst keine auf Erden. Auch mag es wohl die älteste der jetzt stehenden christlichen Kirchen sein; denn über 1300 Jahre steht sie nun da und es ist als ob ein jeder Ziegel in der gewaltigen Kuppel ein Prophet wäre. Denn ein jeder trägt die Inschrift: „Gott hat sie gegründet und sie wird nicht erschüttert werden. Gott wird ihr beistehen im Morgenroth!" Möchte auch der letzte Satz prophetisch sein und das selige Morgenroth des Evangeliums wieder über ihr aufgehen, also daß der Halbmond sich schämen muß und verbleichen; und stürzen auch der Halbmond, der jetzt in ungeheurer Größe die Kuppel schändet, die einst das Kreuz zierte!

Aber wie der Tempel Salomos, so ist auch dieses schönste Gotteshaus im ganzen Orient selbst von Christen gar oft schändlich entweiht worden, bis zuletzt der wüthende Eroberer Muhammed zu Pferde hineinritt, das goldne Kreuz vom Altar entfernte und sie zur Moschee entweihte. Wie im Tempel zu Jerusalem, so suchte auch hier das Volk die letzte Zuflucht in diesen Räumen und schrie gen Himmel, ein Wunder erwartend, bis sie von den Türken theils getödtet, theils in die Sclaverei verkauft wurden. Denn wie von Israel, so galt auch von diesem Geschlecht das Wort des HErrn durch den Mund des Propheten Amos geredet: „Thue nur weg von mir das Geplärr deiner Lieder; denn ich mag dein Psalterspiel nicht hören. Ich bin euren Feiertagen gram und verachte sie und mag nicht riechen in eure Versammlungen. Mich verdrießt die Hoffarth Jakobs und bin ihren Palästen gram, und ich will auch die Stadt übergeben mit Allem, was darinnen ist."

Als ich zum zweitenmale in diesen Räumen wandelte, saßen am Boden hin und her in einiger Entfernung von einander wohl über 30 Religionslehrer, deren ein jeder eine Anzahl Schüler um sich her sitzen oder liegen hatte, die seiner Weisheit lauschten, manche auch wohl mit schlummernden Augenlidern. Die Lehrer der Weisheit trugen alle sehr laut vor und manche schienen in großem Eifer zu sein, störten aber gleichwohl einander nicht, wegen der Größe dieses schönen Baues. Wir durften diesmal nur kurze Zeit darinnen weilen, kaum stehen bleiben, denn der Fanatismus ist hier sehr groß. Wir gingen jedoch alle Räume noch einmal durch, und wenn ich beim ersten Besuch nicht scheiden konnte, ohne ein flehendes Vater-

Unser zu beten, so konnte ich diesmal die Mauern der Aja Sophia nicht verlassen, bis ich, wenn auch fern vom Triumphgefühl, so doch mit christlichem Trotze das apostolische Glaubensbekenntniß gebetet hatte, mich der Hoffnung hingebend, daß noch ehe diese Kuppel sinkt, der Halbmond von ihr stürzen und das Kreuz noch einmal auf derselben erglänzen wird.

Wir besuchten hierauf einige der größten Moscheen türkischer Bauart und fanden in einer jeden nur eine bessere oder schlechtere Nachahmung der Aja Sophia. An ihnen gehen wir schweigend vorüber, ebenso an den sonstigen Herrlichkeiten und Bauten, die an die alte und älteste Zeit erinnern, und machen nur noch einen Gang hin um die Stadtmauern von Constantinopel.

Wir fuhren auf einem Koik (ähnlich der Venetianischen Gondel, doch unbedeckt) bis zu dem „Schloß der sieben Thürme", von den Wogen des Marmara-Meeres bespült. Hier stiegen wir aus und gingen den traurigen Weg zu Fuße. Gewaltige Mauern mit Schlingpflanzen bewachsen und von einem gar düstern Aussehen traten uns zuerst entgegen. Das ist das Schloß der sieben Thürme. Den Blutbrunnen in der Mitte, der die Köpfe der Hingerichteten aufnahm, haben diese Mauern die Stimme des Seufzens erstickt und die Stimme der Freude wohl nie gehört. Wir wandelten weiter von einem Thore zum andern, an der gewaltigen, schönen, einst so mächtigen Stadtmauer dahin, einen großen Cypressenhain voller Gräber zur Linken. Hier ist ein rechtes Erntefeld des Todes, denn hier floß von Jahrhundert zu Jahrhundert in 29 Belagerungen der Stadt das Blut vieler Tausende von wilden heidnischen Horden, von Kriegern, die sich Christen nannten, und von nach Christenblut lechzenden Horden des falschen Propheten. Am Kanonenthore standen wir still und trauerten; denn hier fiel Constantin, der letzte der christlichen Kaiser. Vor diesem Thore stand die größte Kanone, der die Geschichte gedenkt, und schleuderte 12 Centner schwere Kugeln gegen die feste Mauer, bis sie in ihren Grundvesten wankte. Diese Kanone goß ein schändlicher Christ, ein Ungar, und obwohl er seinen verdienten Lohn erhielt und von ihr zerschmettert wurde, so war doch ein andrer Ungar, der auch den Namen Christi schändete — der Ungarische Gesandte — so blind, Gottes Gericht darin nicht zu sehen, und so gottlos, die ungeschickten Türken dieses Mordinstrument zum Verderben der Christen besser gebrauchen zu lehren. Nachdem eine Bresche geschossen war und 250,000 Türken die Stadt von allen Seiten stürmten, trat der Kaiser, durch das heilige Abendmahl in der Aja Sophia gestärkt und mit seinen Brüdern versöhnt, mit seiner kleinen Macht von nur 8000 Mann vor die Bresche und erlitt nach hartem Kampfe den Heldentod. Mit ihm sank das Kreuz im Orient in den Staub und ward begraben in dem Blute und in den Leichen der Christen, und der düstere Halbmond erhob sich und erstarrte den schönsten Theil der bewohnten Erde.

Mit ihm fiel Constantinopel am 29. Mai 1453 in die Hände der Erzfeinde der Christenheit. Wenn aber die Männer der Stadt, die nach der Eroberung derselben elendiglich hingemordet oder zu Sclaven verkauft wurden, sich nur irgend gewehrt hätten, so wäre Constantinopel nicht gefallen. Sie wehrten sich aber nicht, weil sie nicht einmüthig waren. Und sie waren nicht einmüthig, weil auch der letzte Kaiser noch mit Unionsedicten die Gewissen der Unterthanen verwirrte, beschwerte und verunreinigte.

Wir gingen traurig weiter an der Stadtmauer entlang, kamen ernst gestimmt und müde herab zum goldnen Horn, bestiegen ein Koik und kehrten in unsre Herberge zurück.

Am Ende des goldnen Horns (d. i. der Hafen von Constantinopel) sind die „süßen Wasser Europas", wo sich der Sultan so eben ein Kiosk (Lustschloß) bauen ließ. Hier versammelt sich gern die Europäerwelt, um eine ländliche Stille und Abwechselung zu haben von dem bunten Gewühl der Hauptstadt. Als wir mit dem Bote ankamen, schaute ein Greis in Europäer Tracht mit weißem Barte am Ufer von fern zu. Und als wir uns ihm näherten, frug er in etwas ausländischem Deutsch, ob wir deutsch sprächen. Es war aber kein Deutscher, sondern ein verbannter Pole, der 1830 in Warschau gekämpft und 1831 von dort geflohen war. Hier nun scheint er seine Tage beschließen zu wollen, täglich an seine Heimath denkend, wie er sagte. — Der Kampf um die rechte Freiheit trägt auch wohl Wunden ein, aber zum Verbannten macht er nie. Er führt dagegen in eine Heimath ein, die nicht von Grabeshügeln begränzt wird.

Die „süßen Wasser Asiens" sind auf der asiatischen Seite des Bosporus, wo ein Fluß in diesen mündet und der Sultan einen sehr schönen Palast hat. Hier versammelt sich jeden Freitag die asiatische vornehme Welt Constantinopels. Auch der Sultan ist oft dort. Doch wird äußerlich sehr wenig Pflege auf den Ort verwandt.

Eines Freitags gingen wir, den Sultan zu sehen, als er aus seinem Palast herauskam, sein Pferd bestieg und zur Moschee ritt. Die Großen seines Reiches standen in beträchtlicher Zahl vor seinem Palast und harrten sein, um ihn zu begleiten. Unter ihnen war auch Zadik Pascha, d. h. Czaykowski, der einstige Secretair des Fürsten Czartoryiski (bekannt aus der polnischen Revolution von 1831). Um nicht an Rußland ausgeliefert und nach Sibirien gesandt zu werden, suchte er Zuflucht beim falschen Propheten. An Erdenherrlichkeit scheint es ihm nicht zu fehlen, doch wie mag es wohl in seiner Seele aussehen? Sefer Pascha dagegen, d. h. Koscielski, ist General in Constantinopel und Christ. Das ist wohl der erste und einzige christliche Pascha im Reiche des falschen Propheten. Von ihm hörte ich nur Gutes.

Der Sultan kam zur bestimmten Minute, erwiderte den Gruß seiner Großen, bestieg sein Pferd und ritt langsam die Straße entlang. Er ist eine einfache, noble Erscheinung mit edlem Gesicht, sah aber etwas verlegen aus. Ein Stäubchen, das ihm beim Besteigen des Pferdes in's Auge gekommen war, und das er sich vergeblich bemühte herauszukriegen, mochte mit Schuld daran sein. Wenn es aber wahr ist, daß die Asche der drei Tausend verbrannten Christenhäuser, deren Ruinen ich nachher in Damaskus sah, und das Blut von mehr denn zehn Tausend ermordeten Christen in Damaskus und auf dem Libanon an seinen Fingern klebt, wozu allerdings sehr viel Schein vorhanden ist, so mag er wohl verlegen aussehen. Womit will er doch seine Seele von diesem Blute rein waschen?

An einem andern Tage sahen wir uns den Aquabuct (Wasserleitung) an, der zur Zeit der christlichen Kaiser erbaut wurde, um die Stadt mit gutem Wasser zu versorgen, jetzt aber eine Ruine ist. Ein pensionirter türkischer Officier sah uns, lud uns freundlich in sein Haus und versprach uns zu zeigen, was wir zu sehen wünschten. Wir nahmen seine Einladung an und traten ein. Er wieß uns nun nach einer Ecke des obern Aquabucts hin, wo wir jedoch nichts besonderes sahen, und machte sehr viel türkische Worte, von welchen wir jedoch auch nicht eins verstanden. Darauf setzten wir uns denn, und auf seinen Wink brachte eine Sclavin eine lange Türkenpfeife und präsentirte sie den Damen. Da diese sie natürlich abwiesen, ward sie mir gereicht. Ich meinte den Mann nicht beleidigen zu dürfen und nahm sie an. So rauchte ich denn nach mehr als zwanzig Jahren auch wieder eine Pfeife. Bald kam auch der Kaffee, der bei keinem türkischen Besuch fehlen darf, und nun suchten wir uns zu verständigen. Unser Dragomann, ein Grieche, dollmetschte des Türken Erzählung französisch, und so fanden wir denn heraus, daß der Türke uns folgendes erzählt hatte: Kaiser Constantin pflegte auf diesem Aquabuct spazieren zu fahren. Er ist oben breit genug dazu, und der Kaiser hatte einen eignen Wagen, auf welchem er täglich mit dem Kutscher ganz allein oben fahrend erblickt wurde. So konnte er alles sehen, was in der Stadt vorging. Nun erkauften aber seine Feinde seinen Kutscher dazu, den Kaiser sammt Wagen und Pferden von oben herabzustürzen, während er, der Kutscher, selbst sich retten und vorgeben solle, das sei von ungefähr geschehen. Aber die Freunde des Kaisers erhielten davon Kunde und theilten es ihm mit. So fuhr er nun mit dem verrätherischen Kutscher wie gewöhnlich aus, war aber auf seiner Hut. Und als der Bösewicht seinen Schurkenstreich ausführen wollte, sprang der Kaiser vom Wagen, worüber der Kutscher so erschrak, daß er mit dem Wagen hinunterstürzte und umkam. Der Kaiser aber ließ dann an dieser Stelle einen Stein mit der Inschrift einmauern: „Vertraue dein Leben nie einem Diener an!" Und diesen Stein eben habe er uns gezeigt. Wir ließen den guten Türken natürlich bei dem Glauben an die Wahrheit dieser Erzählung. Seine Freundlichkeit ging so weit, daß er uns sein ganzes Haus und seinen Garten zeigte und uns beim Weggehen das Versprechen abnahm, nach einigen Tagen seine Tischgäste zu sein, was sich aber später zerschlug.

In unserm Gasthaus hatte ich einen Besuch von Dr. Schaufler, den nachher auch ich in seiner Wohnung am Bosporus besuchte. Dr. Schaufler ist einer der ältesten Missionare in Constantinopel und hat seit 30 Jahren manche Veränderung dort erlebt. Wiewohl ein Süddeutscher von Geburt, hat er doch in Verbindung mit der Nordamerikanischen Missionsgesellschaft gearbeitet. Er beschäftigte sich damals mit der Bibelübersetzung. Von ihm hörte ich viel Betrübendes über die Mission im türkischen Reiche. Auf dem Libanon erfuhr ich dann noch ausführlicher davon. Ein jüngeres Geschlecht der Missionare fand die Bahn, die ihre noch lebenden Vorgänger einschlugen, nicht gut genug. Der Riß ging immer weiter und ward unheilbar. Die ältesten Missionare traten aus, und die da blieben, fühlten sich geknickt. — Vieles ist rückwärts gegangen, sie schauen die Trümmer an und klagen: „Zum Niederreißen waren wir stark genug, zum Wiederaufbau sind wir zu schwach".

Waren die Missionare uneinig, so wurden es auch bald ihre armenisch protestantischen Gemeinden. Das weiß der Feind prächtig zu benutzen, und der ist hier gar vielköpfig. Die armenischen Bischöfe mit ihrer Clerisei freuen sich, daß die Ketzer nicht gedeihen. Die Türkenbehörde freut sich, daß das evangelische Christenthum, das sonst eine mächtige Vertretung hat, nicht aufkommen kann. Die französische Politik, die mit der englischen um den Vorrang kämpft, freut sich, wenn die Engländer keine protestantischen Gemeinden zu vertreten haben. Und alle diese Feinde sind nicht müßig, sondern suchen durch viel Intriguen ihr Ziel zu erreichen. So hat z. B. Missionar Hamlin ein großes Seminar errichtet, das sonst voll lernbegieriger Zöglinge war. Amerikanische Christen haben zur Unterhaltung desselben auch ein Capital von nicht weniger als 50,000 Dollars zusammengebracht. Aber der Missionare Zwist machte das Seminar leer und die Ränke der Feinde hielten es leer.

Dennoch ist es erfreulich zu sehen, wie der HErr Einzelne auch aus den Anhängern des falschen Propheten zum Glauben führt. So traf ich bei Dr. Schaufler mit Selim Aga, dem ersten bekehrten Türken, der jetzt Hülfsprediger ist und auch M. Williams heißt, zusammen. Dieser Selim Aga war ein türkischer Beamter und zuletzt ein Handelsmann. Er erlangte ein Neues Testament und las es treulich, ohne je mit einem Missionar gesprochen zu haben. Bald ward er auch von der Wahrheit des Christenthums überzeugt, nur an dem Stein des Anstoßes für alle Muselmänner konnte er nicht vorüber: Wie kann Gott einen Sohn haben? Jesus Christus, Gottes Sohn! Ja, er glaubte schon an den Heiland der Welt, aber daß er Gottes Sohn, wahrhaftiger Gott und wahrhaftiger Mensch sein soll, das konnte er weder glauben, noch konnte er es nicht glauben und sich dabei beruhigen. In diesem Zustande traf ihn zuerst Dr. Schaufler, und da er schon von ihm gehört hatte, wiewohl nicht seine innerste Noth kannte, frug er ihn: Lesen Sie das Neue Testament? — Ja! Haben Sie je darin gelesen, daß Jesus Christus der wahrhaftige Gott ist und das ewige Leben? — Ja! Glauben Sie das? — Hier blieb Selim Aga die Antwort schuldig, denn er konnte mit Wahrheit weder Ja noch Nein dazu sagen. Er wurde fast ärgerlich und sprach bei sich selbst: Wer hat doch diesem Franken den einzigen wunden Fleck meiner Seele gezeigt? Alles hätte er sonst fragen können und ich hätte ihm drauf geantwortet, nur gerade das sollte er nicht fragen. Das machte ihm so viel zu schaffen, daß er zuletzt sich einschloß und Gott inbrünstig bat, er möchte ihm doch ein Ja oder ein Nein auf diese Frage geben, damit er nur aus dieser Ungewißheit herauskäme. Sein Gebet ward erhört, er stand auf und glaubte. Aber damals durften es die Missionare in Constantinopel noch nicht wagen, ihn zu taufen. Das würde dem Mann seinen Kopf gekostet haben, und ihnen ihre Existenz in Constantinopel. So sorgten sie denn dafür, daß er nach Malta kam. Dennoch ward es ruchbar, weßwegen er dorthin reiste, und da er ohne Paß reiste, ward er unterwegs arretirt und festgesetzt. Es befreite ihn jedoch aus dieser Noth ein türkischer Aga, welchem er selbst früher einmal aus dem Gefängniß geholfen hatte. So erntete er hier in der Zeit der Noth, was er einst ausgesäet hatte. Er kam endlich glücklich nach Malta, hielt sich einige Zeit dort auf und ward getauft. Seit längerer Zeit predigt er jetzt den HErrn Christum in Constantinopel, und ich freute mich seiner würdigen Erscheinung und seines frommen Wesens.

Die Türken lassen sich freilich nicht so ohne Weiteres ihre Beute rauben und suchen auch zuweilen mit großem Aufwand von List und Macht die Christ gewordnen Muselmänner zum Abfall zu bringen. Ein besondrer Fall der Art ereignete sich nur drei Wochen vor meiner Ankunft und läßt uns manchen Blick thun in das Leben der Türken.

Ein bekehrter Türke, der in Constantinopel als Missionsgehülfe gebraucht ward, kam einst von seinen Amtsverrichtungen heim und fand sein Haus leer. Seine Frau mit drei Kindern — die auch Christen waren — war fort und hatte dazu noch einige Sachen mit genommen, was anzeigte, daß sie auf längere Zeit fortzugehen vorgehabt haben müsse. Der Mann war in großer Bestürzung darüber, ward aber bald noch mehr geängstet, indem er arretirt und festgesetzt wurde. Nachdem er einige Tage gesessen hatte, ohne zu wissen warum, ward ihm angezeigt, seine Frau sei wieder Muselmännin geworden und habe auf Scheidung angetragen. Er habe daher die 10,000 Piaster, die er als Mitgift erhalten hatte, wieder herauszugeben, und sobald er das gethan und noch 6000 Piaster Kosten zu zahlen versprochen habe, könne er freigelassen werden. Der Mann antwortete, er könne nicht glauben, daß seine Frau vom christlichen Glauben abgefallen sei, und auch nicht, daß sie von ihm geschieden sein wolle, bis er sie selbst gesehen und gesprochen habe. Deine Frau kannst du nicht sehen, war die Antwort, und damit ward er wieder ins Gefängniß geführt. Hier verlebte er fernere angstvolle Tage, und Furcht und Zweifel mit Hoffnung und Zuversicht kämpften in seiner Seele.

Um nun die Sache zu Ende zu bringen und ihr auch einen Schein des Rechts zu geben, ward der Mann vor dem Mufti, den türkischen Hohenpriester, geführt und verhört. Welchen Glauben bekennst du? fragte der Mufti. Ich bin ein Christ, war die Antwort „Ich falle in Ohnmacht!", schrie darauf der Hohepriester, doch zerriß er sein Kleid nicht. Nach einigen Worten über die Todeswürdigkeit des Verbrechens, den muselmännischen Glauben zu verlassen, die genug guten Willen zeigten, des Mannes Kopf zu nehmen, raffte sich der Mufti auf und eingedenk des sultanischen Hati-Homayum, nach welchem ein jeder Muselmann, der da Christ würde, seinen Kopf behalten sollte, sprach er also: Nun, da du dich als einen Christen bekennst, so magst du's sein. Aber du hast kein Recht, deine Frau zu zwingen, daß sie auch Christin sei. Sie ist selbst hier und trägt auf Scheidung an, höre! Wirklich stand die Frau in einer Ecke des Zimmers verschleiert, so daß er nicht einmal ihr Gesicht sehen, geschweige sie sprechen konnte. Auch ward ihr nicht erlaubt zu reden. Der Onkel der Frau, ein wüthiger Türke, stand bei ihr und las ein Scheidungsgesuch vor, daß in ihrem Namen abgefaßt war. Darauf sprach der Mufti: Nun hast du es gehört! Zahle die 10,000 Piaster zurück, so sollst du freigelassen werden. Die Kosten von 6000 Piastern kannst du nachher bezahlen. Der Mann erklärte: ist meine Frau wirklich wieder Muselmännin geworden und will sie von mir geschieden sein, so will ich die 10,000 Piaster zurückzahlen. Aber erst muß ich mit meiner Frau selbst und allein darüber sprechen, sonst kann ich's nicht glauben. Darauf ward aber nicht gehört, und der Mann wieder ins Gefängniß geführt.

Die Missionare wußten gar nicht, was aus ihrem Gehülfen geworden war, erfuhren es aber bald von den Nachbarn, daß er im Gefängniß sei. Um ihn daraus zu befreien, brachten sie die verlangten 10,000 Piaster zusammen und zahlten sie ein. Nun aber behielten die ehrlichen Türken das Geld und den Mann auch und erklärten, ihn nicht eher los zu geben, bis er den Scheidebrief unterschrieben haben würde, was zu thun jener stets sich weigerte.

In dieser Noth wandten sich die Missionare an die englische Gesandtschaft, die aber nicht so wie die frühere den Missionaren günstig ist. Indeß versprach sie doch, entweder den Mann oder das Geld wieder herauszubringen. Eines Morgens nun ging Dr. Schaufler am Gestade des Bosporus nahe bei seiner Wohnung und sahe dort die Frau mit ihren Kindern aus dem Kahne steigen. Die türkische Sitte erlaubt es nicht, sich mit fremden Frauen zu unterhalten, so folgte sie dem Missionar ruhig in seine Wohnung. Hier aber ward sie von ihrem Gefühl überwältigt, und statt dem Missionar auf die Frage: „Wo kommst du her?" zu antworten, rief sie: „Ich bin aus der Hölle erlöset, lasset uns zuerst dem HErrn danken!" Nach dem Gebet erzählte dann die Frau, daß ihr Onkel zu ihr ins Haus gekommen sei und ihr mitgetheilt habe, ihr Mann sei festgesetzt worden; sie möchte schnell mit ihren Kindern zu ihm, dem Onkel, kommen, damit sie nicht auch noch ins Gefängniß wandern müsse. Die Frau habe darauf ihre Kinder und die nöthigsten Sachen genommen und sei ihrem Onkel gefolgt. Sobald sie aber in sein Haus gekommen, habe sie gemerkt, daß das Ganze eine angestellte Geschichte war. Denn wie freundlich man ihr auch begegnet sei, so habe man sie doch nicht fortgelassen. Bei Tage wurden allerlei Lustparthieen vorgenommen, um sie zu zerstreuen, auch wurde ihr ein Mann vorgeschlagen, den sie nach Scheidung von ihrem jetzigen Manne heirathen sollte. Des Nachts habe dann eine Frau mit ihr im Zimmer schlafen müssen und zwei Männer hätten vor der Thüre gewacht, damit sie nicht entkomme. In dieser angstvollen Zeit kam eine Freundin, sie zu sehen, und es wurde ihr gestattet, ihren Besuch zu erwidern. Von dort aber gelang es ihr zu fliehen. Als die Feinde nun hörten, die Frau ist entkommen, geriethen sie in Angst um sich selbst; denn sie hatten nun nichts mehr gegen den Mann vorzubringen. Sie ließen ihn darum schnell aus dem Gefängniß, zahlten auch bereitwillig die 10,000 Piaster zurück und waren sehr froh, daß die Missionare die Sache nun auf sich beruhen ließen. Das mußten sie aber, weil der gegenwärtige englische Gesandte mehr türken- als christenfreundlich zu sein scheint. Und doch ist es durch ihn allein ihnen möglich, irgend wie ihr Recht zu finden. — Gott verleihe allen neubekehrten Christen starken, standhaften Glauben, daß sie auch in Verfolgungen den HErrn treu bekennen und von Ihm nicht wanken. —

Ueber Stutari hinaus, das mit seinen Kameelzügen schon recht asiatisch aussieht, liegt ein Berg, Burpurlu genannt, von welchem man eine schöne Aussicht auf den Bosporus bis nach dem schwarzen Meere hin und auf alle Theile dieser wundervollen Stadt genießt. Auf diesem Berge nahmen wir Abschied von Constantinopel. Wohl hat sich mir das Bild keiner Stadt so tief eingeprägt als dieser Stadt. Und doch — wir mußten scheiden auf Nichtwiedersehen. —

Als Byzas das Orakel befragte, wohin er sich mit seiner Colonie Megaräer wenden und wo er seine Stadt gründen sollte, da ward ihm die orakelische Antwort: „Der Stadt der Blinden gegenüber." Lange suchte er die Stadt der Blinden in verschiedener Richtung, bis er sie endlich fand. Denn vor ihm hatte sich eine Colonie aufgemacht, war an die Gestade des Marmara-Meeres gekommen, hatte den wunderschönen Vorsprung nach dem Bosporus hin, der den sicheren Hafen, nachher das goldne Horn genannt, bildet, liegen lassen, sich einfach an der asiatischen Küste des Marmara-Meeres angesiedelt und eine Stadt, Chalcedonia, gegründet. Sie verdienten den Namen der Blinden, denn sie hatten die köstlichste Lage der Welt vor sich und gingen stumpf daran vorüber, oder richtiger nicht ganz bis hin. Ihre Stadt Chalcedonia ist daher bis heute ein wenig bekannter Ort geblieben. Wir sahen sie oft und hätten von Skutari aus leicht hingekonnt, aber es zog uns nicht. Die Stadt des Byzas aber, Byzanz = Constantinopel, ihrer vergißt nicht wieder, wer sie je gesehen, und lange schon ist sie den europäischen Großmächten die begehrenswertheste Stadt auf Erden. Und doch — wie oft mögen die Bürger dieser Stadt die Bewohner von Chalcedonia glücklich geschätzt haben. Denn die glückliche Lage der erstern und ihr bald sich entwickelnder Wohlstand erregten nur zu bald den Neid und die Habsucht mächtiger Nachbarn. In der Angst von 29 Belagerungen, die Constantinopel von den Griechen, Römern, Persern, Avaren, Slavoniern, Bulgaren, und zuletzt noch drei Mal von den Türken erlitten hat, mag es oft nach dem geringen aber weniger beneideten Chalcedonia hinübergeschaut haben. Und als grimmige Feinde die Stadt sechs Mal eroberten, plünderten und die Straßen mit Blut und Leichen bedeckten, wie mag da diese große Stadt gewünscht haben, lieber ein kleines unbekanntes Dorf zu sein, von den Feinden unbeneidet, unbestürmt und unbetreten. Wahrlich, Erdengröße und Erdenglück muß oft gar theuer bezahlt werden.

6.
Des Sultans Ferman. Reise bis Smyrna.

Da wir noch nicht so bald aus dem Bereiche der Türken hinauskommen konnten, so fanden wir es räthlich, uns einen großherrlichen Ferman ausstellen zu lassen, damit wir vorkommenden Falls durch denselben den nöthigen Schutz 2c. erlangen könnten. Die preußische Gesandtschaft zu Constantinopel war so freundlich, die nöthigen Schritte für uns zu thun. Und so erhielten wir nach einigen Tagen ein großes, steifes Stück Papier zugeschickt, das in einem Umschlag von weißem Zeug eingenäht war. Dies war der Ferman des Sultans. Wir konnten natürlich kein Wort dieser türkischen Schrift lesen, erkannten aber doch den Namenszug des Sultans obenan, wie er auch auf den Geldmünzen zu finden ist. Dieser Namenszug sieht gar nicht einer Schrift ähnlich, es ist aber gleichwohl der Name des Sultans und der seines Vaters mit dem gewöhnlichen Titel darin enthalten, doch so eng in einander verwoben, daß es nur Sachkundige entziffern können.

Wir hatten gebeten, den Ferman auf uns drei Reisende auszustellen und auch den braunen Abraham mit unter seine Flügel zu nehmen. Was nun aber wirklich geschrieben worden war, das erfuhren wir erst in Jerusalem, wo der preußische Consul, Herr Dr. Rosen, die Freundlichkeit hatte, den Ferman ins Deutsche zu übersetzen. Da fanden wir nun, daß er ganz auf meinen Namen ausgestellt war; wahrscheinlich darum, weil die Frauen bei den Türken noch nicht so viel gelten als im Abendlande und überhaupt in der Christenheit. Das merkwürdige Schriftstück lautet wörtlich wie folgt:

„Abd-ul-Aziz Chan, Sohn Muhamed Chan's allezeit siegreich: Ihr, der Stolz der die Wahrheit erforschenden Uleman's! Ihr Naibs und Mufti's der Ortschaften, welche an der Straße von der Schwelle meiner Glückseligkeit nach den unten benannten Gegenden hinliegen (möget Ihr an Gelehrsamkeit zunehmen!), und Ihr, der Prunk unter euren Genossen, Ihr übrigen Befehlshaber (möge Euer Ansehen wachsen!), wenn Mein erhabenes kaiserliches Handzeichen [Namenszug] an Euch gelangt, so sollt Ihr folgendes wissen:

Die Königl. preußische Gesandtschaft bei meiner hohen Pforte hat Uns mitgetheilt, daß der Fürstensohn, Baierlein mit Namen, einer aus den preußischen Fürstensöhnen*) mit seiner Familie und einem Diener, eine Lustreise von meiner Schwelle der Glückseligkeit nach Jerusalem, Damaskus, Cairo und den dazu gehörigen Provinzen unternehmen wolle, und hat beßwegen durch eine Note den Antrag gestellt, daß während besagter Fürstensohn sich mit seiner Familie und seinem Diener auf der Reise von meiner Schwelle der Glückseligkeit nach den benannten Orten befindet, ihm an seinen Nachtlagerorten die den Gästen zukommende Rücksicht und aller Schutz und Beistand gewährt werden solle, und daß darüber die Erlassung eines Fermans von Mir erfolge.

Es soll demnach in Beziehung auf diesen Fürstensohn und seine Familie, sammt dem Diener, auf der Reise nach den genannten Orten und zurück, an allen Orten wo er sich aufhält, alles, was die Gastlichkeit erfordert, ausgeführt und ihm der vollkommenste Schutz gewährt werden. Es sollen auch die für sein Fortkommen nöthigen Lohnpferde für ihn ordnungsmäßig angeschafft werden; und wenn er sich an unsichern Orten befindet und eine genügende An-

---

*) Das ist so türkische Höflichkeit.

zahl von bewaffneten Truppen zu seiner Begleitung verlangt, so soll er damit versehen und sicher und ungefährdet seinem Ziele zugeführt werden!

Da nun in diesem Sinne Mein hoher Ferman ergangen ist, so sollt Ihr nach seinem erhabenen Inhalte verfahren. Das sollt Ihr wissen und meinem erhabenen Handzeichen Glauben schenken.

Gegeben am Ende des Monats Safer, des Guten, 1279. Zu Constantinopel, der wohl verwahrten."

Darauf folgten noch ganz in den Ecken des großen pergamentartigen Papiers einige Unterschriften der Großen des Reichs.

So verwahrt rüsteten wir uns zur Abreise. Unser alter grauer Dragoman schien trotz seines verschmitzten Judengesichts — vielleicht auch in Folge dessen — ordentlich gerührt zu sein. Er war ein Grieche, ein echter Sohn seines Stammes. Von diesen heißt es dort sprüchwörtlich, daß fünf Juden dazu gehören, um einen Griechen daraus zu machen, d. h. daß ein Grieche soviel betrügt als fünf Juden. Hoffentlich wird es an bessern Ausnahmen nicht fehlen. Unser Grieche war auch darin ein echter Sohn seines Stammes, daß er ein entschiedener Türkenfreund war. So oft wir auch mit ihm die Gewässer Constantinopels befuhren, jedesmal miethete er ein von Türken bedientes Boot. Das war mir so auffällig, daß ich ihn frug, ob es denn keine christlichen Bootsleute gäbe. O ja! sagte er. Und warum miethen Sie nicht lieber diese? Das ist so eine Gewohnheit von mir, meinte der Mann. Diese gottlose Gewohnheit löset das Räthsel, warum in der europäischen Türkei noch heute das eine Viertel fauler Türken die drei Viertel der Christen beherrschen können, die unter jenen leben. Die Christen sind in so viele Partheien und Secten zerfallen und sind im höchsten Grade mißgünstig gegen einander. Ehe sie sich einander etwas zukommen lassen, arbeiten sie lieber den gottlosen Türken in die Hände, und sind somit des verfaulten Türkenthums beste Stütze. Möchte auch der christliche Orient wiederkehren zu dem HErrn, von dem er mit dem Herzen abgefallen ist, obwohl er ihn mit dem Munde noch bekennt.

Der 30. August war der Tag unsrer Abreise. Von unsrer Wohnung aus zogen wir dieselbe steile, schmutzige Straße hinunter, die wir gekommen waren, zum goldnen Horn hinab, bestiegen ein Boot und ruderten dem französischen Dampfer zu, der uns ferner nach dem heißen Süden, weiter nach dem fremden Osten bringen sollte, dem Ziele unsrer Reise näher. Wir dampften durch die vielen Schiffe fast aller Nationen hindurch, wandten uns an der Spitze des Serais rechts, und schifften an der Stadtmauer Constantinopels entlang in das Marmara-Meer hinein. So lange wir noch eine Kuppel unterscheiden konnten, waren unsre Augen auf die herrliche Stadt, von der wir schieden, gerichtet. Bald floß eins ins andere. Ein langer, dunkler Streifen war alles, was wir noch unterscheiden konnten; bald war auch dieser dahin. Wir sahen uns um und fanden uns einsam im Marmara-Meere.

Nun hatten wir Zeit genug, unsere Reisegesellschaft ein wenig näher in Augenschein zu nehmen. Das Verdeck des Schiffes war überfüllt mit den sonderbarsten Trachten und verschiedensten Nationalitäten, die alle gruppenweise bei einander lagen. Unter den Griechen lagen mehrere Popen und aßen ihre Melonen und Käse und Brod, wie die andern. Und von denen, die dem frostigen Lichte des Halbmondes folgen, fanden sich nicht weniger interessante Gruppen von Persern, Türken ꝛc., die alle gut bepistolt und bedolcht waren. Auch eine interessante Abschiedsscene hatten wir schon vorher beim Abgang des Schiffes mit anzusehen gehabt. Unter der Reisegesellschaft war nämlich auch die Schwester des Pascha von Yemen in Arabien, eine junge türkische Dame. Ihr andrer Bruder, ein türkischer Offizier, brachte sie aufs Schiff. So sind wohl selten zwei Geschwister von einander geschieden, wie diese beiden. Der

Offizier weinte und schluchzte so laut, daß jedermann auf dem Schiffe
es hören konnte. Er legte sein Seitengewehr ab, warf sich zu den
Füßen seiner Schwester nieder und wälzte sich vor Schmerz auf dem
Boden, wie ein Kind. Dann lagen sich wieder beide in den Armen
und weinten miteinander so laut, daß wir alle ernstlich beunruhigt
wurden. Nun ward der Offizier wiederholt gemahnt, daß er umkehren müsse. Da faßte er sich denn, schnallte seinen krummen Säbel
um und wollte fort. Aber wiederum fiel er seiner Schwester in
die Arme und die Scene ging von vorn an. Endlich ermannte er
sich, wischte sich die Thränen aus den Augen und trat zurück. Mein
Chef hat mir nicht die Erlaubniß gegeben, meine Schwester zu begleiten, und so muß ich sie allein ziehen lassen, Monate lang, bis sie
meinen Bruder in Yemen erreicht, wenn sie ihn je erreicht, rief er,
geläufig französisch sprechend, wie zur Entschuldigung. Dann wandte
er sich kurz an einen Schiffsoffizier und sprach: Darf ich meiner
Schwester noch ein Wort sagen? Ja! sprach der, und wie ein Blitz
waren Bruder und Schwester wieder beisammen. Endlich schied er
aber doch, nachdem er wiederholt seine Schwester dem Kapitain an-
befohlen hatte.

Des andern Tages nach der Abreise passirten wir den Hellespont mit seinen Dardanellen und musterten am Ausgange desselben
noch einmal die angeblichen Gräber der drei Helden, die ihren Ruhm
und ihren Tod vor Troja gefunden haben. Von der europäischen
Seite her waren wir gekommen, und hatten längere Zeit beides,
Europa und Asien vor Augen gehabt. Nun aber, am Ausgange des
Hellesponts, wandten wir uns links und schieden für immer von
Europa. Bald kamen wir dem Schlachtfelde von Troja noch näher
und sahen von fern den Berg, an dessen Abhange einst die Stadt
des Priamus gestanden haben soll. Abends ankerten wir vor Myti-
lene und fuhren in die Stadt. Wir freuten uns der reinlichen
Straßen und des bedeutenden Handels. Auch einen öffentlichen

Garten fanden wir hier, was uns so auffällig war, daß wir ihn zu sehen gingen. Denn die Türkei weiß sonst nichts von dergleichen, und selbst Constantinopel hat keinen öffentlichen Garten. So viel Gemeingeist besitzt der Türke nicht. Können sie doch nicht einmal öffentliche Straßen bauen, sondern ein jeder treibt seinen Esel lieber sein Leben lang über bloße scharfe Steine, ehe er sich bemüht, einen derselben auf die Seite zu werfen. Denn das käme dann ja auch den übrigen Reisenden zu gut, und wie sollte sich ihnen zu Liebe ein Türke bemühen? „Jeder für sich, Gott für uns Alle", dieses böse Sprüchwort scheint von den Türken erfunden zu sein.

Mit dem öffentlichen Garten in Mytilene hatte es aber doch auch nicht ganz seine Richtigkeit. Wir fanden den russischen Consul darin, der sich sehr freundlich erbot, uns in demselben umherzuführen. Wir hörten nun, daß der Garten des Consuls Eigenthum sei, und der hat ihn aus guten, d. h. politischen Gründen öffentlich gemacht. Von ihm erfuhren wir auch, daß die Bevölkerung von Mytilene 60,000 Seelen betrage, lauter Griechen, und daß kein einziger Dieb unter ihnen sei. Darüber freuten wir uns so sehr, daß wir diese gute Kunde dem Kapitain unsers Dampfers erzählten. Der aber goß kalt Wasser darauf und sagte: „60,000 Griechen und kein einziger Dieb? Das glaub ich nicht!"

Am 1. September ankerten wir in dem geräumigen Hafen von Smyrna, fuhren alsbald ans Ufer und fanden hier ein merkwürdiges Gemisch von europäischem und asiatischem Handel. Während die Läden europäischer Güter voll waren und sich recht zu brüsten schienen, lagerten in den Straßen lange Reihen Kameele, die ihre Lasten, größtentheils Feigen, aus dem Innern Asiens brachten, damit dieselben hier eingeschifft würden. Die Stadt ist recht hübsch gelegen und man hat von der Burg aus eine sehr angenehme Aussicht auf Stadt und Land und Meer. Die verschiedenen christlichen Partheien, Griechen, Armenier und Katholiken, scheinen hier die

Oberhand zu haben. Unser Dragoman, ein hartherziger Jude, deren es in Smyrna viele giebt, durfte es wagen, einen Muhamedaner im grünen Kleide auf offener Straße mit dem Stocke zu schlagen, ohne daß ihn die Türken zerrissen, was in manchen andern Städten gewiß geschehen wäre. Der böse Jude schien eine rechte Wuth auf den Türken zu haben. Es mochte dieser, der Türke, allerdings wohl nicht ganz bei Verstande sein, aber doch vielleicht auch recht reden, wenn er den Juden immer wieder Dieb und Betrüger nannte und uns vor ihm warnte. Erst als ich dem ungläubigen Nachkommen Abrahams fest erklärt hatte, ich würde sofort dasselbe Geschäft an ihm verrichten, ließ er den Türken ungeschlagen.

Smyrna hat viele christliche Kirchen und griechische, armenische und katholische Bischöfe. Auch scheinen die Christen jetzt nicht mehr so arm zu sein, als zur Zeit der Offenbarung Johannis, aber auch nicht mehr so reich. In dem Sendschreiben an Smyrna (Offenb. 2, 8 ff.) spricht der HErr: „ich weiß deine Armuth, du bist aber reich"; jetzt scheint mit der leiblichen Armuth auch der Reichthum gewichen zu sein, der von oben kommt und so groß war, daß der Gemeinde in jenem Sendschreiben kein Tadel, sondern nur Trost und Muth zugesprochen wird. Das köstliche Wort: „Sei getreu bis an den Tod, so will ich dir die Krone des Lebens geben!" ward zuerst der Christengemeinde von Smyrna zugerufen. Und auch ein Bischof von Smyrna, der ehrwürdige, greise Polycarpus ist es ja gewesen, der bald darauf (im Jahre 168) wie selten ein Knecht des HErrn dies Wort wahr gemacht hat. Als er bereits zum Feuertode verurtheilt war und man ihn noch einmal zum Verleugnen des HErrn aufforderte, legte er das goldene Bekenntniß ab: „Sechsundachtzig Jahre habe ich meinem HErrn Christo gedient und Er hat mir viel Gutes, aber nie etwas Böses gethan, wie sollte ich Ihn verleugnen können?" Darauf bestieg er freudig und getrost den Scheiterhaufen. Schon das Gedächtniß des heiligen Polycarpus und dieser seiner Treue bis an den Tod muß einem Smyrna lieb und werth machen. Aber von solcher Treue, von jenem Reichthum bei großer Armuth ist jetzt wenig zu sehen. „Gedenke wovon du gefallen bist, und thue Buße!" Das würde jetzt der Text sein an die Smyrnaer Gemeinde wie an viele andre noch. Gott verleihe den verknöcherten orientalischen Christengemeinden den rechten Fortschritt. Den Fortschritt aus der Verweltlichung in die Stille des Glaubenslebens und der Nachfolge Christi!

7.
Nach Beyrut.

Wir verließen die Stadt des heiligen Polycarpus bald wieder, hatten uns aber auf schlechten Maulthieren doch recht müde geritten und uns auch den Aufenthalt von dem bösen Juden, der uns zum Führer diente, unliebsam machen lassen. Auf dem Dampfer fanden wir einen englischen Architecten, Mr. Pullan, mit seiner Frau, der im Interesse der Alterthumskunde an drei Jahre in Kleinasien gezeltet hatte, und nun auf dem Wege nach der kühlen Heimath war. Wir wurden bald mit einander bekannt, traten einander näher und bildeten fortan eine Reisegesellschaft von nun sechs Personen. So durchzogen wir Syrien und Palästina und schieden erst in Egypten.

Wir fuhren weiter in südöstlicher Richtung und gewahrten bald die Ausläufer des Taurus. Sie waren schneebedeckt und wir freuten uns nicht wenig, den alten Freund der Heimath auf Asiens Erde wiederzufinden. Die eigenthümliche Lage und Beleuchtung ließ ihn im rosigen Lichte erscheinen und lange blieben unsre Blicke auf ihn gerichtet. Einen Tag später kamen wir in dem Hafen von Rhodus an. Unsre Reisegesellschaft fuhr an das Land und ließ sich mit alten Pfeilen beschenken, die einst auf dieser Insel verschossen wurden, als noch Johanniter und Türken um ihren Besitz kämpften. Seit sie im Besitz der Türken ist, hat sie nichts mehr von ihrer vorigen Größe. Nur die Schönheit ist ihr geblieben und der Segen von oben. Südfrüchte und Wein, Bauholz, Milch und Honig bilden auch jetzt noch den Reichthum der Insel. Und doch sind die Menschen so arm; arm an Gütern, die da bleiben, arm auch an irdischen Gütern; der Halbmond hat alles verknöchert.

Wir nahten uns von Rhodus aus wieder der Küste und ankerten vor Mersina. Von hier waren es nur 4 Stunden nach Tarsus, der Vaterstadt des Apostels Paulus. Aber wir hatten keine Zeit sie zu besuchen. Eine große Anzahl Juden bewohnt noch heute Tarsus, wie wir hörten, und daß diese abgefallenen Söhne Abrahams sich gern mit Ismaels Geschlecht gegen die „Kinder der Freien" vereinigen, ist natürlich.

Am 6. und 7. Septbr. waren wir in Alexandrette, welches die Türken Iskendrum nennen, da bei ihnen der Name Alexander eben Iskender lautet. In dieser „Pforte von Syrien" fanden wir bedeutenden Handel. Aber der niedrige Ort ist so fieberisch, daß wir ganze Reihen elender Hütten auf hohen Pfälen errichtet sahen, in welchen die Bewohner vor dem Fieber sicherer zu sein gedenken. Hier pflegten die Kreuzfahrer zu landen und dann zu Lande nach Palästina zu ziehen; noch jetzt befinden sich in der Nähe Ruinen aus ihrer Zeit. Heut fechten christliche Heere für den Halbmond. Der Geist der Kreuzfahrer ist mit ihren Leibern zu Grabe gegangen. — In dieser Gegend gewann auch Alexander den entscheidenden Sieg über Darius, den Perserkönig, erbeutete seinen Wagen, sein Schild und seinen Bogen, und sein großes Reich dazu. Das war ihm aber noch nicht groß genug. Er zog weiter, eroberte immer mehr Reiche und Reichthümer und starb endlich mitten im Erobern, ohne das Himmelreich gewonnen zu haben. Von diesem mächtigen und reichen Alexander, der zur Bestattung seines Jugendfreundes, Hephästion, einen Scheiterhaufen für mehr denn dreißig Millionen Gulden errichten konnte, haben sich die Perser eine artige Sage gemacht. Die lautet also: Als Alexander starb, befahl er, man solle bei seinem Leichenzuge seine rechte Hand zum Sarge hinaushängen lassen, damit alle Welt sehe, daß er, trotz aller seiner Reichthümer, mit leeren Händen zu Grabe gehe.

So gering auch Alexandrette der Erscheinung nach ist, so mußten wir doch drei Tage hier bleiben, bis der Dampfer mit all seinen Geschäften fertig war. Dann lichteten wir wieder Anker und fuhren nach Tripolis. Von hier aus sahen wir schon das Haupt des Libanon. Es war schneebedeckt und bildete mit seinen Ausläufern eine sehr schöne Gruppe. Wir stiegen an das Land und merkten, daß wir hier schon im Lande der Esel waren. In Smyrna wurden uns noch Maulthiere gebracht, hier brachte man uns ziemlich elende Esel mit noch elenderen Sätteln ohne Steigbiegel. Doch wir wollten uns Tripolis näher ansehen und so mußte denn geritten werden. Es schien uns aber bequemer, abwechselnd zu Fuß zu gehen, so daß es unsre Esel nicht zu schlimm hatten. Auch hier ist ziemlich bedeutender Handel, wobei Badeschwämme einen Hauptartikel bilden. In dem klaren Meerbusen kann man bis auf den Grund sehen und eine große Anzahl Boote fährt langsam umher, um die Schwämme auf dem Grunde zu erspähen. Dann stürzt sich einer der beiden Bootsleute hinein, taucht unter und kommt mit seiner Beute wieder zum Vorschein. Manchmal finden sie auch einen Schwamm an einer Auster angewachsen, bringen beide zusammen hinauf und verkaufen sie dann gern etwas theurer.

Von Tripolis aus kamen wir am 9. Septbr. nach Beyrut. Ich hatte so viel von der schönen Lage dieser Stadt gehört, daß ich mich fast getäuscht fand, als ich sie sah. Dazu nahmen wir unsre Wohnung in einem außerhalb der Stadt gelegenen Gasthaus, so daß es bis in die Stadt selbst noch ziemlich weit war. Erst als wir unsre Wohnung gewechselt hatten, und von dem flachen Dache des Hauses aus den Hafen und die Stadt und den Libanon zugleich vor uns sahen, fanden wir, daß Beyrut wirklich sehr schön gelegen ist. Die untergehende Sonne verursacht ein merkwürdiges Farbenspiel in den schroffen Abhängen des Libanon und jeder Abend schien uns neue Reize zu bringen.

Vor Beyrut lag ein großes englisches Kriegsschiff. Mit dem Kaplan und etlichen Offizieren desselben wurde ich bekannt. Einmal ritten wir zusammen nach dem Nahr el Kelb, welcher Fluß etwa 3—4 Stunden weit von Beyrut fließt und merkwürdige Schluchten bildet. Einige Tage vorher hatten sich hier die Bewohner des Libanon versammelt, um der türkischen Regierung eine Steuer abzukämpfen, die ihnen neu aufgelegt worden war und die sie nicht bezahlen mochten. Doch sie waren dem Militär gewichen, und so hatten wir nichts mehr zu besorgen. Auf dem Wege dahin sahen wir die in einen Fels gehauene bisher noch unentzifferte alte Inschrift und die Figuren, die so große Aehnlichkeit haben mit den assyrischen Königen, wie sie in den Ausgrabungen von Niniveh gefunden wurden. Vielleicht kamen Assyriens Könige auch bis hierher, jedenfalls reichte ihre Macht bis hierher und wohl mögen diese Figuren sie darstellen und die noch stumme Schrift von ihnen erzählen.

Der Nahr el Kelb, oder vielmehr die Stätte seiner Mündung, ist ein vielbesuchter und höchst interessanter Ort. Neben den schroffen Felsen, durch welche sich der Fluß hindurch windet, stehen hohe Bögen von einer alten römischen Wasserleitung, die mit Schlingpflanzen bewachsen hier und da interessante Wasserfälle bilden. Ich kletterte hinter den einen dieser Wasserfälle und hatte im Kleinen dasselbe Schauspiel, dessen Anblick ich vor 16 Jahren in so großem Maßstabe unter den Fällen des Niagara in Nordamerika genoß: ein Regenbogen, im Wasserfalle gebildet, mit hellen vollen Farben schlang sich um meine Füße. Wer den Bogen seiner Bedeutung wegen liebt und achtet und des noch geltenden Bundes wegen ihn gern in den Wolken begrüßt, der ist entzückt, ihn der Erde und sich selbst so nahe zu sehen. Der Friede Gottes fülle jedes Herz, das seiner achtet.

Ueber einen Arm des Flusses war ein offnes Dach erbaut und daneben stand eine Hütte, in welcher Erfrischungen zu haben waren. Wir traten unter das offne Dach und fanden Stühle gestellt und einen Tisch mitten in dem rauschenden Strome. An diesen Tisch, von den Wellen durchbraust, setzten wir uns ohne alle Mühe. Die Mühe aber folgte, sobald wir den Mund aufthaten. Denn da wir unsern Dragoman nicht bei uns hatten, waren wir unserm türkischen Wirthe volle Barbaren. Doch brachte er uns Wein vom Libanon ungeheißen. Wir aber waren auch hungrig und konnten ihm doch nicht begreiflich machen, was wir wollten. Und das um so weniger, als er nur für Dürstende, nicht aber für Hungernde gerüstet war. Mit nicht geringer Mühe erlangten wir jedoch endlich gekochte Eier und eine Art Fladen, dem indischen Appam ähnlich. Unser ganzer Wortvorrath bestand in zwei Worten: „gut" und „schlecht" und wir lernten da, wie viel man auch mit so wenigen ausrichten kann, wenn wirklich Noth am Mann ist.

Am Sonntage besuchte ich einen arabischen Gottesdienst der nordamerikanischen Missionare und folgte später der freundlichen Einladung des Missionars Dr. Thomson zu einem Besuche in dessen und seiner Familie Sommerwohnung etwa 3000 Fuß hoch auf dem Libanon. Unser Weg führte uns zwischen den von Reisenden viel genannten Maulbeer- und Feigenbäumen hin durch den „schönen hellgrünen Fichtenhain" hindurch. Die syrischen Pferde sind bekannt. Das meinige war noch in der jugendlichen Kraft und Hitze, und konnte es sich nicht versagen, auf dem sandigen Boden des Fichtenhains seine Glieder zu strecken und im wilden Galopp

4

mit den übrigen Pferden sich zu messen. Bald aber war es weit
voraus, da ich es in seinem Eifer nicht stören wollte; denn es ist
ein wirklicher Genuß, auf solchem Pferde zu galoppiren. Hinter
dem Fichtenhain begann dann bald das Steigen, und nun ging es
nur im scharfen Schritte vorwärts bis wir nach etwa dreistündigem
Ritt in dem kleinen Dorfe anlangten, wo Dr. Thomson seine Woh=
nung hat. Wir wurden herzlich aufgenommen, weilten den ganzen
Tag dort und kehrten erst Abends nach Beyrut zurück. Wir freuten
uns der Biederkeit und Einfachheit dieser Familie, die schon über
30 Jahre im Missionsdienste ist. Wir hatten manches interessante
Gespräch über Mission überhaupt, über die Libanon=Mission ins=
besondere und über die letzten Greuelscenen der Türken, in welchen
auch so viele protestantische Christen, auch Gemeindeglieder dieser
Missionare, und ein Missionar mit ihnen, ermordet wurden. Der
Mörder dieses Missionars war gefangen und verurtheilt, aber die
Strafe noch nicht an ihm vollzogen. Denn die Türken können frei=
lich nicht gut einen Türken dafür hinrichten, daß er Christenblut
vergossen hat, weil sie das Alle nur gar zu gerne vergießen möchten
oder noch lieber sähen, daß es schon alles bis auf den letzten Tropfen
vergossen wäre. Die amerikanische Regierung hatte aber so eben
ein Kriegsschiff nach Beyrut geschickt, um den Mörder ihres Bür=
gers gerichtet zu sehen.

Einer der jüngern Missionare beschenkte mich mit einer Anzahl
von versteinerten Muscheln, die sich häufig 3—4000 Fuß hoch auf
dem Libanon finden und manchen Bezweifler der Sündfluth viel=
leicht auf andere Gedanken bringen könnten. Doch es giebt Leute,
die nicht glauben, auch wenn Todte kämen und ihnen predigten. —
Als die Schatten länger wurden und uns zur Abreise mahnten,
fanden wir, daß beide Theile, die Missionsfamilie auf der Höhe
des kühlen Libanon und die in dem Tieflande des heißen Indiens,
nicht gerne schieden. Wir schieden auf Wiedersehen — doch nicht

hienieden. Es wird eine große Versammlung sein in unserm Vaterhause und viel Freude.

8.

Der Libanon und seine Bewohner. Das letzte Blutbad unter den Christen.

Ehe wir den Fuß des Libanon verlassen und seine Höhen übersteigen, müssen wir einen Blick auf die Bewohner dieses „guten Gebirges" werfen und auf Tage der Angst, der Schrecken und des Blutes, wie wir sie in unserer Zeit kaum für möglich halten sollten. Aber was auch das neunzehnte Jahrhundert für Veränderungen gebracht haben mag, so ist doch die Nothwendigkeit immer noch nicht hinweggeräumt worden, mit unsern Vätern zu beten:

> „Erhalt uns, HErr, bei Deinem Wort
> Und steur' des Papsts und Türken Mord,
> Die Jesum Christum, Deinen Sohn,
> Stürzen wollen von seinem Thron;"

und das Folgende wird uns den Beweis dazu liefern.

Der Libanon, „das gute Gebirge", welches Moses vor seinem Ende zu sehen begehrte, hat die Eigenthümlichkeit, daß, je länger man es kennt, je mehr man es liebt, und es könnte darum auch recht wohl „Je länger je lieber" genannt werden. Wohl hat es nichts von der Frische europäischer Gebirge, denn es besteht meistens aus Kalkstein und sieht darum im Ganzen kahl und fahl aus. Aber näher besehen, wird es auch der abendländische Reisende bald lieb gewinnen; denn die kahlen Kalksteinwände sind zum großen Theil nur die Mauern von Terrassen, welche den fruchtbaren Boden umsäumen, der Oliven-, Wein- und Maulbeerpflanzungen in reichem Maße trägt. Selbst die Gestalt der verschiedenen Bergesspitzen sehen zerstörten mittelalterlichen Burgen ähnlich und ergötzen das Auge. Hier stürzen sich Wasserfälle brausend in die Tiefe, und dort sind großartige Reste römischer Aquaducte; denn auch die Römer wußten den Libanon zu schätzen. Die Bewohner aber haben zu jeder Zeit eine starke Liebe zu ihren Bergen bewiesen. Denn sie haben mit außerordentlichem Fleiße und Geschick fast kahle Bergesabhänge in fruchtbare Felder verwandelt, indem sie den spärlichen Fruchtboden gesammelt und durch Terrassen zusammengehalten haben, und dann ferne Wasserquellen mit vieler Kunst dort hinleiteten.

Die Thäler des Libanon sind oft sehr steil und die Dörfer an den Abhängen sehen den Schwalbennestern gleich, die an den Wänden hängen. Zuweilen dienen auch die Dächer der niedrig gelegenen Häuser den höher gelegenen zu Straßen, während die Rückwände beider von den Felsen der Berge gebildet sind. In diesen Thälern, wie überall am Fuße des Libanon, ist die Hitze sehr groß und alle Arten tropischer Früchte gedeihen hier, während die Spitzen der Berge mit ewigem Schnee bedeckt sind. Arabische Poeten, die so gern alles personificiren, stellen den Libanon als einen schlafenden Riesen dar, der in weißen Silberlocken, den Winter auf seinem Haupte trägt; der Frühling spielt ihm auf seinen Schultern, in seinem Schoße trägt er den Herbst und der Sommer ruht zu seinen Füßen.

Die Bewohner des Libanon sind zumeist Christen, ein kleinerer Theil Griechen, der größere Maroniten und Drusen. Die Maroniten werden so genannt nach dem heil. Maron, einem Abt, der im sechsten Jahrhundert an dem Orontes lebte. Er und seine Anhänger gehörten den von der Kirche verdammten Monotholeten an, und sie waren die einzigen, die in ihren Bergfestungen vor den Verfolgungen ihrer Feinde Jahrhunderte lang geborgen waren. Im zwölften Jahrhundert schreibt De Vitry, Bischof von Acre über sie wie folgt:

„Männer, mit Pfeil und Bogen bewaffnet und kriegserfahren, bewohnen in großer Anzahl die Gebirge Phöniziens. Sie werden Maroniten genannt nach Maron, einem Ketzer, welcher glaubte, daß nur ein Wille in Jesu war. Die Christen des Libanon, durch die satanische Lehre dieses Maron verführt, blieben Jahrhunderte lang von der Kirche getrennt. Doch zuletzt wurden ihre Herzen bekehrt und sie bekannten den katholischen Glauben in Gegenwart des ehrwürdigen Patriarchen Amarius von Antiochia und nahmen die Tradition der römischen Kirche an." Aber ob sie auch so die „Tradition der römischen Kirche annahmen", so gaben sie doch die ihrige nicht auf; denn sie halten Gottesdienst in ihrer eigenen Sprache, und viele ihrer Priester sind verheirathet. Nachdem die Kreuzfahrer Syrien ganz verlassen hatten, mußten die Maroniten ihre Unabhängigkeit vielfach vertheidigen, und zumeist gegen die Mamelucken, die in Egypten hausten. Im 17. Jahrhundert fing Frankreich an, sich ihrer anzunehmen und sowohl Ludwig der XIV. als der XV. sandten ihnen Schutzbriefe, welche auch die türkischen Behörden respectirten.

Die Maroniten sind meist ernstgesinnte Leute und die Religion ist ihnen nicht ein Kleid, das sie nach Belieben am Sonntage anziehen, in der Woche aber ablegen, wie es bei so vielen sie verachtenden Christen im Abendlande der Fall ist. Das Christenthum ist ihnen Lebenssache geworden, hat sich bei ihnen jedoch vielfach anders gestaltet als bei uns. Obgleich sie guten Wein die Fülle haben, so sind sie doch sehr nüchtern und Trunkenheit ist fast unbekannt. Ebensowenig sind Sünden gegen das sechste Gebot im Schwange. Aber sie sind nicht fest im Reden der Wahrheit, die Lüge wird bei ihnen viel zu wenig verabscheut. Und daher kommt es zumeist, daß sie von den abendländischen Christen so oft verachtet werden. Nun ist freilich Mangel an Wahrheitsliebe ein gar böser Flecken im Charakter eines Volkes sowohl als einzelner Personen.

Aber wo ein Volk lange unterdrückt war, wird es immer die Wahrheitsliebe zuerst verlieren. Denn wo es eine Art Verbrechen ist, etwas zu besitzen, wie es unter dem türkischen Regiment der Fall ist, da wird auch das wirkliche Besitzthum immer verheimlicht und verleugnet werden, und von diesem Punkte aus wird sich eine Art von Heuchelei über das ganze Leben ausbreiten. Aber so böse das nun auch sein mag, so hat doch der kein Recht, den ersten Stein auf sie zu werfen, der nicht unter gleichen Verhältnissen seine Wahrhaftigkeit bewahrt hat. Wo ist denn die Wahrhaftigkeit vieler abendländischen Christen in Handel und Wandel, oder wenn sie dem Gewinne nach über das Meer ziehen? Ist es nicht zum Sprüchwort geworden, daß ihrer viele ihr Christenthum — und somit doch alle Wahrheit — am Kap der guten Hoffnung lassen, wenn sie nach Indien oder China gehen, in der guten Hoffnung, daß sie es auf ihrer Rückreise dort noch wiederfinden werden? Die Christen des Orients verleugnen ihr Christenthum nicht inmitten der Türken, und sie wissen dafür zu leiden, was im Westen nur selten der Fall ist. — Die Maroniten sind ein heiteres, geselliges und gastfreundliches Volk, mit dem man leicht auskommen kann, wenn man sich nur ein wenig an sie gewöhnen will.

Ganz verschieden von ihnen sind die Drusen, der andere Zweig der Bevölkerung des Libanon. Zwar die Gastlichkeit, die Tugend des Morgenlandes, ist auch bei ihnen zu finden, aber sie sind verschlossen, verrätherisch, und ihre Religion selbst erlaubt ihnen volle Freiheit dem Fremden gegenüber. Treue und Glauben sind sie nur ihren Glaubensgenossen, den Drusen, schuldig; in Betreff alles übrigen mögen sie reden und handeln, wie es ihnen beliebt.

Die Drusen gehören den wildesten Stämmen der Beduinen an und hatten äußerlich den Glauben Muhammeds angenommen, wie alle übrigen Stämme. Nun war aber von jeher eine Secte unter den Muhammedanern, welche an einen verborgenen Sinn des Koran glauben. Im elften Jahrhundert lebte ein Priester dieser Secte mit Namen Hamzé, der zugleich Vezier des Kaliphen Hakim von Egypten war. Dieser Hamzé ging noch ein wenig über die übrigen seiner Secte hinaus und erklärte seinen halb wahnsinnigen Gebieter Hakim für eine Personification der Gottheit. Der Kaliph fand sich dadurch nicht wenig geschmeichelt und authorisirte Hamzé, einen persischen Abenteurer mit Namen Darazi nach dem Libanon zu senden, um unter jenen rohen Stämmen Anhänger des neuen Glaubens zu werben. Solche fanden sich denn auch bald in dem fruchtbaren Thale El Teim, zwischen Libanon und Antilibanon, und um ihre Zahl zu vermehren, führte Darazi lockere Sitten ein und machte sich selbst zum Haupte der Secte. Als Hamzé das hörte, ward er sehr böse, nannte Darazi das goldene Kalb, welches sich das tolle Volk zum Götzen erwählt hätte, und sandte einen andern Apostel in den Libanon. Das war ein gewisser Mottana Baha-edin, der strengere Sitten lehrte und auch einige Schriften verfaßte, welche nun die heilige Schrift der Secte ausmachen. Aber Darazi hatte schon einen zu festen Halt gewonnen, so daß sich die ganze Secte nach seinen Namen nannte; doch sind noch heute die beiden Richtungen unter ihnen, die laxere, welche Darazi, und die strengere, welche Baha-edin folgt. Beide aber glauben, daß Hakim eine Art Incarnation der Gottheit gewesen sei und beide verehren auch Hamzé als den Stifter ihrer Secte, obgleich sie sich nicht nach seinem Namen nennen.

Diese Drusen haben sieben Gebote, wie folgt: Wahrhaftigkeit gegen die Brüder, Gegenseitige Hilfe, Glaube an die ewige Einigkeit Gottes (Hakims), Ergebung in seinen Willen, Freude an seinen Werken, Keine Gemeinschaft mit den Dämonen, Keine Gemeinschaft mit anderen Religionen. Das letzte dieser Gebote übertreten sie jedoch fortwährend, da sie sich ja äußerlich zu dem Muhammedanismus bekennen; doch von dieser Sünde absolvirt sie vielleicht das erste Gebot, nach welchem sie nur den Mitdrusen Wahrheit schuldig sind.

Nach Hakims Tode mußte Hamzé fliehen, denn der neue Kaliph war sehr zornig auf die neue Secte und suchte sie von der Erde zu vertilgen. Doch die engen Schluchten des Libanon gaben gute Verstecke und die Drusen versammelten sich fortan nur noch heimlich. Damit sie aber nicht verrathen werden möchten, erfanden sie geheime Erkennungszeichen, wie etwa die Freimaurer sie haben, und so giebt es denn auch heute noch unter den Drusen Aikals oder Eingeweihte, und Djahels d. i. bloße Anhänger derselben.

Aber obgleich verfolgt, so hatten die Drusen doch keine Märtyrer, denn sie waren ja nicht verpflichtet, sich ihren Feinden gegenüber als Drusen zu bekennen. So wiederholten sie denn vor den Muhammedanern die Glaubensformel Muhammeds so oft als nöthig, ohne sie zu glauben. Und wie sie keine Märtyrer hatten, so hatten sie auch keine Verbreitung ihrer Religion unter den übrigen Stämmen. Im Gegentheil, als Baha-edin starb, erklärte er, daß die Welt der Gnade nicht werth sei, welche ihr der göttliche Hakim durch den erleuchteten Hamzé zugedacht hatte, und verbot seinen Anhängern, irgend jemand noch ferner aufzunehmen. So ward die Pforte der Gnade des Drusenthums geschlossen und sie behielten ihre Religion als ein Vermächtniß, ihnen besonders gemacht, und bewahrten sie fleißig vor dem Bekanntwerden.

Die Maroniten bewohnen manche Thäler ausschließlich, und ebenso sind manche Thäler von den Drusen ausschließlich bewohnt. Doch in manchen Thälern der Drusen wohnen auch Christen, zumeist Griechen, zerstreut; wohnten so seit Jahrhunderten in Frieden und bewahrten eine Art Unabhängigkeit, ob auch den Türken steuerpflichtig.

Doch um die Mitte des vorigen Jahrhunderts begannen die Türken auf verschiedene Weise den Libanon sich ganz zu unterwerfen und die letzten Reste der Freiheit zu zerstören. Und da ihnen das nie gelingen wollte, so lange die verschiedenen Stämme einig waren, so versuchten sie es nun damit, Uneinigkeit und Mißtrauen gegen

einander zu säen, um sie so zu entzweien und desto leichter zu unter=
drücken. Denn der Libanon ist eine Art Bergveste und Zufluchtsort
für viele Beduinenstämme, die zum Theil mit den Drusen verwandt
sind, wie die wilden Beduinen des Hauran. Die Türken aber hassen
die Drusen als Ketzer und die Christen als Ungläubige mit gleich
großem Hasse; während die verschiedenen Beduinenstämme sich zwar
oft gegenseitig befehden, aber doch alle im Hasse gegen die Türken
ganz einig sind. Auf diese Weise war der Libanon mit seiner Frei=
heit, als Zufluchtsort der Beduinen, den Türken immer ein Dorn
im Auge. Denn sie befürchteten, die Herrschaft über die Beduinen
jenseits des Libanon noch ganz zu verlieren.

Dies geschah auch wirklich unter Ibrahim Pascha von Egypten.
Dieser Mann mit der eisernen Faust vertrieb die Türken ganz aus
dem Libanon und brachte bald auch eine solche Ordnung unter die
Beduinen, wie sie weder vorher noch nachher gewesen ist. Und was
die Christen betrifft, so erhob er sie überall zu gleichen Rechten mit
den Muhammedanern. Bisher galt das Christenzeugniß nichts vor
Gericht; Ibrahim Pascha ließ es gerade so viel gelten als das der
Muselmänner. Ueberhaupt räumte er alle die vielen kleinen Placke=
reien hinweg, mit welchen die Türken das Leben der Christen ver=
bittert hatten. So durfte sichs z. B. in Damaskus kein Christ ein=
fallen lassen, auf einem Pferde zu reiten. Und als Ibrahim Pascha
auch dieses hohe Privilegium den Christen eingeräumt hatte, da ver=
sammelten sich die frommen Väter von Damaskus, denn sie konnten
diese Unbill nicht ertragen. Sie erschienen einmüthig vor Ibrahim
Pascha und baten ihn, er möchte doch nur dieses Aergerniß vor ihren
Augen wegräumen und den Christen wieder das Reiten verbieten,
denn das sei doch rein unerträglich und allen heiligen Rechten der
Moslems zuwider. Ibrahim Pascha hörte sie geduldig an und gab
ihnen dann folgenden Bescheid: „Laßt die Christen reiten! Die
Moslems sollten nicht so hochmüthig sein. Wenn ihr aber durch=

aus höher sein müßt als die Christen, so mögt ihr auf Kameelen reiten."

Unter Ibrahim Pascha würde der Libanon mit Syrien und Palästina so sicher geworden sein, wie Egypten jetzt ist, wo man eben so sicher reisen kann, wie in Deutschland. Aber eine gottlose und selbstsüchtige Politik hat die Länder den Türken zurückgegeben, und sie ist für die Ströme von Blut verantwortlich, die seitdem geflossen sind.

Wie die hungrigen Wölfe kehrten die Türken in den Libanon zurück und ihr altes Spiel der Intriguen und Zertrennungen begann aufs neue und mit erneutem Eifer. Bald ward das Blut der Christen wieder reichlich vergossen und eine Trübsal folgte der andern, die ich jedoch hier gern übergehen will.

In die Mitte dieser Zerwürfnisse sandte Gott Worte des Friedens für die Bewohner im Libanon. Von dem fernen Westen der neuen Welt kamen Boten des Evangeliums und verkündigten den Maroniten, Griechen und Drusen den Frieden Gottes in Christo Jesu. Es ist, als ob sich Gott seine Schlachtschafe erst hätte zubereiten wollen, ehe sie geopfert wurden, und ihre Augen auf ein ewiges Leben richten, ehe sie sich für dieses Leben schließen sollten. Ehe ihr Blut auf den Bergen und in den Thälern des Libanon fließen sollte, wollte er erst ihre Herzen auf das Blut hinweisen, welches uns reinigt von aller Sünde und uns geschickt macht vor Gott zu erscheinen.

Unter viel Trübsal und manchen Gefahren des Lebens verkündigten die Boten des HErrn den Frieden Gottes auf diesen Bergen. Die Menge hörte sie nicht, die Patriarchen beantworteten ihre Grüße mit Flüchen und verboten ihren Gemeinden jegliche Gemeinschaft mit ihnen „im Kaufen oder Verkaufen, im Geben oder Nehmen, im Lehren oder Lernen, oder in irgend einer andern Weise". Und wenn irgend jemand sie in sein Haus aufnahm, so ward er verflucht mit dem folgenden Fluche: „Der Fluch soll ihn umgeben wie ein Kleid und in seine Glieder eindringen wie Oel; er soll zerbrochen werden wie ein irdener Topf und verdorren wie der Feigenbaum, welchen der HErr verflucht hat". — Aber ob auch die Menge nicht hörte und falsche Hirten fluchten, viele hörten doch und lieblich waren ihnen die Füße derer, die in ihren Bergen den Frieden predigten und das Heil verkündigten. Und hunderte von ihnen besiegelten ihren Glauben mit ihrem Blute.

Im Winter des Jahres 1860 kamen die Häupter der Drusen ganz gegen ihre Gewohnheit nach Beyrut und hielten geheime Berathungen mit Kurdschid Pascha, dem türkischen Gouverneur. Was sie dort beriethen, ist nie bekannt geworden, nur Gott hörte es alles. Doch das Gerücht wußte, daß die Drusen ihrem Herrn, dem Sultan, einen besondern Dienst zu thun aufgefordert wurden; daß sie auch dazu willig wären; doch der Größe und Verantwortlichkeit dieses Dienstes wegen erst einen directen Befehl dazu von Konstantinopel verlangten. Soviel wußte man in Beyrut schon zu Anfang des Jahres 1860; doch worin der große und besondre Dienst bestand, das wußte Niemand, bis es die Thaten der Drusen lehrten. Im April schien endlich der erwartete Befehl gekommen zu sein; denn nun wurden die bis dahin etwas schläfrig gewesenen Berathungen mit einem Male wieder lebhaft, worauf denn die Drusen wieder in ihre Berge zogen.

Hierauf begannen sie ihr Werk im Kleinen; denn es war wirklich ein großes Werk, das sie unternommen hatten, und ging fast über ihre Kräfte. Sie fingen aber gleich in der rechten Weise an; sie überfielen einzeln wohnende Christen, tödteten sie und machten ihre Häuser der Erde gleich. Solche, die stets in unsern geordneten Verhältnissen lebten, werden denken, daß dies kaum möglich sei; aber unter dem Regiment der Türken ist noch viel mehr möglich, und noch viel Schlimmeres, ja fast Unglaubliches, habe ich zu berichten. Und doch sind es reine Thatsachen, ohne alle Zuthat oder Uebertreibung. Die Christen merkten bald, daß dies blos ein Vorspiel eines größeren Blutbades sein würde; denn sie sind unter den Türken der Blutbäder zu gewöhnt. Sie verließen darum ihre einzelnen Wohnungen und zogen sich in christliche Ortschaften hinein. Doch das war es nicht, was die Drusen wollten, sie wollten nicht die Flucht der Christen, sondern ihr Blut. Um sie daher zu reizen und womöglich zum Widerstande zu bringen, umringten sie das Maronitenkloster zu Amik und ermordeten den Prior in seinem Bette. Zu gleicher Zeit machten sie offne Kriegsrüstungen, schickten ihre Frauen und Kinder von sich in sichere Orte ꝛc. Als die Christen das sahen, verließen sie diesen District der Drusen ganz und zogen nach Zachlé, einer Stadt der Christen. Die Drusen aber überfielen viele dieser Flüchtlinge und tödteten sie, selbst in der Nähe von Zachlé. Als die Christen von Zachlé das sahen, zogen sie aus, ihre Glaubensgenossen zu schützen. Das wollten gerade die Drusen. Sie fielen von allen Seiten über die ungeordnete Masse der Christen her, schlugen sie, tödteten alle Männer, verbrannten einige Dörfer, raubten was zu rauben war, und zogen heim. Die Häupter der Drusen aber gingen hierauf wieder nach Beyrut zum Gouverneur und Kurdschid Pascha nahm diese Mörder als Freunde auf, hielt wieder eine Berathung mit ihnen und entließ sie in Frieden.

Als die Consuln der verschiedenen christlichen Mächte das sahen, machten sie sich auf und gingen alle zusammen am 1. Juni zum Gouverneur, ihm ernste Vorstellungen zu machen. Der aber, als ein echter Türke, that äußerst unschuldig, schalt gewaltig auf die Christen und bat die Consuln, sie möchten die Christen doch bewegen, in ihren Häusern zu bleiben und nicht einander zur Hilfe zu ziehen, so wollte er den Drusen auch befehlen, zu Hause zu bleiben und alles werde gut gehen. Die Consuln gingen richtig in die Falle und wurden nun selbst noch Helfershelfer der Türken; denn sie verhinderten die Christen, sich zu waffnen oder sonst Vorkehrungen zu treffen. Kurdschid Pascha aber dachte auch nicht einmal im Traume daran, die Drusen zur Ruhe zu ermahnen, so verfolgten denn diese ihre blutige Bahn immer weiter.

Doch auch so waren sie des Gelingens ihrer Sache noch nicht gewiß; denn der Christen sind viel mehr im Libanon als der Drusen, und so suchten sie denn Hilfe bei ihren Stammverwandten im Hauran. Said Bey Zumblatt, der oberste Häuptling der Drusen, war der Leiter dieser ganzen Angelegenheit. Er schrieb einen Brief an Ismail-il-Uttrush, den obersten Sheik im Hauran, und beschuldigte die Christen alles dessen, was er selbst ihnen angethan hatte. „Unsere Häuser, so klagte er, sind niedergebrannt, unsere Weiber sind entehrt, unsre Kinder sind in Stücke zerrissen durch die Wuth der Christen. Um Gottes willen und um unsers gemeinsamen Glaubens willen komm und rette uns, sonst werden die Drusen von dem Angesicht der Erde verschwinden." Darauf brannte er die vier Ecken dieses falschen Briefes an, um damit die allerhöchste Noth zu bezeichnen, und so schickte er ihn fort.

Als Ismail-il-Uttrush diesen Brief erhielt, sprang er auf wie ein Tiger, rief seine Leute zusammen und schwur, daß er seine Hände in dem Blute dieser grausamen Christen waschen wolle.

Zu derselben Zeit schrieb Said Bey Briefe an die verschiedenen Ortschaften der Christen, versicherte sie seines Schutzes, sagte ihnen, sie möchten nur ruhig in ihren Orten bleiben und ein jeder wie gewöhnlich seiner Arbeit nachgehen, er wolle sie schützen; denn ohne seinen Willen könnten die Drusen nichts thun — und dies letztere war die einzige Wahrheit, die der Brief enthielt.

Die falschen Briefe brachten den meisten Ortschaften große Freude, die jedoch nur von kurzer Dauer war. Denn während sie eben Danksagungen an Said Bey absandten oder noch abfaßten, wurden sie angefallen, alle Männer erschlagen, das Eigenthum geraubt und die Häuser niedergebrannt. Ebenso ging es manchem reichen Kloster, aus welchen sie Gelder oder doch Geldeswerth genug entnahmen, um ihre teuflischen Werke fortzusetzen. Die Christen aber wurden durch alles dieses so völlig verwirrt, daß sie kaum zu Verstande kommen konnten. Und da die Häupter der Christen den Consuln versprochen hatten, Ruhe zu halten, so fehlte es ihnen an aller Anleitung zum Widerstande. Wohl erließen junge Feuerköpfe Rundschreiben, in welchen sie alle Christen zum Widerstande aufriefen, aber diese hatten unter den Christen selbst keinerlei Autorität, waren aber den Drusen sehr willkommen; denn nun konnten sie dieselben als eine Art Entschuldigung brauchen und ihre Angriffe als Nothwehr darstellen.

Unter diesen Umständen verließen die Christen wieder ihre vereinzelten Wohnungen und flüchteten nach Hasbea, einer größeren Stadt, fast ausschließlich von Christen bewohnt und mit einer Besatzung von 500 Mann türkischen Militärs, unter dem Befehle eines Obersten: Osman Bey. Die Christen hielten es für rathsam, sich des guten Willens dieser Besatzung zu versichern, und so brachten sie 4000 Gulden zusammen und übergaben sie an Osman Bey mit der Bitte um Schutz für ihr Eigenthum und ihr Leben. Die Türken nahmen das Geld, gaben auch alle gewünschten Versprechen, aber zu halten dachten sie keins. Denn als die Drusen in großen Massen herbeizogen, und die Christen sie nun an ihr Versprechen erinnerten, sagte Osman Bey: „Kämpfet selbst gegen eure Feinde, und wenn es Noth thut, will ich euch helfen." Einige hundert junge Männer zogen darauf hinaus, da sie aber ohne Ordnung und gehörige Leitung waren, wurden sie gänzlich geschlagen und mußten sich in die Stadt zurückflüchten. Ihr Beschützer aber, Osman Bey, ging nun hinaus und hielt eine Berathung mit den Drusenhäuptern und namentlich mit Sitt-Haify, der Schwester des Said Bey, nur noch viel blutdürstiger

als jener. Darauf erklärte er, er wolle nun die Sache in seine
eigenen Hände nehmen und die Christen schützen, aber zuvor müßten
sie ihm ihre Waffen ausliefern, sonst könne er nichts thun. Die
Christen gingen wieder in die Falle, kamen versammelt in das Re=
gierungsgebäude und übergaben ihre Waffen. Aber von dem Augen=
blicke an wurden sie in demselben Gebäude festgehalten, in welchem
sie ihre Waffen niedergelegt hatten. Die ärmeren Familien fühlten
bald Mängel, da ihre männlichen Glieder gefangen gehalten wurden,
und manche dieser Frauen gingen zu Sitt=Haify, warfen sich ihr vor
die Füße und baten um Freilassung ihrer Angehörigen. Doch außer
einigen Arbeitern ihres Schwiegersohnes entließ sie niemand. Diese
aber entließ sie theils der nöthigen Arbeit wegen, und theils auch
wohl aus Vorsorge, daß wenn einst ein Tag der Abrechnung käme,
sie doch auf diesen Act der Barmherzigkeit hinzuweisen im Stande
sein möchte.

Inzwischen kam das Gerücht von so viel gefangenen Christen
zu Hasbea auch nach Damaskus, so versammelten sich die dortigen
Consuln und Bischöfe und baten Achmed Pascha, den Gouverneur
von Damaskus wie auch vom Libanon und ganz Syrien, um Schutz
für ihre gefangenen Glaubensgenossen. Doch der gab nichts als
ausweichende Antworten und begründete sie damit, daß er nicht
Truppen genug zur Verfügung hätte. So baten sie ihn denn, er
möchte doch wenigstens einen schriftlichen Befehl nach Hasbea sen=
den und die gefangenen Christen von dort nach Damaskus kommen
lassen. Dem konnte er sich nun nicht wohl entziehen und so sandte
er einen solchen Befehl durch einen Adjutanten an Osman Bey nach
Hasbea. Dieser las den Befehl öffentlich vor den Ohren der ge=
fangenen Christen, worauf diese vor Freude weinten, Gott im Him=
mel dankten und auch den Sultan und alle ihre Beschützer laut
priesen. Dann machten sie sich zurecht für die Reise nach Damaskus;
denn sie meinten, sie sollte nun alsbald vor sich gehen. Aber ihre

Feinde in ihrer Wuth und Gott in seiner Barmherzigkeit hatte eine andere Reise für sie bestimmt.

Die Drusen hatten nun keine Zeit mehr zu verlieren. Sie gingen noch einmal zu Sitt-Haify, welche für ihren Bruder Saib Bay handelte, und frugen nach ihren Wünschen. Sie aber verlangte nichts weniger als das Leben aller Männer, die sie gefangen hielten. Das war selbst einem alten Drusen zu viel, und er ist es werth, daß sein Name genannt wird. Er hieß Ali Hamabi. Der ging nahe zu Sitt-Haify hin, blickte ihr scharf ins Auge und sagte: „Das Leben aller dieser Christen? Und was soll aus ihren Familien werden? Denke an ihre Frauen und Kinder! Laß alle alten Männer sterben, aber die unbärtigen Jünglinge laß leben, ihre Familien zu unterhalten!" So fand sich selbst ein Drusenmann, in welchem sich ein Funken von Erbarmen regte, aber in diesem Drusenweibe war auch keine Spur davon. „Unmöglich", rief sie, „mein Bruder hat strikten Befehl gegeben: alle Christen vom 7. bis zum 70. Jahre müssen sterben."

Kein Wort ward weiter gesprochen. Osman Bey ließ die Trompete blasen, das Zeichen zum Aufbruch für die Christen, und seine Soldaten traten in das Gebäude, sie zur Eile zu ermahnen. So verließen sie ihre Haft. Aber vor der Thüre empfingen sie die Drusen mit einem Gruß aus ihren Gewehren und stürzten dann mit blanken Schwertern in den erschrocknen wehrlosen Haufen.

Yusuf, der Secretair des christlichen Emir Saab-e-din, welcher die 4000 Gulden an Osman Bey überbracht hatte, warf sich nun ihm zu Füßen und bat um den versprochnen Schutz. Aber dieser Türke stieß ihn mit einem Fuße ins Gesicht und die Drusen zerhackten ihn in Stücke. Sie tödteten auch den Emir Saab-e-din und sandten seinen Kopf als Siegeszeichen zu Saib Bey. Keine Feder kann beschreiben, was nun vorging. Hier und da warf sich eine Frau ihrem Manne in die Arme, um mit ihrem Leibe ihn zu schützen; das Schwert trennte sie oder zerhieb sie mit einander. —

Als die Christen nun aber inne wurden, daß dies wirklich ihr letzter Tag auf Erden sei, ermannten sie sich sogleich und wurden still. Niemand bat mehr um sein Leben, sondern reichte seinen Hals willig dem Schwerte dar. Nur hier und da hörte man die halbunterdrückte Bitte: „Martere mich nicht!" Aber immer wieder hörte man den lauteren Seufzer: „In Deinem Namen, HErr Jesu!" — Doch selbst im Tode noch höhnten sie die Drusen und schrieen: „Ja rufe nur Jesum um Hilfe an; weißt du nicht, daß Gott ein Druse ist?"

Bald genug war das Werk der Hölle vollbracht. Und als es nun dunkel ward, kam Sitt Haify herbei und forderte ein Licht. Das Licht ward ihr gebracht. „Halt es in die Höhe," rief sie, und weidete so ihren Blick an den zerstümmelten Leichen der Christen. Einige Hundert lagen in ihrem Blute zu ihren Füßen. Zuletzt sagte sie: „So ist's recht, Drusen; das ist's, was ich von euch erwartete."

Man hört oft so viel von der Lügenhaftigkeit der morgenländischen Christen und wie man dagegen dem Worte eines Türken trauen kann. Aber was ist all dieser Mangel an Wahrheitsliebe unter den Christen im Vergleich mit dieser systematischen Lüge und Heuchelei der Türken? Sie geben mündliche und schriftliche Versprechungen des Schutzes und sie verbürgen die Ehre des türkischen Reiches dafür, und doch denken sie nicht einmal daran, zu thun, was sie versprochen haben; ja sie geben diese Versprechen nur darum, damit sie desto sicherer das gerade Gegentheil davon thun könnten. Und dabei handelt es sich nicht um Kleinigkeiten, wie Mein und Dein, sondern um das Leben von Hunderten und Tausenden ihrer eignen Unterthanen, deren Steuern sie nahmen und denen sie Schutz schuldig waren. Und diese verbrieften und versiegelten Versprechungen sind nicht von armen Handelsleuten gemacht und schändlich gebrochen, sondern von den Großen des türkischen Reiches, von Beys (Obersten), von Paschas und von Gouverneuren ganzer Provinzen! Wo haben die Christen im Morgenlande je etwas Aehnliches gethan? Europäer sollten sich schämen, immer die schwächsten Seiten, und nichts als die schwächsten Seiten ihrer Mitchristen im Orient aufzusuchen, sie zehnfach zu vergrößern und sie so vor aller Welt hinzustellen, mit Fingern darauf zu zeigen und zu rufen: Sehet, das sind die Christen des Orients! Während sie jeden Schatten eines Guten, das sich bei den Türken findet, hundertfach vergrößern und im Preise desselben nicht müde werden.

Inzwischen hatte Ismail-il-Uttrush vom Hauran mit drei Tausend Beduinen den Libanon erreicht. Er zog geraden Weges nach dem Wady-el-Teim, dem Hauptsitze der Drusen, und war infolge des falschen Briefes voll Rache und Blutdurst, wie man sich denken kann. Auf dem Wege fanden sie eine Anzahl Christen auf dem Felde ihre gewöhnlichen Arbeiten verrichten; sie tödteten sie alle ohne Unterschied. Dann kamen sie nach Rashea, wo sich auch ein Haufen Christen, an sieben Hundert, unter dem schon bekannten Schutze der türkischen Behörde befanden. Ismail-il-Uttrush hielt eine kurze Berathung mit dem türkischen Aga, der sie behütete, und dann fiel er mit seinen Beduinen wie mit einer Heerde hungriger Tiger über die wehrlosen Christen her. Die Scenen von Hasbea wiederholten sich hier und wer wollte sie noch einmal beschreiben? Aber bemerken muß ich, daß die Muezzins dabei von den Minareten herunter schrieen — daß ein Ferman des Sultans die Vertilgung aller Christen befohlen und ihr Eigenthum den Moslems gegeben habe.

Hierauf versammelten sich die verschiedenen Drusenstämme und zogen vor Zachlé; das ist eine etwas befestigte Stadt der Christen. Der Schrecken der Bewohner war nicht gering, als sie sich von ihren mächtigen Feinden umringt sahen, und viele gaben sich schon für verloren. Die türkische Besatzung aber sang ihnen wieder ihr übliches Lied vor: sie sollten ihre Waffen ausliefern und sich dem Schutze der Türken anvertrauen. Doch die Mehrzahl der Christen antwortete: Nein, sondern lasset uns tapfer kämpfen für unsern Glauben und für unser Leben. Es ist uns doch besser, wir fallen im Kampfe, als grausam hingemordet zu werden. Und wenn wir auch die Stadt nicht halten können, so können wir doch auf die Berge fliehen. Dieser Entschluß rettete ihnen wenigstens ihr Leben. Denn wohl vertheidigten sie ihre Stadt viele Stunden lang, als sie aber die große Ueberzahl merkten, denn es waren acht Tausend Drusen über sie her, verließen sie die Stadt und flohen in die Berge, die nur von Christen bewohnt waren und wo die Drusen sich noch nicht hingewagt hatten.

Der Fall von Zachlé verbreitete einen Schrecken unter allen Christen im Libanon und erregte ebensoviel Jauchzen unter allen Drusen und Türken. Nun war blos noch eine Stadt der Christen in dem Districte der Drusen übrig, und das war Deir-el-Kamar. Diese Stadt war schon am 1. Juni von vier Tausend Drusen angefallen worden, aber die Christen hatten ihre Mauern tapfer vertheidigt und die Drusen zurückgeschlagen. Da sie jedoch zu einer Belagerung keine Lebensmittel hatten, so hatten sie capitulirt. Die Drusen waren dann eingezogen, hatten einhundertunddreißig Häuser zerstört, das Eigenthum geraubt und waren davon gezogen. Wenige Tage nach diesem Vorfalle hatte Kurdschid Pascha von Beyrut diese Stadt besucht, die Christen sehr ausgescholten, als seien sie Rebellen, die nur die Franken (Franzosen) in den Libanon bringen wollten, und hatte dann also geschlossen: „Nun, laßt euch das eine Warnung sein. Was geschehen ist, soll vergeben sein. Hinfort seid ihr unter dem Schutze meiner Regierung. Nehmet eure Beschäftigungen wieder auf. Deir-el-Kamar ist so sicher wie Konstantinopel."

Mit diesem Hohn verließ Kurdschid Pascha die Stadt. Die Drusen hatten hundert und dreißig Häuser zerstört; für diese That ließ er den Christen Vergebung angedeihen! Das ist ein Beispiel von dem Regiment der Türken.

Doch die Beute von Zachlé hatte nur den Appetit der Drusen verschärft und schon vor dem Ende des Monats Juni waren sie wieder vor den Thoren Deir-el-Kamars, und die geängsteten Christen riefen nun die türkische Besatzung um den von Kurdschid Pascha versprochenen Schutz an. „Es ist gar keine Gefahr," sagten die guten Türken, „doch zur größern Sicherheit könnt ihr ja eure werthvollen Sachen in den Regierungsgebäuden unterbringen." Die armen Christen folgten diesem Rathe und suchten zuletzt selbst in großer Anzahl Schutz in den Gebäuden der türkischen Regierung. Die von allen Seiten zusammengekommenen Drusen hatten nämlich gar bald die Stadt eingenommen und den größten Theil davon zerstört. Doch auch damit nicht zufrieden, griffen sie nun auch die Regierungsgebäude selber an und lechzten nach dem Blute der dort geborgenen Christen. Die Türken aber dachten nicht einmal daran sie zu schützen. Es waren an zwölfhundert Christen, die sie hier fanden, und die Drusen fielen wie die Wölfe über sie her mit Schwertern, Aexten, Messern ꝛc. Die Scenen, die nun folgten, vermag ich nicht zu beschreiben, wie sie denn auch kaum gelesen werden könnten; nur eine Thatsache will ich hier bemerken: Während dieses gräßliche, unerhörte Hinschlachten der Christen dauerte, saß der türkische Oberst ruhig und rauchte seine Pfeife!

Die Drusen tödteten überall die Männer der Christen, die Frauen aber und Kinder ließen sie leben. Und nach der Zerstörung von Deir-el-Kamar hatten sie nun an zwei Tausend Wittwen und Waisen dastehen, bis zum Tode ermüdet, hungrig und verschmachtet. Fast blind vom Weinen, fast stumm vom Wehklagen, standen sie da mit blutendem Herzen und von dem Blute ihrer Männer, Väter und Brüder bespritzt, und starrten in die Ruinen ihrer einst glücklichen Wohnungen. Bald umringten sie aber die Drusen und trieben sie vor sich hin, die ganze Nacht, bis sie zwischen Beyrut und Sidon das Meer erreichten. Hier hielten sie an und sandten einen

Boten an den englischen Consul und ließen ihm sagen, sie hätten diesen Ort mit dem weiblichen Rest von Deir-el-Kamar erreicht und er möchte Boote schicken, sie aufzunehmen! Ist es nicht, als ob die Drusen den Eindruck gehabt hätten, daß sie England einen Dienst erwiesen mit der Ermordung aller dieser Christen? Ist es nicht, als ob sie hätten sagen wollen: Sehet hier, wir haben euer Werk vollbracht, diese Priester werden euch nun nicht mehr Ketzer schelten, denn sie sind alle todt; aber nun nehmt uns auch die Last der Wittwen und Waisen ab, die wir doch nicht alle füttern können.? Und als Boote kamen und sie ihnen abnahmen, mußte es ihnen nicht als eine Bestätigung ihrer tollen Idee erscheinen? Boote kamen wirklich, nahmen diese unglücklichen Haufen auf und brachten sie nach Beyrut. Dort in Beyrut sah ich noch manche von den Waisen, welche beide Eltern verloren hatten. Viele dieser Wittwen und Waisen sind natürlich gestorben, andre sind von der Liebe abendländischer Christen erhalten und gerettet worden.

Doch Beyrut war um diese Zeit selbst nicht mehr sicher, trotz des englischen Kriegsschiffes, das vor der Stadt lag. Selbst die Consuln wurden auf den Straßen angegriffen. Der Generalconsul von Frankreich ward auf offner Straße mit einem blanken Säbel angefallen, ein Pistol ward auf einen Engländer abgefeuert, und die ganze Stadt war in wildester Aufregung. Und woher das alles? Man hatte einen einzigen Türken erschlagen gefunden! Die ganze Stadt war auf den Beinen, man ergriff einen christlichen Jüngling, welcher in der Nähe der Leiche gesehen worden war, und führte ihn vor das Gericht. Er ward ohne weiteres zum Tode verurtheilt und sofort abgeführt. Auf seinem Wege zum Tode schrie dieser Jüngling mit lauter Stimme: „Ich bin unschuldig! Gott weiß es, ich bin unschuldig! Aber wenn mein Tod nöthig ist, um meinen Brüdern Sicherheit zu geben, so lasse ich mein Leben gern." Er ward hingerichtet und der Aufruhr legte sich in etwas. Doch Niemand war seines Lebens mehr sicher und Tausende verließen die Stadt und suchten außerhalb des „türkischen Schutzes" ihre Zuflucht in Syra, in Athen und in Alexandrien.

Nachdem nun die Drusen die christliche Bevölkerung in den gemischten Districten so leicht vernichtet hatten, dachten sie daran, sie auch in ihren eignen — nur von Christen bewohnten — Districten anzugreifen. Und was die Sache noch viel ernster machte, war, daß Kurdschid Pascha bereits zwei Regimentern seiner Türken Befehl gegeben hatte, sich bereit zu halten, über den Nahr el Kelb zu gehen, die Christen zu „schützen". Denn um diese Zeit wußte bereits ein Jeder, was es mit diesem „Schützen" auf sich hatte. Hätte man die Christen sich selbst überlassen, so wären sie wohl im Stande gewesen, sich ihres Lebens zu erwehren, aber durch allerlei Vorspiegelungen, Entwaffnungen und Schutzverheißungen irre gemacht, waren sie so elendiglich umgekommen. Denn man verhieß ihnen nur Schutz unter der Bedingung, daß sie sich ruhig verhielten; kamen dann aber die Drusen, so ließ man ihnen nicht nur freie Hand, die ganz unvorbereiteten Christen zu überfallen und zu ermorden, sondern in vielen Fällen halfen die Türken noch selbst mit Hand anlegen. Und daher schrieen auch die zwei Tausend Wittwen und Waisen, als sie die englischen Boote aufnahmen: „Die Türken haben uns gemordet! Die Türken haben uns gemordet!" Denn die Drusen waren in der That nur ihre Werkzeuge.

Als nun die Consuln der europäischen Mächte endlich sahen, wie es wirklich stand, versammelten sie sich alle im Hause des englischen Generalconsul Herrn Moore und wurden einig, daß es ganz umsonst sei, sich ferner an den elenden Gouverneur Kurdschid Pascha zu wenden. Das hatten sie oft genug gethan, und doch nichts als lügenhafte Antworten erhalten. Sie beschlossen also, sich an die Häupter der Drusen selbst zu wenden und zu sehen, ob sie nicht auf sie einen Eindruck machen könnten. Sie verfaßten also einmüthig folgendes Schreiben:

„Wir, die General-Consuln von England, Oesterreich, Frankreich, Preußen und Rußland, sehen uns genöthigt, unsre tiefste Mißbilligung auszusprechen über die Räubereien, Verwüstungen und Mordthaten, von denen wir mit tiefstem Bedauern Kunde erhalten haben. Und wir fordern Euch hiermit förmlich auf, sofort damit aufzuhören. Als die Repräsentanten der Großmächte, und in dem Namen der Gesandtschaft derselben, welche uns darüber förmlichen Auftrag ertheilt haben, warnen wir Euch, daß Euch eine schwere Verantwortung treffen würde, wenn noch ferner irgend eine Bewegung von Eurem Volke gegen die Christen, ihre Dörfer und ihr Eigenthum unternommen werden sollte. Wir fordern Euch also auf das Bestimmteste auf, so schnell als möglich Frieden zu machen und solche Eurer Banden, welche auf dem Wege nach Damaskus, Sidon, Zachlé, Deir-el-Kamar, Kesruan oder irgend welchen Orten der Christen sein möchten, sofort zurückzurufen. Erwäget wohl, welche ernste Folgen es für Euch alle haben würde, wenn Ihr dieser unsrer förmlichen Aufforderung nicht Folge leisten würdet, und bedenket, daß unsre Regierungen nicht mit Gleichgültigkeit zusehen können, daß die Dinge noch ferner so fort gehen, als bisher."

Dieses Dokument ward durch den erfahrnen Herrn Graham nach Machtara gesandt, der Residenz des Scheusals Said Bey. Dieser aber empfing den Boten höchst unwillig, und es dauerte zwölf Stunden, ehe er bewogen werden konnte, überhaupt irgend welche Antwort zu geben, während welcher Zeit er sich allerlei Rath einzuholen schien. Endlich gab er folgende echt türkische Antwort:

„Ich kann die Sheiks nicht zusammen rufen: sie würden nicht kommen. An sie zu schreiben, wäre lächerlich. Wenn Sie sie selber aufsuchen gehen wollten, könnte ich Ihnen vielleicht einige Reiter mitgeben; aber diese werden nicht gehen wollen. Morgen ist ein Feiertag. Ich habe die Drusen zur Ruhe ermahnt, aber sie wollten nicht hören. Ich bin immer ein Freund und Bewunderer der Engländer gewesen. Ich bin der Königin allerdemüthigster Sclave. Möge sie thun, was ihr recht dünkt."

Herr Graham sah nun bald, daß hier nichts auszurichten war, aber er gab seine Bemühungen nicht auf. Er ritt selbst umher, die verschiedenen Häupter der Drusen aufzusuchen, und das war keine leichte Sache, denn die Meisten versteckten sich vor ihm. Aber es gelang ihm doch, den Inhalt seines Schreibens überall bekannt zu machen; und obwohl die Drusen keine Antwort darauf geben wollten, so wagten sie doch auch von dem Tage an nicht mehr, die Christen anzugreifen.

Als nun die Türken sahen, wie die Sachen standen, suchten sie so gut wie möglich aus der Schlinge zu kommen. So berief der schändliche Kurdschid Pascha die christlichen Emirs des Libanon zu sich und forderte sie auf, ihre Unterschrift und Siegel zu dem Vertrage zu geben, welchen er aufgesetzt hatte. Wenn sie jetzt thun wollten, was er verlangte, sagte er ihnen, so sollte Frieden sein. Wenn sie aber nicht wollten, so würde er es nicht hindern können, wenn das Blutvergießen wieder beginne. Doch worin bestand denn der Vertrag, welchen er aufgesetzt hatte? Nun der bestand aus einem einzigen Artikel und der hieß: „Es soll hinfort Friede sein zwischen den Christen und den Drusen, und alles Vergangene vergessen." — Keine Erstattung der geraubten und zerstörten Güter. Keine Unterstützung der Hinterlassenen der Hingemordeten. Keine Bestrafung der Mörder! Nichts von alledem. Nur Frieden und das Vergangene vergessen! Die armen christlichen Emire, was sollten sie thun? was konnten sie thun? So setzten sie ihre Siegel unter Kurdschids Paschas Vertrag, und zogen wieder heim. Die Drusen rührten sich von nun an nicht mehr, welches nur noch ein Beweis mehr davon ist, daß, was sie bis dahin gethan hatten, sie nur auf Antrieb der Türken thaten.

Der Libanon war nun ruhig, doch die Söhne der Hagar und

der Ketura hatten ihren angefachten Blutdurst immer noch nicht genug gestillt. Und etwa zwei Wochen nach dem Blutbade von Deir-el-Kamar brach der Sturm aufs Neue los in Damaskus.

9.
Nach Damaskus.

Die Stadt des Eliefer lag urfprünglich nicht in unferem Reifeplane, und es ift die Schuld der Franzofen, daß wir fie darin aufnahmen. Die haben nämlich von Beyrut aus mit vielen Kosten und großem Geschick eine ordentliche Straße gebaut, den Libanon hinauf und hinunter, Cölefyrien hindurch, dann den Antilibanon hinauf und hinunter, und schließlich die Wüste hindurch bis nach Damaskus. Mit den regelmäßigen Posten auf dieser Straße kann man eben so sicher, wenn auch gar anders fahren, als in Deutschland. Die Straße war freilich nur zur Hälfte des Weges, bis zum Fuße des Antilibanon, geöffnet, aber dort standen Pferde bereit, die die Passagiere nach einem 8—9stündigen Ritt sicher nach Damaskus brachten.

An einem schönen September-Morgen bestiegen wir (meine Frau und die des Architekten Mr. Pullan sammt dem braunen Abraham blieben zurück, so daß die Reisegesellschaft diesmal blos aus Mr. Pullan, unsrer deutschen Freundin und mir bestand) den hohen luftigen Reisewagen, auf welchem auch unser Drogoman einen Platz bekommen hatte, und der sonst ganz gefüllt war, und fuhren dem Libanon zu. Zwei türkische Offiziere mit mehreren Frauen hatten für sich allein einen Postwagen genommen (wofür sie 1000 Francs bezahlten) und folgten uns nach. Ein dunkler, lustiger Aethiopier ergriff die Zügel unserer Pferde und bald war Beyrut weit hinter uns. Die Ebene war rasch durchjagt und in mächtigen Windungen begann nun das Steigen. Was die alten Römer nicht für möglich gehalten hätten, das hatten die so gern ihre Erben sein möchten wirklich vollbracht — eine Straße über den Libanon. Je höher wir kamen, desto mehr hatten wir Gelegenheit, die Liebe der Bewohner zu diesem Gebirge zu bewundern. Mit vieler Mühe haben sie bis zu den Spitzen der Berge Terrassen erbaut und mit Maulbeerbäumen, Feigen, Oliven 2c. bepflanzt, auch mit Wein, der so gut geräth, daß selbst die Schrift sein gedenkt und Israel verheißt, daß sein Gedächtniß sein soll „wie der Wein am Libanon". (Hos. 14, 8).

Am Fuße des Gebirges stehen manche schöne Wohnhäuser in halb europäischem, halb asiatischem Styl, auf dem Gebirge oben aber sind die Häuser meist klein, mit einem flachen Dache ohne Geländer, so daß sie von fern wie Würfel aussehen, in denen die Thüren und Fenster die Punkte sind. Die Farbe der Häuser ist die fahle Farbe des Kalksteins, aus welchem sie erbaut sind, so daß sie sich nur wenig von der Bodenfarbe unterscheiden und man sie leicht ganz übersehen kann. Auf dem windungsreichen Wege den Libanon hinauf sahen wir immer wieder Beyruth zu unsern Füßen und das spiegelglatte Meer mit seinen Schiffen daneben. So zogen wir fröhlich und dankbar gegen den HErrn, der uns so weit gebracht, über alle Berge des Libanon, leichter und heiterer als man sonst über Berge zu kommen pflegt, die des Pilgers Pfad erschweren.

Als wir die höchste Höhe überschritten hatten, hemmte unser Aethiopier den Wagen, jagte aber dann mit solcher Schnelle das Gebirge hinab, daß uns bei manchen scharfen Wendungen zuweilen grausig werden wollte. Aber unser Jahu hatte die Zügel in fester Hand, peitschte fröhlichen Muths auf seine Sechse und schien sich der wilden Fahrt noch mehr zu freuen als wir. Bald gewannen wir einen Blick auf Cölesyrien mit seinen grünen Pflanzungen und seinem nun so klein gewordenen Fluß Leontes in der Mitte. Die Formation der einzelnen Berge des Libanon, von Cölesyrien aus gesehen, zeigt auffallend deutlich, daß sie ihre jetzige Gestalt durch das

Abnehmen einer Wasserfluth erhalten haben, die einst die Berge bedeckte. Was 1. Mos. 7, 10 und Cap. 8, 3 geschrieben steht, das kann man hier gleichsam mit Augen sehen. Kein Gebirge hat die Spuren der Fluth so treu bewahrt, als der Libanon.

Des Abends kamen wir am Fuße des Antilibanon an und machten Halt. Bis hierher nur war die neue Straße fahrbar. Es war daher von Brettern eine luftige Hütte mit mehreren Gemächern auf ganz rohe Weise zusammengenagelt worden, und das war das Gasthaus von Djeidi. Wir erlangten nach einigem Kampf zwei Gemächer, mit der bloßen Erde zum Fußboden. Unsre Türken wurden in einem Zelte untergebracht. Die Sterne bickten bald durch die offnen Bretterspalten der Hütte auf uns hernieder und wir begannen nun einzusehen, was wir auf dem Wege nicht verstehen konnten: warum sich nämlich unsre Türken so sehr mit Mänteln und Pelzen versehen hatten. Nicht lange nach Sonnenuntergang ward es sehr empfindlich kalt und wir hatten nichts als unsre leichte Reisekleidung mit, nebst einem Ueberrock und schottischen Shawl. Doch ehe wir uns zur Ruhe begaben, mußten wir erst einem Seiltänzer den Gefallen thun, ihn seine Kunst vor uns produciren zu lassen. Und das konnten wir ihm schon gar nicht abschlagen, wie wenig wir auch sonst dazu geneigt waren, denn er redete uns deutsch an und sagte: „Kommen Sie doch nur, ich bin ja auch ein Deutscher!"

Die Sonne war noch lange nicht auf, als wir in alle unsere Kleider gehüllt, die bereit stehenden Pferde bestiegen, um den acht- bis neunstündigen Ritt nach Damaskus anzutreten. Wir waren bald in den Schluchten des Antilibanon, die für Räuber und lauernde Beduinen wie gemacht zu sein scheinen. Da aber uns vor Kälte Hände und Füße erstarrten, sahen wir uns veranlaßt, neben unsern Pferden zu Fuß zu gehen. Als die Sonne aufgegangen war, vertrieb sie die Kälte sehr bald. Um neun Uhr rasteten wir im Schatten eines vorspringenden Felsens und nahmen unser Frühstück ein.

Darauf ging der Ritt recht gut, bis wir in den Mittagsstunden die sengende Wüstenfläche zu passiren hatten. Wir suchten durch Umwindung unsrer Köpfe und Hüte mit Tüchern u. dergl. die Kraft der Sonnenstrahlen zu brechen. Lange Züge von Kameelen mit Gütern begegneten uns. Zehn und zehn derselben waren immer durch einen langen Strick mit einander verbunden und ein Araber ritt auf einem Maulthier, auf einem Pferde oder auch auf einem Esel daneben. „Mar habab"! rief uns der erste zu, und legte seine Rechte auf die Brust. Mar habab! erwiderten wir unwillkürlich, und so zogen wir beide zufrieden an einander vorüber. Andre begegneten uns mit entsetzlich langen Spießen und mit so bedolchtem und pistoltem Gürtel, daß uns vielleicht bange geworden wäre, wenn wir nicht auch etwas von Nimrods Werkzeugen mit uns gehabt hätten. Wenn so einige Doppelgewehre in der Sonne erglänzen, so werden Ismaels Söhne gewöhnlich ganz lenksam und höflich.

Am Nachmittag wurden wir höchst anmuthig durch einen Fluß, dem Baraba, überrascht und bald darauf kamen wir an eine Hütte, wo die französischen Ingenieure, die den Straßenbau leiteten, ihre Herberge hatten. Sie nahmen uns freundlich auf und bewirtheten uns. Von ihnen erfuhren wir, daß die Straße in drei Monaten ganz fahrbar sein werde, und daß sie sich schon jetzt rentire. Kurz vor Sonnenuntergang gelangten wir auf den letzten Bergrücken, der das breite Baraba-Thal einschließt. Die Ingenieure hatten uns gerathen, ja die Höhe zu besteigen und uns den Genuß von derselben nicht entgehen zu lassen. Wir folgten ihrem Rathe und waren ihnen herzlich dankbar dafür. Wenn je eine Stadt der Erde mit dem Paradiese eine Aehnlichkeit hat, so ist es, von dieser Höhe aus gesehen, Damaskus. Der Barabafluß, der Amana des Naeman (2. Kön. 5, 12) ergießt sich in viele Kanäle und bildet so eine große grüne mit viel Tausend Pappeln und andern Bäumen bewachsene Oase, die sich in dieser kahlen grauen Wüste gar herrlich ausnimmt.

Mitten in dieser grünen Oase liegt Eliesers Stadt mit 500 Moscheen, mehreren Synagogen und — bis kurz vor unsrer Ankunft auch noch mehreren christlichen Kirchen. Auf dieser Höhe stand vor zwölfhundert Jahren der falsche Prophet Muhamed und schaute staunend auf diese Stadt herab. Dann wandte er sein Roß und sprach: „Nur ein Paradies ist dem Sterblichen beschieden; ich will dieses nicht betreten, damit ich jenes erlange." So erzählen seine Nachfolger und seitdem gilt ihnen Damaskus als das erste der vier Paradiese auf Erden. Nur daß eine Schlange voll tödtlichen Giftes in diesem Paradiese haust.

Es war eben dunkel geworden, als wir durch die langen Lehmmauern, die die Gärten umschließen, zum Thore der ältesten der bekannten Städte einritten.

10.
Damaskus und seine letzten Gräuelscenen.

Wie bei den meisten der orientalischen Städte, entspricht das Innere der Stadt dem Aeußeren auch hier nicht. Enge, krumme, finstre Straßen und gar nicht sehr reinlich, große ausgedehnte Bazare, aber von edlen Gebäuden gar wenig zu sehen. Von ferne sah alles ganz herrlich aus, in der Nähe blieb von all der Herrlichkeit nicht viel übrig.

Die bedeutendste und längste der Straßen von Damaskus ist die „richtige", auf welcher einst Saulus herbergete, als er voll Christenhaß in diese Stadt gekommen war. Hier suchte und fand ihn Ananias, der einfache und treue Jünger des HErrn, der ihm die Hände auflegte, so daß die Schuppen von seinem leiblichen und geistlichen Auge fielen und er nun als Jünger Christi die Verfolgung selbst erfahren mußte, die er über andre zu bringen gekommen war.

Diese Straße führt von einem Ende der Stadt zum andern, und auf ihr ritten auch wir tief hinein in die Stadt, bis wir vor einem unscheinbaren Hause Halt machten. Nach einigem Klopfen ward eine feste Thür geöffnet und wir traten in einen kleinen Hof ein, in welchem außer einem Wasserbehälter nichts weiter zu sehen war. Ueber diesen Hof hin zur Linken öffnete sich uns eine zweite sehr feste schwere Thür, durch welche wir in einen andern großen offnen Hofraum gelangten, der ganz mit weißem italienischen Marmor gepflastert war. In der Mitte desselben stand ein großes marmornes Wasserbassin, in welches das Wasser aus mehreren messingenen Hähnen hineinplätscherte, und in dem viele große und kleine Goldfische spielten. In den Ecken umher standen Orangen-, Granaten-, Feigen- und andere Bäume. Wir wandten uns abermals links, stiegen einige Marmorstufen hinauf und traten in eine sehr hohe Halle ein. Oben waren die Wände mit farbigen Arabesken und Gold verziert, unten war eine Fontaine, die ihr klares Wasser in ein Marmorbassin ergoß, den Hintergrund füllten Ottomanen. Wieder stiegen wir einige Stufen hinauf und kamen in ein Zimmer, in welchem Mr. Pullan und ich herbergen sollten; ein anderes Zimmer nahm unsere deutsche Freundin auf. Denn dieses köstliche Gebäude war das Gasthaus von Damaskus. Es ist nur dies eine Gasthaus in der Stadt, und auch das war seit den Mordscenen fast gar nicht mehr besucht worden. Unser Wirth paßte ganz zu diesem Gebäude. Ein stattlicher Mann, der um so gastwirthlicher aussah, als er gar nicht von seinem Gasthofe lebte, sondern von seinem Weinbau und dergleichen, und es darum auch aushalten konnte, in sechs Monaten keinen Fremden zu sehen. Der preußische Consul, Herr Baron v. Herford, den wir in Beyrut trafen, hatte die Güte gehabt, unsere Ankunft zu melden und uns seinen Agenten und seine Consulargarde zur Verfügung zu stellen. So waren wir also erwartet worden, und der gastliche Wirth hatte schon für ein Abendbrot gesorgt. Wir waren die einzigen Gäste, nur ein türkischer Obrist, Stammgast des Hauses, speiste mit uns, und unser Wirth selbst präsidirte an der Tafel. Was wir hier aßen, das weiß ich längst nicht mehr; aber was wir tranken, das weiß ich noch. Denn wir tranken Bier aus England, mit Schnee vom Libanon gekühlt, in Damaskus.

Am andern Morgen standen wir früh auf und fanden unsrer Wohnung gegenüber, auf der andern Seite des offnen Hofraums, eine sehr geräumige, vorn ganz offne Halle. Hier verbrachten sich die frühen Morgenstunden in echt orientalischer Ruhe. Von hohen Mauern ringsum eingeschlossen, hatten wir im Innern des Hauses eine kleine Welt für uns, so völlig abgeschlossen, daß das laute Treiben der nahen Straße kaum wie ein fernes Gemurmel zu vernehmen war. Ich habe dieses Haus etwas genauer beschrieben, weil es ein Muster aller großen Häuser in Damaskus ist. Einen ganz ähnlichen Palast mit drei offnen Höfen bewohnt auch Abd-ul-Kader, der Held von Algier. Wir fanden ihn nicht zu Hause, hatten aber Zutritt zu seinem Palast. Ebenso besuchten wir den Scheikh von Palmyra, der nicht nur einen Palast in Damaskus hat, sondern auch eine englische Lady Digby zur Frau, die einst Lord Ellenboroughs Gattin war, ehe er General-Gouverneur von Indien wurde. Wir sahen in ihrem Kabinet den außerordentlich langen Spieß ihres jetzigen Herrn Gemahls und sein Portrait. Von dieser Dame wäre viel zu erzählen, wenn es frommte. Sie sehnt sich aber jetzt nach besserer Kost, als die goldenen Träber, die sie bisher genossen.

Die Haupt-Moschee in Damaskus war einst eine christliche Kirche. Und so eifersüchtig hüteten die Muhamedaner den Zugang zu dieser geschändeten Kirche, daß frühere Reisende, unter ihnen auch der selige Schubert, sie nur vom Dache eines benachbarten Hauses aus ein wenig sehen konnten. Kein Wunder denn, wenn sie sich gar zu herrliche Vorstellungen von ihr machten und namentlich viel von sarazenischem Baustyl zu rühmen hatten. Seit dem letzten Blutbad ist nun manches anders geworden in dieser Stadt. Wir durften uns des Gouverneurs Erlaubniß zum Betreten auch dieses muselmännischen Heiligthums erbitten. Der Gouverneur ertheilte uns dieselbe nicht nur, sondern sandte uns auch einen Offizier und einige Soldaten zur Bedeckung für diesen Kirchgang. Der Dolmetscher des preußischen Consuls und die beiden Consulargardisten begleiteten uns ohnehin auf jedem Gange in Damaskus. Diese Consulargarde trug goldgestickte Jacken, schwarz oder roth, krumme Seitengewehre und hohe Stäbe mit silbernen Knöpfen, worin sie sich ganz stattlich ausnahm. So oft wir mit ihr auszogen, präsentirten die Soldaten das Gewehr und das Volk machte uns Raum. Unser eigner Dragoman war auch eine ganz respectable Erscheinung, und wir selbst waren bewaffnet. So zogen wir mit ziemlichem Aufzug zur Moschee. Nach der hohen Erwartung, die wir mitgebracht hatten, fanden wir uns aber entschieden getäuscht. Das Gebäude war einst eine ziemlich lange Basilika, das Dach ruht auf zwei Reihen sehr schöner Säulen, 40 an der Zahl. Die sind nicht sarazenischer Arbeit. Was aber die Muhamedaner hier dazu gebaut haben, zeigte weder Kunst noch Geschmack. Nur der offne Hof war schön, doch ohne etwas Hervorstechendes zu haben. Da ich gern die Dimensionen großer Gebäude mit meinen Schritten messe, that ich's auch hier und kam somit in einige Entfernung von unsrer Garde. Sogleich stürzte der Dolmetscher des Consuls mir nach und rief: „Halten Sie sich nahe zur Garde! die Muhamedaner sind wüthend." Ich folgte seiner Mahnung, die Garde schloß einen festen Kreis um uns und klapperte bedeutungsvoll mit ihren Waffen. Wir wurden ziemlich eingeengt von unfreundlichen Gaffern und es wurden ernste Worte gewechselt, die wir zwar nicht verstanden, aber die uns doch zeigten, was damascenischer Fanatismus wohl thun möchte, wenn er dürfte. Wir bestiegen auch eins der Minarete (unsre Garde hütete unten den engen

Zugang zu demselben) und hatten eine hübsche Aussicht auf die Stadt. Unser Dragoman zeigte uns von oben unter anderm auch die breitausend niedergebrannten Christenhäuser, die oder vielmehr deren Schutt und Asche wir später besuchten.

Das schönste öffentliche Gebäude in Damaskus ist vielleicht Asad Paschas Khan, in welchem die Kaufleute ihre Waaren niederlegen. Das Innere ist ganz mit Marmor gepflastert und mit einer hohen schönen Kuppel überwölbt. Zweitausend Kameele mit 4000 Menschen sollen hier Platz finden. Hierher hatten auch einige Christen vor dem Blutbade ihre Habseligkeiten gebracht und gerettet. Alles was in ihren eignen Häusern blieb, verbrannte mit diesen. Auch der Palast Ali Beg's, eines Enkels des Asad Pascha, der uns sehr freundlich aufnahm und mit Kaffee und Limonade tractirte, gehört zu den schönsten in Damaskus; aber sein und des großartigen Khans Erbauer, Asad Pascha, früher Gouverneur von Damaskus, starb in der Verbannung. Unter der Türkenherrschaft kann man noch heute, wie einst bei den Persern, schnell steigen und fallen, wie Haman.

Wir hielten es für unsre Pflicht, dem Gouverneur von Damaskus, Abd-ul-Selim-Pascha, der uns die Militärgarde geschickt hatte, unsern Besuch zu machen. Wir wurden freundlich empfangen, vier Diener in schwarzen europäischen Röcken brachten uns den üblichen Kaffee. Aber wir waren in einer sehr unbeholfenen Lage; denn der Pascha konnte trotz seiner europäischen Kleidung keine europäische Sprache und wir nicht türkisch. Unser Dragoman aber hatte nicht gewagt mit hinein zu kommen. So blieb mir denn nichts übrig, als hinaus zu gehen und ihn zu holen. Aber er ließ erst den Pascha fragen, ob er kommen dürfe. Nach erhaltener Erlaubniß kam er und warf sich in echt orientalischer Weise dem Pascha zu Füßen. Der hieß ihn aufstehen und sich setzen. So begannen wir denn ein Gespräch. Wir lobten die herrliche Lage der Stadt und ihre nächste Umgebung. „Ja", sagte seine Excellenz, „die Gegend ist schön, aber die Menschen sind böse." Er wollte wohl damit seine Hände waschen und unschuldig sein an dem vergossenen Christenblute, was er in der That ja auch war. Er fragte uns im weiteren Verlaufe des Gesprächs unter anderm, ob wir nicht auch wünschten die Citadelle zu besuchen, und gab Befehl, uns überall umherzuführen. Wir fanden sie in gar übler Lage für einen Angriff von europäischen Truppen. Sie hat kaum ein halbes Dutzend Kanonen, und das kleine Häuflein Kugeln ward uns wiederholt gezeigt, daß wir's doch ja nicht übersehen möchten. Für die umwohnenden Beduinenstämme mit ihren langen Spießen und schlechten Flinten ist Damaskus indeß uneinnehmbar genug.

Der traurigste Gang, den wir machten, war in das niedergebrannte Christenviertel. Ein ganzer Stadttheil mit seinen Kirchen und Klöstern lag in Schutt und Asche. Hier und da begann man eine Wohnung wieder aufzubauen, auch zu einer Kirche wurden wieder die Mauern erbaut, und der Priester stand dabei unter einem Schirm und leitete den Bau, wie wir es in Indien auch thun. Ich frug ein altes Mütterchen, das beim Aufbau ihres Hauses sehr beschäftigt war, ob sie denn ihre Angehörigen alle gerettet habe. Wir sind Gott sei Dank! alle da, sagte sie, aber von unsern Sachen haben wir nichts gerettet.

Obrist Churchill, der seit 17 Jahren im Libanon wohnt und auch während jener Mordscenen dort war, erzählt das Blutbad folgendermaßen. Am 9. Juli 1860 erhoben sich die Muhamedaner von Damaskus, drangen in das christliche Viertel ein und begannen mit dämonischem Geschrei das Werk der Plünderung, der Zerstörung und der Ermordung. Mehrere Tage vorher waren die Christen in jeglicher Weise verhöhnt und verspottet worden. Dadurch völlig eingeschüchtert und das schlimmste befürchtend, blieben sie in ihren Häusern und verlebten Tage voller Angst unter Weinen und Beten. Die europäischen Consuln drangen in den Gouverneur von Damaslus, Achmed Pascha, die Christen zu schützen und die Ruhe zu erhalten. Er aber that erst, als ob er gar nichts wüßte, dann entschuldigte er sich damit, daß er nicht Macht genug habe, die Ordnung zu erhalten. Sein Verhalten aber gab Grund zu den schlimmsten Bedenken, denn er war fortwährend in Verbindung und hielt Unterredungen mit den Häuptern der Drusen, die schon das Blut so vieler tausend Christen im Libanon vergossen hatten. Endlich ward ein türkisch Regiment zum christlichen Viertel commandirt, um es zu schützen. Aber das war dasselbe Regiment, das die Christen von Hasbeya schützen sollte und dann sie nicht nur den Drusen überlieferte, sondern selbst mit ermorden half. Als die Christen dieses Regiment sahen, entfiel ihnen das Herz und sie wußten, ihr Todesurtheil sei gefällt. Doch rafften sie sich noch zusammen und suchten ihre Mörder durch Güte zu überwinden. Viele hundert Thaler wurden gesammelt und den Offizieren gegeben, die sie gern annahmen und alles Gute versprachen. Indeß warteten sie nur auf das Zeichen. Das kam zur bestimmten Zeit. Hölzerne Kreuze wurden hin und her auf die Straße geworfen, mit Füßen getreten und bespieen. Die Klage der Christen über die Verhöhnung ihrer Religion blieb unbeachtet. Am bestimmten Tage aber, den 9. Juli, wurden drei muhamedanische Buben ergriffen und verurtheilt, in Ketten das christliche Viertel zu fegen. Damit waren die Würfel geworfen. Als die Polizei diese Buben durch den Bazar führte, sprangen zwei Kaufleute in die große vorhin beschriebene Moschee und besprachen sich einige Augenblicke mit den obersten Ulemas. Dann stürzten sie heraus und schrieen aus vollem Halse: Dien, Dien, Dien Mohammed! (d. i. Religion, Religion, Religion des Muhamed!) Dieses Geschrei wirkte wie ansteckend auf die Menge, alle Läden wurden geschlossen, alle Geschäfte standen still und in kaum einer Viertelstunde zog der fanatisirte Pöbel mit Schwertern, Flinten, Aexten und allen möglichen Waffen dem Christenviertel zu. „Tödte sie!

morde sie! raube, brenne, fürchte nichts! laß keinen am Leben!" Das war der Anfang dieser Prozession, über welche die Hölle jauchzte. Ehe die Sonne unterging, stand das ganze Christenviertel in Flammen. Und mitten darin liefen christliche Mütter umher mit ihren Säuglingen im Arm, erstiegen die flachen Dächer, sprangen von Haus zu Haus, bis sie sich retteten oder in den Flammen umkamen.

Gleich Anfangs, als die wilde Brut das Werk der Zerstörung begann, baten die Christen das Militär in ihrem Viertel um den versprochenen Schutz. Gefühllos antworteten die Offiziere: wir haben keinen Befehl zum Handeln. So standen sie still. Bald nachher aber griffen auch sie zu und theilten sich in die den Christen geraubte Beute. Und bald auch hielten ihnen ihre „Beschützer" das Bajonet vor die Brust und wehrten ihnen selbst die Flucht. Alle Ausgänge waren ihnen vertreten. Wo sie sich hinwandten, standen Haufen ihrer Mörder. Es schien, als ob von den 20,000 Christen keiner entkommen sollte.

Aber mitten in der größten Noth hatte Gott noch eine Hülfe bereitet. Abd-ul-Kader, der hier als Verbannter lebt und von den Muhamedanern seines Heldenthums wie seiner Frömmigkeit wegen in hohen Ehren gehalten wird, nahm sich der Sache an. Er sandte seine afrikanische Garde in das christliche Viertel und befahl ihnen, alle Christen, die sie retten könnten, in sein Haus zu führen. Noch ehe es Nacht wurde, waren Hunderte von Christen in seinen Marmorhöfen versammelt. Die Nacht aber brachte neue raub- und mordlustige Horden von Drusen und Arabern aus den Dörfern nach Damaskus, und das Christenviertel ward überschwemmt von denen, deren Füße eilend sind, Blut zu vergießen.

Die christlichen Kirchen und Klöster hatten sich gleichs Anfangs überfüllt mit Schutzsuchenden. Am Morgen des andern Tages waren nur ebensoviel Leichen darin, von den rauchenden Trümmern der verbrannten Kirchen bedeckt. Abd-ul-Kader war in der Nacht selbst ausgezogen und hatte auch an ein christliches Kloster angeklopft, um die Priester und alle die sich hineingeflüchtet hatten zu retten. Aber inmitten so vieler Mörder trauten sie dem einen ehrlichen Muselmann nicht. Sie öffneten nicht ihre Thore, kamen nicht heraus, und keiner von ihnen hat die Sonne wieder gesehen, die am nächsten Tage die Trümmer von 3000 Christenwohnungen beschien. Ehe der nächste Tag — der zweite des Mordens — sich neigte hatte Abd-el-Kader mit seinen Algeriern an 12,000 Christen gerettet und in die Citadelle gebracht, da sie in seinem Palaste nicht alle unterkommen konnten. Aber die Damascener knirschten mit den Zähnen und versammelten sich nun wider ihn. Noch waren viele Christen in seiner Wohnung, und diese forderte nun der Pöbel und schwur, sie zu morden. Als Abd-ul-Kader erfuhr, was vor den Mauern seines Palastes vorging, ließ er sich seine Waffen reichen, befahl sein Pferd zu bringen und ritt, umgeben von seiner Garde, mitten unter die wüthende Menge. „Elende!" rief er, „ist das die Weise, in welcher ihr den Propheten ehrt? Möge sein Fluch euch treffen! Schande über euch, Schande! Ihr werdet es noch bereuen! Denkt ihr, ihr könnt thun mit den Christen, was ihr wollt? Der Tag der Rache wird kommen. Die Franken werden noch eure Moscheen in Kirchen verwandeln. Nicht einen Christen werde ich euch überliefern. Zurück! oder ich befehle meiner Garde zu feuern!" Das half, der Pöbel zerstreute sich. Der HErr gedenke dieser Barmherzigkeit, den Christen erwiesen, in Gnaden!

Ich traf in der Stadt noch einen alten englischen Missionar an, ein andrer Missionar war mitten im Blutbade der Christen erschlagen worden. Auf meine Frage, warum sich doch die 20,000 Christen nicht zur Wehr gesetzt hätten oder auch irgend wohin geflohen seien, erwiderte der alte Mann: „Fliehen konnten sie nicht. Auf einer Seite raublustige Beduinen und die Wüste, auf der andern Seite den Libanon mit den Drusen, die eben alle Christen erschlugen, deren sie habhaft werden konnten. In Damaskus selbst nannten sich die Türken ihre Beschützer und waren selbst die Anstifter ihrer Ermordung. Fliehen also konnten sie nicht, sich wehren aber wollten sie nicht. Sie glauben, daß wenn sie sich wehren, sie kein Recht haben auf das Märtyrerthum. So wollten sie lieber wehrlos sterben und Märtyrer sein.

Diese Aussage des Missionars hat mir die Christen des Morgenlandes viel lieber und werther gemacht, als sie sonst mir waren. Ja es fehlt ihnen viel an der richtigen Erkenntniß der Wahrheit, und ihr Wandel ist so voller Mängel, daß selbst abendländische Christen unsrer Tage meinen über sie zu Gericht sitzen zu dürfen. Aber eins haben sie: sie wissen um Christi willen zu leiden. Und nicht etwa eingebildete Leiden oder ein wenig kalten Hohn der gottlosen Welt, sondern sie wissen die Hitze der Trübsal, den Raub ihrer Güter, die Zerstörung ihrer Wohnstätten zu erdulden und das Leben der Ihrigen wie ihr eignes Blut in Christi Namen hinzugeben. Wir besuchten den Kirchhof der Christen und die überwölbten Grüfte der Gemordeten. Unbedeckt lagen ihre verstümmelten irdischen Reste nebeneinander und ein starker Leichengeruch ließ uns nicht lange bei ihnen weilen. Aber sie sind doch zum süßen Geruch geworden und Gott segne ihr Andenken. Als die Christen von Hasbeya im Libanon, kurz vor denen in Damaskus, gemordet wurden, „da", sagt Obrist Churchill, „entstieg keine Klage aus dem Heer der Märtyrer und kaum eine Bitte um Verschonung. Einer nach dem andern empfing den Todesstoß, und man hörte wieder und wieder nur den Seufzer: „In deinem Namen, Herr Jesu!""

Der für seine Mörder gebeten hat, vergebe diesen unwissenden Drusen ihre Gräuel, er stürze aber zu Boden, die solche Gräuel anschüren, vertheidigen und schützen!

11.
Nach Jaffa.

Ehe wir Damaskus verließen, hatte ich noch eine Probe vom Fanatismus der Söhne des Halbmonds. Ich hatte den alten Missionar besucht und ging, nur vom Dragoman begleitet, durch die Straßen, als ein wild aussehender Mann in grünem Kleide und spitziger Mütze auf mich zufuhr und mich mit so wilden Tönen anschrie, wie ich sie aus menschlicher Kehle noch nicht gehört hatte. Es war eine förmliche Tigerwuth, die den Mann erfüllte, und doch hatte ich ihm so wenig etwas gethan, daß ich ihn unter der Menge gar nicht einmal bemerkt hatte, bis er auf mich zufuhr. Mein Dragoman aber trat tapfer für mich ein und suchte eben so laut zu schreien, wie jener, wenn es ihm auch nicht gelang, so wilde Töne hervorzubringen. Ich erkundigte mich nach dem Manne und hörte, daß er aus Bockhara sei, ein rechter Kopfabschneider, und das was seinen Zorn so sehr erregte, war meine europäische Kleidung, die mich zugleich auch als Christen verrieth. Ich war wirklich froh aus seiner Nähe zu kommen und konnte mir wohl denken, wie den armen Christen zu Muthe gewesen sein mag, als so viel tausend Kehlen Blut und Mord gegen sie schrieen und auch sofort von Worten zu Thaten übergingen.

Wir schieden von Eliesers Stadt mit gar gemischten Gefühlen. Eine der allerältesten Städte der Erde, in einer herrlichen Lage, mit vielem Reichthum und reichen Gaben aus der Hand des Schöpfers beschenkt, ist sie dennoch je und je in der Finsterniß sitzen geblieben und hat die herrlichsten Gaben des Lichtes und des Lebens von oben nicht angenommen. Ja sie hat sie nicht nur selbst zurückgestoßen, sondern gönnt sie auch denen nicht, die sie angenommen haben. Saulus, der Jude, leitete die erste Verfolgung ein gegen die Christen und erlitt als Christ selbst zuerst diese Verfolgung. Saulus hat viele Nachfolger gehabt, und die Juden von Damaskus verbinden sich noch heut mit den Muhamedanern zur Unterdrückung der Christen. Wann wird doch auch diese Stadt im Lichte des Lebens zu wandeln anfangen!

Wir ritten eine Strecke hinaus auf dem Wege nach Jerusalem und kehrten dann auf dem Wege der Stadt wieder zu, auf welchem einst Saulus ihr genaht haben soll. Man will noch das Thor wissen, durch welches er eintrat. Doch schon in der nächsten Nähe außer der Stadt war es nicht mehr sicher, und der Weg nach Jerusalem war durchaus unpraktikabel, wie uns selbst der Pascha sagte. Die Drusen im Hauran lagen sich wieder mit den Türken in den Haaren. Nun wollte zwar der Pascha eben Kunde erhalten haben, daß seine Soldaten die Drusen geschlagen hätten, und das mochte auch wohl so sein. Aber das Gerücht sagte und hatte vielleicht nicht minder recht, daß die Drusen die Türken noch mehr geschlagen hätten. Jedenfalls aber war ein Ausflug nach dieser Gegend hin mit ihren wohlerhaltenen unterirdischen Häusern und Häuserreihen, sämmtlich in Fels gehauen und, wie es scheint, noch aus der vorisraelitischen Zeit her, nicht rathsam, was besonders Herr Pullan, unser Architect, bedauerte. So rüsteten wir uns denn zur Abreise auf demselben Wege, auf welchem wir gekommen. Unser stattlicher Wirth, der Spartaner Demetrio Karas — denn wir mußten uns seinen Namen aufschreiben — gab uns das Geleite, und sein hübscher milchweißer Esel, den er ritt, wußte oft noch unsern Pferden zuvorzukommen, namentlich so lange das schlechte Straßenpflaster währte. Wir ritten dem Djebel Salahia entgegen, auf welchem sehr fromme Damascener zu beten pflegen. Denn, so glauben sie, dreimal auf dem Djebel Salahia gebetet, ist so viel werth, als einmal in Mekka. Der große Hermon zeigte uns sein schneebedecktes Haupt, als wir aus dem Thale des „Amana und Pharphar" die

Höhe hinanritten, die in einer langen wüsten Fläche dieses schöne
Thal vom Antilibanon trennt. Wir kamen spät in Djeidi an und
fanden das bretterne Hotel schon ganz besetzt. Mit Mühe erhielten
wir für unsre deutsche Freundin ein bretternes Zimmer, während
Herr Pullan und ich im Zelte hausen mußten. Ich weiß nicht, ob
ich seit meinen obdachlosen Nachtlagern im tiefen Schnee der Ur-
wälder Amerikas je wieder ein so kaltes Nachtlager gehabt habe, als
in diesem Zelte. Wie gern hätte ich den offnen Himmel bei einem
guten Feuer dieser feuchten gefangenen Zeltluft vorgezogen! Aber
unter alle dem, woran dieses extemporäre Hotel Mangel litt, war
auch das Holz ein Gegenstand, und so mußte es denn ausgehalten
sein. Dafür fühlte ich mich am andern Tage so unwohl, daß ich
meine Reisegefährten allein nach Baalbeck ziehen lassen mußte und
direct nach Beyrut zurückkehrte. Dort aber hatte ich nun auch etwas
mehr Zeit mit den Missionaren umzugehen, die deutschen Diakonissen
zu besuchen, die ein sehr elegantes geräumiges Gebäude inne haben,
und auch einige Ausflüge in die Umgebung zu machen.

Sobald unsre Freunde von Baalbeck zurückkehrten, rüsteten
wir uns zur Abreise, und da der Seeweg der kürzeste war, um nach
dem ersehnten Jerusalem zu kommen, wir auch Ursache zur Eile
hatten, so schifften wir uns wieder ein und fuhren auf einem sehr
schaukelnden Dampfer dem Süden zu. Wir hatten Beyrut oder
vielmehr den Libanon lieb gewonnen, und lange noch ruhten unsre
Blicke auf dem wundervollen Farbenspiel, als wir bei sinkender
Sonne den Hafen verließen. Solche Zartheit der Farben, auf die
verschiedenen Gegenstände immer wieder verschieden gleichsam hin-
gehaucht, entwickeln die Strahlen der scheidenden Sonne in keinem
Lande in dem Maße, wie im Orient. Mitteleuropa ist schon zu
rauh für diese Zartheit, und das Land der Sonne, Indien, ist nach
der andern Seite hin zu rauh, ist zu glühend, so daß auch die Sonne
beides ihr Kommen wie Gehen kurz abmacht. Fast unangemeldet

zeigt sie ihr volles Antlitz am Morgen, und ihr letzter Blick Abends bleibt ungebrochen und ihr Glanz ungetrübt. Die Wolken röthen sich auch wohl, wenn solche vorhanden sind, aber ihr Erröthen ist von kurzer Dauer und entbehrt alles Schmelzes. Schwarze Nacht folgt schnell dem überhellen Tage, und trauliche Dämmerung wohnt nicht bei solchen Extremen.

Jaffa (Joppe) liegt auf einem sandigen Hügel und ist eine uralte Stadt. Die ihr Japhet, Noahs Sohn, zum Erbauer geben, sind die gemäßigten, denn andere wollen sie noch vor der Sündfluth erbaut sein lassen. Die Stadt hat keinen Hafen und eine starke Brandung, so daß das Landen zuweilen ziemlich gefährlich ist. Auch wir kamen von den Wogen übergossen, nicht ohne einiges Geschrei der zaghafteren unter uns, doch glücklich an's Land. Wir waren auf dem heiligen Lande und priesen Gott. Aber es ward uns bald gar sehr prosaisch zu Muthe. Jaffa ist eine der unliebsamsten Städte, eng, winklig und schmutzig, und das Gedränge in dem engen Thore, in welchem die Sachen revidirt werden, ist sehr arg. Als Salomo sein Cedernholz zum Tempelbau hier landen ließ, wird das Thor wohl größer gewesen sein. Wir waren in Judäa, und ein Jude, ein deutscher Jude, nahm uns in sein wanzenreiches Hotel auf. Es war ein Jude von echtem Schrot und Korn, viele Kinder und viel Verlangen nach Geld, in welchem die Jungen noch den Alten übertrafen. Der Schacher war sogleich im Vordergrund. Der Sohn des Alten bot sich uns als Dragoman an für die Reise im heiligen Lande umher und zurück, und der Vertrag war schon geschrieben, doch seine große Eile ließ mich Verdacht schöpfen, und ich verweigerte die Unterschrift. Ein junger Mann, Namens Hübsch, hatte uns vom Schiffe abgeholt und gab uns einen kleinen Wink. So blieben wir mit dem ersten Juden Judäas unverworren und hatten viel Ursache, uns deß zu freuen.

Herr Dr. Philipp, ein Judenmissionar in Jaffa, lud uns freundlich zum Besuch in seine Wohnung ein, die in einiger Entfernung von Jaffa liegt und eine große Orangeplantage hat, woran Jaffas Umgebung reich ist. Auch Dr. Phillipp fand sich nicht allzuwohl in dieser Stadt. Zur Zeit der Tabea scheint es hübscher gewesen zu sein in Jaffa, denn dem Apostel Petrus hat es „lange Zeit" hier wohlgefallen.

12.
Nach Jerusalem.

Nur einen Tag weilten wir in Jaffa, dann zogen wir auf Pferden, Maulthieren und Eseln nach der „Stadt Gottes". Die Maulthiere trugen unser Gepäck, die Pferde ritten wir, und die Esel wurden vom Maulthiertreiber und dem braunen Abraham geritten. Eine Garde brauchten wir hier noch nicht, denn der vielen Pilger wegen sind auf dem ganzen Wege bis Jerusalem hin Wachthäuser errichtet, in welchen zwar sehr lumpig und räuberisch aussehende Wachen wohnen, die aber die Straße doch sicher halten.

Seit mehr denn dreißig Jahren sehnte ich mich hinaufzuziehen nach Jerusalem und zu schauen die Stätten, wo der Fuß Dessen gewandelt hat, den meine junge Seele liebte, noch ehe sie ihn recht erkannte. Vor fünfundzwanzig Jahren schon war ich auf dem Wege dahin, ein einsamer Pilger. Der HErr aber hatte damals meinen Weg gewandt und mir zuvor viele andre Länder gezeigt, von der Erde den größten und besten Theil. Als ich nun fern war im fernen Westen, wie begraben in den Urwäldern der neuen Welt, da war auch mein lang gehegter Wunsch wie begraben, denn ich meinte nicht mehr von meinen rothen Kindern zu scheiden. Wie hätte ich auch ahnen können, daß der HErr mir noch an Leib und Seele viel dunklere Schafe zu sammeln und zu weiden befehlen würde! Doch Er hat es gethan, und auf dem Wege von meinen geliebten rothen zu den noch unbekannten braunen Kindern wachte auch mein nicht erstorbner, sondern nur zurückgedrängter Wunsch, das heilige Land zu schauen, wieder auf und ward sehr lebendig. War ich doch auch im Lande Hams dem Lande der Verheißung so nahe. Aber wieder mußte ich meinen Wunsch zu Grabe tragen, mit schwerem Herzen. Und wieder zeigte mir der HErr viel von seiner Erde und manches tiefe Meer, und führte mich so auf weiten Umwegen doch endlich nach dem Lande meiner Sehnsucht.

Ich wollte das gelobte Land schauen, das Land so vielen Segens, — da sagte mir auf seinem Krankenlager ein verbannter Landsmann in Damaskus: „Sie wollen das heilige Land besuchen, Sie werden ein verfluchtes Land finden." Wie war ich erschrocken! Wohl wußte ich ja, daß Milch und Honig längst zu fließen aufgehört haben im Lande der Verheißung. Auch hatte ich vom Türkenregiment genug gesehen, um zu begreifen, daß unter diesem Regiment derartige Ströme, auch wo sie vorhanden wären, gar schnell versiegen müßten. Aber dennoch war ich auf so schwere Worte nicht gefaßt. Ich wollte sehen. Der HErr hatte Großes an mir gethan, auch darin, daß ich nun mit offnen Augen sehen konnte, nicht mehr gehalten von den Phantasien jüngerer Jahre, sondern geleitet von dem Stern der Weisen, der in jedem Dunkel den rechten Weg zeigt. So zog ich meine Straße; sehr herabgestimmt in der Erwartung dessen, das nun kommen sollte, aber gleichwohl voll Erwartung und voll Sehnsucht.

Wir hatten bald die dunklen Orangengärten Jaffas hinter uns und durchzogen nun die einst so fruchtbare Ebene von Saron. Aber wir sahen in dieser Jahreszeit hier weder „eine Blume zu Saron," noch viel weniger etwas von dem „Schmucke Sarons," der noch zu Jesaias Zeiten so groß war, daß er im Bilde die Kirche des neuen Testaments damit bekleidet schaute. Der Boden ist wohl noch fruchtbar, aber angebaut ist er äußerst wenig, nur hier und da ein elendes

Dorf mit reichlichen Ziegenherden. Bei anderem Regiment könnte noch heut Saron „eine fruchtbare Ebene" sein, und Dörfer und Städte könnte es schmücken; das wüste Regiment der Türken aber macht alles zur Wüste. Freilich was es gewesen ist, könnte es auch unter dem besten Regimente nicht werden; dazu fehlt ihm der Segen von oben, der entzogen ist. Früher lösten sich „Früh- und Spatregen" regelmäßig ab und feuchteten das Land; jetzt fällt der Regen selten und spärlich. Unter dem gottlosen Volke der Kananiter, als Abraham, Isaak und Jakob noch Fremdlinge im Lande waren, gab es oft Regenmangel und Hungersnoth. Aber Israel scheint nur dann Regenmangel gehabt zu haben, wenn es sich offenbar vom HErrn wandte, wie zu Ahabs Zeiten. Sonst hatte der HErr sein Angesicht auf das Land erhoben, ihnen „Früh- und Spatregen zu rechter Zeit zu geben und ihnen die Ernte treulich und jährlich zu behüten." Da aber das Volk alle Propheten gesteinigt und alle Friedensboten getödtet, ja den einigen Sohn selbst zum Weinberg hinausgeworfen, den Heiden übergeben und gekreuzigt hatte, da fiel mit dem Fluche auf das Volk auch der Fluch auf das Land, und so mußte denn freilich auch „der Frühregen ausbleiben und kein Spatregen kommen." Sarons Blumen sind nun verdorret und sein Schmuck ist dahin, und nur zur Regenzeit ist es anders. Gleich unser erster Ritt im gelobten Lande erinnerte mich so an jenes starke Wort in Damaskus.

Eins von unsern Pferden hatte die Unsitte, sich dann und wann hinzulegen, ohne auf seinen Reiter irgend welche Rücksicht zu nehmen. Nun wurde dieses Thier gerade von meiner Frau geritten, und als wir nicht mehr weit von Ramleh waren, legte es sich so plötzlich zu Boden, daß die arme Reiterin zwar immer noch glücklich genug, aber doch nicht ohne harte Quetschung davon kam und selbst die Hörner des Sattels ganz zusammen gebogen wurden. Mit Mühe kamen wir so nach Ramleh und waren sehr froh, es erreicht zu haben. Das lateinische Kloster nahm uns freundlich auf und der diensttuende Mönch war ganz erschrocken, als er von unserm Unfall hörte. Wir aber mußten diesen ganzen Tag in Ramleh bleiben, da die Quetschung und eingetretene Geschwulst viel Schmerzen verursachte und nicht gleich wieder an's Reiten denken ließ. Wir hatten vor, die Nacht zu reiten, um am andern Morgen an dem längst ersehnten Ziele zu sein. Nun aber mußte sich unser Verlangen, Jerusalem zu schauen, schon noch ein wenig gedulden, dafür hatten wir mehr Zeit, als wir brauchten, Ramleh zu besehen. Es liegt in einer sandigen Erhöhung der Ebene Saron und ist vielleicht das Arimathia des Joseph, welcher den HErrn vom Kreuz abnahm. Auch Nikodemus soll hier gewohnt haben. Einige griechische Kirchen sind in Moscheen verwandelt, und auch die sind verfallen. Es ist kaum ein ordentliches Haus in der ganzen Stadt, geschweige denn eine ordentliche Straße. Aber an Schmutz und Unreinlichkeit aller Art giebt es reichen Ueberfluß. Ein wenig außerhalb der Stadt ist der Brunnen der heiligen Helena, wo jung und alt Wasser holt. Namentlich aber versammeln sich hier die Töchter Ramlehs, um neben Eseljungen mit Ziegenschläuchen ihre Krüge mit dem Wasser zu füllen, welches gar nicht so klar aussieht, als Abendländer es gern haben möchten. Wir kehrten gern in das Kloster zurück, das ziemlich reinlich gehalten wird und auch gutes Wasser hat. Die Mönche hier sind meist Spanier und können auch in der Kutte ihre stolze Haltung und Mienen nicht verleugnen. Doch sie werden von den Fremden wenig gesehen, da sie in einem besondern Theil des Klosters leben, und ein andrer Theil zur Aufnahme der Fremden bestimmt ist. Dieser Theil ist mit mehreren Zimmern und Betten für Fremde sehr gut eingerichtet, und da alle Pilger, die in Jaffa landen, hier einkehren, so hat im Laufe der Jahrhunderte schon mancher hier Schatten und Erquickung gefunden. Der diensttuende Mönch ist ein Italiener und könnte für seinen Posten nicht besser gewählt sein.

Seine steife Franziskaner-Kutte ist zwar nicht die bequemste Kleidung zum Dienst an Tisch und Bett, und sein langer grauer Bart hängt oft in die Teller und Tassen hinein, die er auf den Tisch bringt, aber sein immer gleich freundliches Gesicht und seine immer gleiche Bereitwilligkeit bei Tage und bei Nacht zum Dienst der Pilger machten ihn uns theuer. Gott verleihe ihm am Ende seiner Pilgerbahn in dem himmlischen Jerusalem eine so freundliche und bereitwillige Aufnahme, wie er sie uns auf unserm Pilgerwege nach dem irdischen Jerusalem bereitet hat!

Am 28. September brachen wir früh auf, da es noch dunkel war, ritten durch die Kaktushecken Ramlehs hindurch und waren froh, den schmutzigen Ort mit seiner dumpfen Luft hinter uns zu haben. Unser Weg führte uns über den Rest der Ebene Saron dem Gebirge Juda entgegen. Vorher aber unterbricht noch ein Thal unsern Weg, das von Nordosten kommt und nach der Philisterebene zu unsrer Rechten sich hinzieht. Dieses Thal heißt jetzt Merdsch Ibn Omer, d. h. Wiese der Söhne Omer, ist aber wohl das „Thal Ajalon" des Josua. Ein Dorf Jalo steht noch in der Nähe und auch Gibeon ist nicht weit, wiewohl längst keine mächtige Stadt mehr. Früher war sie so mächtig, daß Adoni Zedek, der König von Jerusalem, nicht wagte sie allein anzugreifen, sondern sich noch vier Könige zur Hülfe rief, und also diese fünf Könige oder Stammfürsten der Amoriter Gibeon mit Krieg überzogen. Als aber Josua plötzlich über sie herfiel, nachdem er die ganze Nacht von Gilgal heraufgezogen war, da flohen die Feinde gen Beth Horon, am Ende dieses Thales, und würden in der Nacht entgangen sein, wenn nicht Josua mit dem HErrn geredet und dann ausgerufen hätte: „Sonne, stehe still zu Gibeon, und Mond im Thale Ajalon!" Da verlängerte sich der Tag und die Feinde wurden geschlagen.

Bald kamen wir nach einem elenden Dörflein, Latrun, am Fuße des Gebirges Juda. Die Mönchssage, die so viel weiß, weiß auch, daß der begnadigte Schächer aus diesem Dorfe gebürtig war. Zu gut ist das Dorf jedenfalls nicht dazu, es sieht selbst aus wie ein armer Schächer. Wir ritten nun in eine Schlucht hinein und fanden bald den Weg sehr steinig, holprig und schlecht. Wir waren im Gebirge Juda, ein rauhes, jetzt unfruchtbares und ödes Kalksteingebirge, in welchem wir noch einen Weg von sechs Stunden zu machen hatten, ehe wir unser Ziel, Jerusalem, erreichen konnten. Das Gebirge Juda geht aber noch weiter, über Jerusalem hinaus bis zur Jordanebene; nördlich schließt es sich an das heut noch fruchtbarere Gebirge Ephraim an, und südlich zieht es sich noch weit hin bis zur Wüste. Es ist ein ziemlich zerklüftetes Gebirge und hat manche Aehnlichkeit mit dem Libanon, wäre auch so fruchtbar, wenn die Quellen und Bäche nicht vertrocknet wären. Die Terrassen auch, die sich einst, wie jetzt noch im Libanon, an den Bergen Judas hinaufzogen, sind längst verschwunden und der fruchtbare Boden, den sie einschlossen, ist von Wind und Wetter hinweggewaschen worden, so daß überall nur die nackten Felsen hervorstarren und es aussieht, als ob diese Berge je und je so unfruchtbar gewesen wären, wie sie jetzt sind und wohl für immer bleiben werden. Der Weg von Ramleh nach Jerusalem ist ein gar beschwerlicher, und es ist zu verwundern, wie die armen Pferde zwischen den glatten und spitzigen, losen und festen Steinen steile Höhen hinauf und hinunter steigen können, ohne ihre Beine zu brechen oder doch wenigstens den Reiter abzuwerfen. Aber es sind im ganzen vortreffliche Thiere und würden noch viel besser sein, wenn sie nicht von manchen Reitern so gar gemißbraucht und über die schlimmsten Wegstrecken mit rücksichtsloser Eile hinweggejagt würden.

Auf dem halben Wege etwa machten wir Halt, lagerten uns unter einen Baum, tranken Wasser aus dem mitgebrachten Schlauch, den uns unser jüdischer Wirth in Jaffa für gutes Geld geliehen hatte, und aßen was uns unser freundlicher Mönchswirth in Ramleh fürsorglich eingepackt hatte. Nachmittags kamen wir nach Kiriath el Eneb, das alte Kiriath Jearim, wo einst die Bundeslade stand, als sie von den Philistern wiedererlangt war. Damals scheint es eine bedeutende Stadt gewesen zu sein, jetzt ist's nur ein elendes Dorf, doch ist's recht hübsch gelegen und könnte heut noch schön sein. Im Munde des Volks heißt dieser Ort Abu Gosch, nach dem Namen eines arabischen Scheikhs, der hier das edle Handwerk aller Araber — den Straßenraub — in's Große trieb und nicht nur die ungläubigen Pilger, sondern auch die gläubigen Söhne des falschen Propheten beraubte, ja gegen das edle Türkenregiment lange mit Erfolg Streifzüge führte. Pilgern aber wird Kiriath el Eneb als das Emmaus gezeigt, nach welchem die zwei Jünger am ersten christlichen Ostertage pilgerten und den HErrn zum unerkannten Begleiter hatten. Ihnen wird der Weg in seiner Begleitung sicher nicht so lang geworden sein, als er uns noch ward, ehe wir Jerusalem erblickten. Schöne Ruinen einer christlichen Kirche dienten hier dem Vieh zum Stalle und preßten uns abermals einen der vielen Seufzer aus gegen das alles zerstörende Regiment der Türken, das in seiner Verfaultheit längst umgekommen wäre, wenn es nicht die Eifersucht der europäischen Mächte immerfort stützte und stärkte.

Ueber Berg und Thal weiter ziehend kamen wir nach dem Dörflein Kulonieh und sahen hier wieder einmal Wasser. Ja noch mehr: wir sahen Zelte aufgespannt, und alles war so hübsch und einladend, daß wir ohne weiteres abstiegen. Sogleich brachte uns ein freundlicher Italiener mehrere Gläser Limonade auf einem Tablet. Wir traten in das halb offne Zelt ein, trafen mehrere Türken mit ihren langen Pfeifen darinnen, und Türkinnen in einiger Entfernung auf Polstern ruhend. Die Türken machten uns ein wenig Platz und wir setzten uns. Es ward uns türkischer Kaffee präsentirt und gleich darauf eine Menge guter Weintrauben. Alles das geschah in so stiller Weise, daß wir ganz überrascht waren und gar nicht wußten, ob wir hier auf eigne oder auf fremde Kosten zehrten, und wer uns eigentlich hier bewirthete. Unser Dragoman mußte uns die Sache aufklären. Der freundliche Italiéner bewirthete hier die schmachtenden Pilger und nahm dafür, was sie ihm gutwillig gaben. Geben Sie ihm nicht viel, so und so viel Piaster ist genug, sagte der Dragoman. Wir aber gaben gern einige Piaster mehr, denn die anständige und anspruchslose Weise der Bewirthung gefiel uns gar wohl.

Als wir wieder zu Pferde saßen, ward uns das Thal Beit Hanina als der „Eichgrund", das Terebinthental, gezeigt, in welchem David den Goliath erlegte, von welchem Claudius sagt, daß er ein „gar gefährlich großes Maul und gar ein kleines Hirn" gehabt habe. Der Bach, wo sich der Hirtenknabe David die fünf glatten Steine holte, zieht sich mitten durch dieses Thal, und wenn es nicht derselbe Bach ist, so könnte er es doch sein, denn er ist voll von „glatten Steinen", und gerade von solcher Größe, wie sie wohl in eine Schleuder passen und wie sie auch ein lästerndes Hirn einschlagen könnten.

Bald darauf sahen wir von fern Neby Samwil, das alte Mizpa, wo „Neby Samwil" — der Propet Samuél — Israel zu richten pflegte. Das schön bebaute Thal ist hinter uns und mit ihm auch alle Vegetation. Wieder ziehen wir auf nackten Felsen und losen Steinen dahin, hinauf und hinab. Noch einmal steil und lang geschlängelt hinauf, dann sehen wir Jerusalem, ruft uns der Führer zu. Das stärkt uns wunderbar, wir achten des schlechten Weges nicht mehr und ein jeder sucht zuerst auf jener Höhe anzukommen. Endlich ist sie erreicht — aber kein Jerusalem ist zu sehen. Eine dunkle Gebirgsmasse wie eine Wand zieht sich fern im Hintergrunde hin und begrenzt den Horizont — wir achten ihrer nicht. Eine runde Bergspitze mit einer Moschee oben drauf stellt sich uns entgegen, fesselt aber unsre Blicke nicht; wir jagen die müden Rosse und spannen die Sehkraft auf das äußerste an. Noch eine Minute, und: Jerusalem! ruft unwillkürlich jeder Mund, und jede Hand streckt sich aus, der lang ersehnten Stadt entgegen. Da liegt sie vor uns, die „Stadt des großen Königs". Wir halten still und schauen.

Noch konnten wir das Einzelne nicht genau unterscheiden. Aber die runde Bergesspitze mit der Moschee droben, die wir vorher nur wenig beachtet hatten, das ist der Oelberg. Und die dunkle Felswand im Hintergrunde, das ist das Gebirge Moab jenseits des Jordans. Jerusalem selbst sehen wir von hier nicht ganz; denn die großen russischen Bauten auf der Höhe unmittelbar vor der Stadt benehmen uns die Aussicht, und wie schön sie auch an sich sein mögen, so sind sie uns doch im Wege, denn wir wollen Jerusalem sehen, und nicht russisches Bauwerk. Doch den vielen Russen, die nach Jerusalem kommen, ist es wohl ein willkommner Anblick. Nun achteten wir des Weges nicht mehr, sondern eilten dem Ziele so vieljähriger Sehnsucht entgegen. Vor dem Jaffathor angekommen, die Burg Zion und den Thurm Davids zur Rechten, ward unser heiterer Führer plötzlich ernst; er hielt stille, sprang vom Pferde und rief: „Hier steigen die Pilger ab und betreten zu Fuße die heilige Stadt." Wir thaten es auch und eilten durchs Thor auf dem schlechten Steinpflaster mit dem von den Pilgerschaaren sehr glatt getretenen Steinen in die Stadt hinein. Wir mußten hier ziemlich steil hinabsteigen, denn die stärksten Befestigungen der Stadt waren von Davids Zeiten her an dieser Stelle, so mußten die öfteren Zerstörungen dieser Befestigungen einen Berg erzeugen und die Stadt von dieser Seite in der Tiefe lassen. Der wahre Grund liegt wohl über 40 Fuß unter dem Steinpflaster, denn so tief mußte man graben und den angehäuften Schutt wegräumen, als man das Fundament zur protestantischen Zionskirche legte, die hier in der Nähe steht. Wir zogen durch einige Bazare hindurch, bogen dann links

7*

in die Patriarchenstraße hinein und hielten vor einem Hause, das wie alle Häuser Jerusalems unansehnlich war. Indeß fanden wir Raum genug darin, denn wir waren in dem Hotel eines Deutschen, Herrn Hausers, der von unsrer Ankunft gehört hatte, uns freundlich aufnahm und in die schon für uns bereit gemachten Zimmer einwies. Wir waren in Jerusalem und dankten Gott.

13.
Golgatha und Gethsemane.

Die Sonne sank, als wir zur heiligen Stadt einzogen, und wir waren von dem langen Ritte auf dem bösen Wege sehr müde. Doch wir gönnten uns keinen Augenblick Rast, wir dachten nicht an Essen und Trinken, sondern reinigten uns schnell von dem Staube des Weges und eilten dann wieder hinaus. Wir gingen die Patriarchenstraße entlang, bogen darauf rechts um, gingen einige Stufen hinunter durch ein enges Thor, traten auf einen freien Platz und eilten endlich in das vor uns liegende stattliche Gebäude hinein. Bald standen wir dem Ziele unsrer ganzen Reise und so vieljähriger Sehnsucht gegenüber. Wir standen an dem Grabe des HErrn. Wir hatten uns keine Zeit genommen, die Grabeskirche zu besuchen, wir hatten uns nicht gestoßen an der türkischen Wache in der Kirche, noch aufgehalten bei alle dem, was sie sonst noch enthält; wir hatten unsern Führer angewiesen, uns nichts zu sagen, uns nichts zu zeigen, als nur das Grab des HErrn und die Stätte seines Todes. Da standen wir nun, schweigend wie wir gekommen waren, vor dem Grabe, in welches sie Ihn todt hingelegt hatten, der unsers Lebens Leben ist. Fast zögernd nahten wir uns, bückten uns tief und traten durch die enge und niedrige Oeffnung in das Grab selbst hinein. Wir warfen kaum einen Blick auf alles was uns umgab, und ich hätte kein Wort reden können, auch wenn ich's gewollt hätte.

„So ruhtest Du, o meine Ruh!
In dieses Grabes Höhle,
Und erweckst durch Deinen Tod
Meine todte Seele.

Ach Du warst kalt, mein Aufenthalt!
Das macht die heiße Liebe,
Die Dich in dies kalte Grab
Durch ihr Feuer triebe.

O Lebensfürst, ich weiß, Du wirst
Auch mich einst auferwecken.
Sollte denn mein gläubig Herz
Vor der Gruft erschrecken?

Gar nichts verdirbt, der Leib nur stirbt,
Doch wird er auferstehen,
Und in ganz verklärter Zier
Aus dem Grabe gehen.

Indeß will ich, mein Jesu, Dich
In meine Seele senken,
Und an Deinen bittern Tod
Bis in Tod gedenken."

Laß auch meine Sünden alle in Deinem Grabe begraben sein und nimmer, nimmer auferstehen! Laß mich sterben an Deinem Grabe, mir selbst und der Welt, und mit Dir erstehen, zu leben nur Dir allein, und zu sterben nur Dir! — Mein armes Leben kannte auf Erden keinen größern Moment und wird keinen kennen.

Schweigend wandten wir uns, gingen nach Golgatha hinauf und standen bald vor einem gewaltigen Kreuze, das die Stätte bezeichnen soll, wo einst der HErr geblutet hat, wo Er für seine Mörder betete, wo Er sein Haupt neigte und seinen Geist in seines Vaters Hände befahl. Es war vollbracht. Das größte Wort, das die Welt gehört hat, hier ward's gesprochen. Das größte Werk, das die Welt geschaut hat, hier ward's vollbracht.

„Laß mich hier bei Dir stehen,
Verachte mich doch nicht.
Von Dir will ich nicht gehen,
Wenn Dir Dein Herze bricht.
Wenn Dein Haupt wird erblassen
Im letzten Todesstoß,
Alsdann will ich Dich fassen
In meinen Arm und Schooß."

Hier wo der Mund erblaßte und sich im Tode schloß, der redete wie „nie kein Mensch geredet hat," hier schweigt billig „das unruhige Uebel" und nur das Herz redet unaussprechliche Worte. Hier wo das Auge im Tode brach, das in so viele Seelen mit Heil und Leben hineinleuchtete, schließt sich billig jedes Auge vor dem hier so ungeschickt angebrachten Flitter dieser Erde. Ja

„Hier wo Du, Herr, mit Blut in tausend Wellen
Den Grund getränkt, mir Sünder zum Gewinn,
Hier hab ich nicht zwei bittre Thränenquellen,
Da ich am Ort des herbsten Leides bin?
Du Herz von Eis, vermagst Du nicht zu schwellen?
Strömst nicht in Thränen durch die Augen hin?
Du Herz von Stahl, kannst hier Dich hart bewähren?
Hier zährenlos, verdienst du ew'ge Zähren."

Noch versunken in Betrachtungen, wie diese, hörten wir lautes Klopfen, das weit hin durch das weite Kirchgebäude dröhnte. Wir achteten es nicht. Und wieder ertönte das Klopfen noch lauter und wie mit zorniger Hand; unwillkürlich wandten wir uns um und sahen unsern hinter uns stehenden Dragoman an. Er trat näher und sprach: wir müssen schnell die Kirche verlassen, es ist schon über die Zeit, da sie geschlossen zu werden pflegt, und die Türken sind auf dem Punkte, uns einzuschließen und fort zu gehen. So erwachten wir denn aus unsern schweigsamen Betrachtungen zu der vollen Wirklichkeit, daß wir im Lande und in der Gewalt der Türken seien, der Erzfeinde der Christenheit und unsrer Feinde. Wir verließen die Kirche des heiligen Grabes und kehrten still in unsre Herberge zurück. Sanft schliefen wir drauf unsre erste Nacht in Jerusalem.

Am andern Morgen waren wir früh auf und verließen die Stadt. Wir gingen zum Stephansthor hinaus und stiegen ziemlich steil zweihundert Fuß tief hinab zum „Bach Kidron." Aber der Bach ist längst vertrocknet, auch kein Tropfen Wasser fließt darin. Nur bei heftigem Regen sammeln sich hier die von beiden hohen steilen Ufern herabrinnenden Ströme und bedecken dann auf kurze Zeit das ausgetrocknete Bett des einstigen Baches. Doch ob Wasser drin fließt, ob nicht, wer könnte den Kidron, das an dieser Stelle überbrückte enge tiefe Thal, überschreiten, ohne an den HErrn zu gedenken und an seinen letzten Gang mit seinen Jüngern? „Da Jesus solches geredet hatte," — was in dem 13., 14., 15., 16. und 17. Kapitel des Evangelii Johannis enthalten ist; da er seinen Jüngern die Füße gewaschen, das neue Gebot, das Gebot der Liebe, ihnen gegeben und das letzte Passamahl des alten Testaments, wie das erste Abendmahl des neuen Testaments mit ihnen gefeiert, da sie zuletzt noch mit einander den Lobgesang (Ps. 113 und 115—118 und Ps. 136) gesprochen hatten — „da ging Jesus hinaus mit seinen Jüngern über den Bach Kidron, da war ein Garten, darein ging Jesus und seine Jünger." Und diesen Weg über den Bach Kidron in den Garten am Oelberge gingen seitdem Jesu Jünger durch alle Jahrhunderte hindurch in ungezählten Schaaren. Auch wir, Jünger Jesu, gingen nun diesen Weg hinaus über den Bach Kidron an den Oelberg „zu dem Hofe, der hieß Gethsemane." Wie wunderbar bewegen diese Laute „Gethsemane" das Herz. Im Deutschen klingt das Wort freilich den Ohren nicht so bekannt und dem Herzen nicht so eindringlich. Oelpresse klingt nicht so wohl als Gethsemane; aber gepreßt wurde dort die edle Frucht von Davids Stamm, gepreßt von der Last der Sünde, welche Jahrtausende hindurch Millionen Menschen zusammengehäuft hatten; gepreßt wurde die edle Frucht, bis der innerste Lebenssaft hervorquoll. „Es ward aber sein Schweiß wie Blutstropfen, die fielen auf die Erde."

Am Abhange des Oelberges war sonst eine niedrige Mauer, die den Hof oder Garten Gethsemane umgab. Ueber die pflegten die Pilger hinwegzuschreiten und die im Garten enthaltenen acht sehr alten Oelbäume oft zu rücksichtslos ihrer Zweige zu berauben. Die Franziskaner, die diesen Garten zu eigen haben, haben darum die Mauer erhöht und eine Pforte hinein gemacht. Vor diese Pforte traten wir und klopften an. Wir klopften lange und laut, ehe der einzelne Mönch, der etwas schwerhörig war, uns hörte und öffnete. Von hohen Mauern rings umschlossen, ist der kleine Ort sehr still. Rabatten mit mancherlei Blumen zogen sich in geraden Linien hin und her. Wir sahen in Jerusalem sonst keine Blumen in dieser dürren Zeit, und es waren die ersten, die wir im heiligen Lande erblickten. Dennoch störten sie uns fast mit ihren rechtwinklichen Rabatten. Man möchte hier so gerne die Natur ohne Kunst und ohne Schmuck vor sich sehen, oder doch nur in dem Schmucke, den sie selbst hervorbringt; dann hätten wir die Blumen mit Freuden begrüßt. Doch dies störte uns nur wenig. Ein jedes von uns ging schweigend umher, denn neben dem heiligen Grabe giebt es keinen ergreifenderen Ort als Gethsemane, in Jerusalem nicht und nicht auf Erden. Hier umher, wo diese alten Bäume stehen, hat der HErr mit seinen Jüngern geweilt, bis ihn Judas falscher Mund berührte. Hier hat der „Held, der Friedefürst", gezittert und gezagt und war betrübt in seiner Seele bis zum Tode. Hier hat Er gebetet: „Vater, ist es möglich, so gehe dieser Kelch an mir vorüber! Doch nicht mein, sondern Dein Wille geschehe!" Die Jünger schlafen, der HErr allein nur wacht und betet, wacht und betet für seine Jünger alle, aller Zeiten, auch für uns. Wie oft mag der HErr hier gewacht und gebetet haben, „denn Jesus versammelte sich oft daselbst mit seinen Jüngern;" so oft, daß Judas es voraus wußte, wo der HErr auch an diesem Abende wieder sein würde. Und er irrte sich nicht. Der HErr war wieder über den Kidron in den Garten gegangen, der am Fuße des Oelbergs dem Tempel so nahe gegenüber liegt. Im Dunkel der Oelbäume weilt der HErr, mit Fackeln und Lampen, mit Schwertern und Stangen suchen ihn die Hohenpriester, Pharisäer und die Aeltesten, geführt von „der Zwölfen einem", der dem Tode entgegen ging mit rascheren Schritten, als der HErr selbst, dem Tode durch eigne Hand, durch Mammons Trug. Die den HErrn finden konnten am hellen Tage, alle Tage im Tempel lehrend, begehrten sein nicht. Nicht den lehrenden, heilenden, strafenden, seligmachenden Jesus wollten sie haben; nach dem leidenden, blutenden, sterbenden Jesus lüstete es sie. „Suchet, so werdet ihr finden!" Was ihr wollt, den seligmachenden Jesus oder den richtenden. Wollt ihr den Segen nicht, den Fluch dürft ihr nicht weit suchen. Wollt ihr den Reichthum des armen Lazarus nicht, die Armuth des reichen Mannes, ohne ein Tröpflein Wassers die glühende Lästerzunge zu kühlen, harrt schon auf euch. O ihr Kinder Jerusalems! warum habt ihr euch nicht sammeln lassen unter die ausgebreiteten Flügel Dessen, der alle Wetter und auch die römischen Adler von euch fern zu halten bereit war.

Ungern schieden wir von diesem stillen Orte, der auch uns so still gemacht hatte, und fast beneideten wir den einsamen Mönch, der hier seine Tage verleben durfte. Er reichte uns von seinen schönsten Blumen, aber lieber noch waren uns die Oelzweige, die er uns von den alten Stämmen brach. Später kehrten wir noch einige male nach Gethsamane zurück.

14.
Der Oelberg.

Ehe ich Jerusalem, die heilige Stadt, die große Sünderin mit ihrem großen Weh und Leid, mit ihrem alle Verhältnisse treffenden Fluche, näher in's Auge faßte, wollte ich, von äußeren Zuständen ungestört, erst die Stätten schauen, nach welchen ich mich zumeist gesehnt: das Grab des HErrn, Golgatha, Gethsemane und den Oelberg. Was auch verändert ist in Jerusalem durch eine Zerstörung nach der andern, der Oelberg ist unverändert geblieben. Und ob auch der Römer feindliche Aexte ihn seines Schmuckes, der Oelbäume, beraubt haben, so ist doch auch dieser Schmuck ihm wieder geworden, wenn auch nicht in solcher Fülle wie in früherer Zeit. Für das Auge der Stadt so nahe, daß man ihm die Hand reichen möchte, fällt der Blick immer wieder auf ihn, der die Stadt um 300 Fuß überragt. Ihn beleuchten die ersten Strahlen der Morgensonne, die hinter ihm aufgeht, und die letzten Strahlen der untergehenden Sonne fallen wieder auf ihn. Das 200 Fuß tiefe, enge Kidronthal trennt ihn von der Stadt und macht den Weg bis auf seinen Gipfel so viel weiter, als er dem Auge zuerst erscheint. Denn man muß erst 200 Fuß tief bis in das leere, doch hier überbrückte Kidronbett hinabsteigen, und dann wieder 500 Fuß hinauf, ehe man seinen Gipfel erreicht.

Wir gehen mit einiger Hast diesen Weg, den der HErr so oft gegangen ist mit seinen Jüngern. Wir finden ihn beschwerlicher, als wir meinten, und setzen uns auf halbem Wege in den Schatten eines Oelbaums. Aber alles ist trocken und verbrannt in dieser Jahreszeit, kein Hälmchen Gras ist zu sehen, und der staubige Kalksteinboden ist kein erwünschter Ruheplatz. Wir eilen weiter auf den Gipfel hinauf und finden eine Anzahl lumpiger Hütten oben mit einer elenden Moschee. Im Bereiche dieser Moschee steht noch eine

kleine christliche Kapelle, die Himmelfahrtskapelle, die einst recht hübsch
gewesen sein mag. Die plumpe Sage von dem heiligen Fußtritt
ist wohl erst den Muhammedanern abgelernt, die so viel auf Fußtritte
halten, daß sie selbst Adams Fußtritt zu zeigen wissen, und zwar in
Ceylon. Ein respectabler Fußtritt ist es allerdings, denn er ist sechs
Fuß lang und drei Fuß breit. Doch wir wollten uns an nichts
ärgern, und so ärgerten wir uns auch daran nicht.

Von dem Oelberg aus hat man die schönste Ansicht von Jerusalem, da es von Westen nach Osten, nach dem Oelberg zu, sich her-
abneigt, so daß man fast jedes Haus darin sehen kann. Doch die
Häuser sind klein und erscheinen fast wie hingeworfene große Würfel.
Ihre weißgraue Kalksteinfarbe und ihre flachen mit kleinen Kuppeln
versehenen Dächer tragen dazu bei. Doch kann man sehr deutlich
die Grabeskirche unterscheiden, ebenso den Thurm Davids, das armenische Kloster auf dem Berge Zion und vieles andre noch. Insonderheit aber hat man auf den Moria, der dem Oelberge am
nächsten liegt, den besten Anblick. Wie wundervoll muß einst der
prächtige Tempel von hier aus anzusehen gewesen sein! Kein Wunder, daß die Jünger hier oben zu dem HErrn hintraten und sprachen:
„Meister, siehe, welche Steine und welch ein Bau ist das!" Aber
es sollte bald kein Stein mehr auf dem andern bleiben. Jetzt stehen
auf dem schönen, großen, mit Marmor gepflasterten Tempelplatze
die Moscheen Omar und el Aksa', von welchen später. Lange bleibt
das Auge auf dieser wunderbaren Stätte ruhen und wendet sich
nur ungern von ihr weg, denn der Ereignisse sind gar viel, die sich
hier der Betrachtung aufdrängen.

Die Morgensonne war über den Oelberg hinaufgestiegen und
beleuchtete Jerusalem, so lag es in seiner ganzen Pracht vor uns,
immer noch eine bedeutende und sehr außerordentliche Stadt. Wer
mag sie gegründet haben? Schon Abraham hat sie gesehen und
Melchisedek sie bewohnt. Damals wird der Kidron noch ein mäch-

tiger und reißender Bergstrom gewesen sein, wie sein langes überall die Felsen kühn und tief durchbrechendes Flußbett, das sich bis zum todten Meere hinzieht, beweist. Wer aber auch immer Jerusalem gegründet hat, der hat jedenfalls einen guten Griff gethan und offenbar schon mit Rücksicht auf Sicherheit gewählt. Die Natur selbst hat die Stätte von drei Seiten her so unzugänglich gemacht, daß sie mit wenig Kunst für damalige Zeiten uneinnehmbar gemacht werden konnte. Nur eine Seite ist von Natur offen, und von der Seite ist die Stadt auch stets, trotz aller Befestigungen der Kunst, eingenommen worden. Josua nahm sie ein und David gewann auch ihre Burg. Sisak von Egypten eroberte sie und Nebukadnezar zerstörte sie. Und auch nach ihrem Wiederaufbau sah Jerusalem noch viele Feinde in ihren Mauern, und viel Blut ihrer Kinder floß in ihren Straßen, namentlich zur Zeit des Antiochus. Die Römer hielten Ruhe in Jerusalem, bis sie selbst es zerstörten, wie es noch nicht zerstört worden war. Langsam erhob es sich aus seinen Trümmern und gewann erst zur Zeit der Kreuzzüge wieder an Macht und Bedeutung. Wie treu und tapfer kämpften hier Gottfried, Tancred, Raymund und andere, um Jerusalem den blutdürstigen Söhnen des Halbmondes abzuringen und es den Händen der Christen wiederzugeben. Aber auch das christliche Reich wollte nicht gedeihen; der Fluch, der auf dem Lande liegt, ließ es nicht bestehen. Wieder wurden die Feinde des Kreuzes die Hüter des Grabes und sind es geblieben bis heute. Eine unaussprechliche Wehmuth erfüllt das Herz beim Anblick dieser Stadt, und manche Frage taucht in der Seele auf, die erst im ewigen Lichte ihre genügende Beantwortung finden wird.

Auch nach der entgegengesetzten Seite, nach Osten zu, gewährt der Oelberg eine wunderbare Aussicht. Zuerst fällt dem Auge die lange dunkle Gebirgskette auf, die man auch von der Stadt aus so deutlich sieht, ohne jedoch ihr Ende absehen zu können. Es ist das

Gebirge Moab. Schroff und kahl und todt sieht es aus und hat nur eine kleine Spitze in der Mitte, unter welcher man sich den Nebo denkt. Wie mag Mose zu Muthe gewesen sein, als er von dieser Höhe in das verheißene Land hinüberschaute, ohne es betreten zu dürfen! Der das prophetische Lied 5. Mos. 32 niederschrieb, täuschte sich nicht über die Halsstarrigkeit seines Volkes, von dem er selbst so viel zu leiden hatte. „Die verkehrte und böse Art fällt von Ihm ab; sie sind Schandflecken und nicht seine Kinder. Dankest du also dem HErrn deinem Gott, du toll und thöricht Volk?" So tönt das Lied aus der grauen Vorzeit zu uns herüber und ist auch der bösen und verkehrten Art von heute gegenüber immer noch an seinem Platze.

Gerade vor dem Moabiter-Gebirge schlängelt sich ein weißer Streifen hin, dem Auge eben noch erkennbar, wiewohl es nicht zu unterscheiden vermag, was das sein mag. Es ist aber der weiße Sand im breiten Jordanthale. Der Jordan selbst ist nicht zu sehen, weil er sich in dem ursprünglichen breiten Bette, als er es nicht mehr auszufüllen vermochte, ein zweites, enges Bett geschaffen hat, in welchem er nun dahin rauscht, auch von dem nahen Jericho aus, das selbst mitten im Jordanthale liegt, ungesehen. Aber obwohl wir den Jordan nicht sehen konnten, so blinkte uns doch weiter zur Rechten auf zwei Stellen der bleierne Glanz des todten Meeres entgegen.

So hatten wir denn auf der Spitze des Oelberges gar vielerlei auf einmal vor unsern Blicken, ein Bild, das sich tief der Seele einprägt. Zunächst lag Zion, das „schöne Zweiglein, dessen sich das ganze Land einst tröstete", nun aber von den Heiden zertreten und mit Schutt und Asche erfüllt. Darüber hinaus ragt das Gebirge Juda und der Nebi Samwil empor, wo einst Samuel sein Volk zu richten pflegte und ihm auch Saul, den erbetenen König, vorstellte. Der Berg des Aergernisses dagegen ist ganz nahe bei oder vielmehr selbst ein Stück des dreigipfligen Oelbergs. Er heißt aber Berg des Aergernisses, weil auf demselben der weiseste König Israels die größte Thorheit begangen hat, indem er sich von dem lebendigen Gott zu den todten Götzen wandte und seinen Weibern zu Liebe dem Gräuel opferte, hinter dessen Fratzen sich Satanas selbst verbirgt und hohnlachend die Opfer der betrogenen Menschheit entgegen nimmt. Vom Berge des Aergernisses darf der Blick sich nicht weit wenden, so ruht er wieder auf dem traurigen Glanze des todten Meeres, wo die Gräuel der Menschenkinder mit Feuer und Schwefel ausgebrannt wurden. Da ist das Lachen worden theuer, als Loth aus Sodom hinaus war und die „verkehrte und böse Art" nur allein übrig blieb. Wie trockne Dornen wurden sie vom Feuer verzehrt, und ihre Stätte selbst versanken mit ihnen. Wie ist doch der Oelberg ein so gewaltiger Prediger und eine so gewaltige Predigt!

Und der Schluß dieser Predigt? „Dieser Jesus, welcher von euch ist aufgenommen gen Himmel, wird kommen wie ihr ihn gesehen habt gen Himmel fahren!" Wieder war der HErr den gewohnten Weg mit seinen Jüngern gegangen und vielleicht über die höchste Spitze ein wenig hinaus auf den stillen einsamen Abhang nach Bethanien zu, und war dann segnend von ihnen geschieden. Von ihnen geschieden, und doch alle Tage bei ihnen bis an der Welt Ende. Die Jünger aber kehrten um nach Jerusalem, tief ergriffen gewiß und verwundert, doch nicht mehr traurig. Auch wir kehrten wieder um von dem Oelberge nach Jerusalem, nicht traurig, aber tief ergriffen.

15.
Das Thal Josaphat, Tophet und Ben Hinnom.

Wieder wandten wir uns dem Stephansthore zu, das so heißt, weil man nah an demselben die Stätte zeigt, wo die Juden den heiligen Zeugen und ersten Märtyrer der christlichen Kirche gesteinigt haben. Wir stiegen wieder hinab in das Kidronthal, und gingen längs desselben in südlicher Richtung fort in das Thal Josaphat, welches selbst ein Stück des Kidronthales ist. Das Thal Josaphat ist wie eine Stadt der Todten, voll Gräber, und so war es schon vor alten Zeiten. Viele ließen sich hier ihre Gräber in den Fels hauen, aber die Felsen sicherten viel weniger die ihnen anvertrauten Gebeine der Reichen, als gewöhnliche Gräber die Gebeine der Armen zu sichern pflegen. Nachkommende Geschlechter andrer Sprachen und andrer Sitten durchstöberten die Felsengräber; die Gräber in der Erde ließen sie in Ruhe. Das angebliche Grab des Josaphat ist sehr verfallen und fällt wenig auf. Dagegen sieht man aus der Stadt wie vom Oelberg herab einige andere Gräber, insonderheit das des Absalom. Es ist wie ein großer Würfel 20 Fuß ins Gevierte aus dem Fels gehauen und hat einen runden, oben spitzigen Aufsatz von gleicher Höhe, so daß das Ganze an 40 Fuß hoch ist. An der Seite stehen runde Säulen, die einen Fries mit Rosen tragen. Das Ganze hat ein sehr absonderliches Aussehen, und wenn es auch nicht gut Absaloms Grab sein kann, da er in dem Walde, in welchem er umkam, in eine Grube geworfen und mit einem großen Haufen Steinen bedeckt wurde, so kann es doch wohl das Denkmal sein, „Absaloms Raum" genannt, das sich dieser stolze Königssohn in dieser Gegend hat setzen lassen (2. Sam. 18, 18). Muhammedaner gehen noch heut selten vor diesem Denkmal vorüber, ohne einen Stein darauf zu werfen und dem Absalom zu fluchen. Doch sie haben von allen das wenigste Recht, hier Steine zu werfen, denn unter den Königsgeschlechtern keines Volkes sind wohl die Empörungen der Kinder gegen ihre Eltern und die Ermordungen ihrer Geschwister häufiger vorgekommen, als unter den Nachfolgern des falschen Propheten. Aber es ist eine Eigenheit des menschlichen Herzens, daß es die Sünden des Nächsten am widerwärtigsten findet, von welchen es selbst am wenigsten frei ist.

Ein anderes der Gräber wird das des Jakobus genannt. Es ist mit drei Kammern in den Fels ausgehauen und mit einem schönen Portal verziert. Es heißt Jakobus Grab, nicht weil er darin begraben liegt, sondern weil er sich in dasselbe geflüchtet haben soll, als der blinde Gesetzeseifer der Juden gegen ihn tobte. — Nahe an dem Grabe des Jakobus ist das des Zacharias, wieder ein aus dem Fels gehauener Würfel, mit einigen Säulen verziert und mit einer pyramidenartigen Zuspitzung. Es soll das Grab jenes Zacharias, des Barachias Sohn, sein, welchen die Juden umbrachten „zwischen dem Tempel und dem Altare", weil er vom Geiste Gottes erfüllt, ihnen ihre Sünde vorhielt und sprach: „Ihr habt den HErrn verlassen, so wird er Euch wieder verlassen." (2. Chron. 24.) Das aber schien den Juden schon gar nicht zu ertragen, daß der HErr sie verlassen könnte. Denn sie wollten bei aller Gottlosigkeit doch ein besonderes Recht an Gott behalten, um der fleischlichen Abstammung von Abraham willen. Der HErr setzte es ihnen später auseinander, daß sie zwar von Abrahams Samen, doch aber nicht Abrahams Kinder seien, denn Abrahams Kinder sind nur, die Abrahams Glauben haben und Abrahams Werke thun. Die verläßt denn Gott freilich nimmermehr, aber sie auch verlassen Gott nicht, sonst wären sie sofort nicht mehr Abrahams Kinder. Die übrigen gehören einem andern Geschlechte an, und es ist merkwürdig, welche Verwandtschaft der HErr unter den Gottlosen sieht. Alles „das gerechte Blut, das auf Erden vergossen ist, von dem Blute des gerechten Abels an, bis aufs Blut (dieses) Zacharias" soll über dies Geschlecht der gottlosen Juden kommen (Matth. 23). Es ist also ein Geschlecht: die Kainiten lange vor Abraham und „die verkehrte und böse Art" unter den Nachkommen Abrahams. Und weil sie alle ein Geschlecht ausmachen, so soll auch über alle die Strafe der

Prophetenmörder kommen, der Propheten Blut soll von ihnen allen gefordert werden. Das Bauen und Schmücken der Gräber der Propheten, die ihre Väter getödtet haben, schützt sie nicht davor.

Hinter diesen Grabmonumenten breiten sich am Abhange des Oelberges hinauf die Gräber der Juden aus, die heut noch gern sich hier begraben lassen. Sie glauben auch, daß im Thale Josaphat das Gericht gehalten werden wird, und da möchten sie dann gern bald bei der Hand sein. Es sind echte Kinder Simei's. Der fluchte David, als derselbe „über Land zog" und machtlos war, und sie fluchen dem Sohne Davids, da er machtlos scheint. Als aber David wiederkam, „sein Reich einzunehmen", da war Simei der erste, der ihm entgegen ging, als ob nichts geschehen wäre. Und sie möchten, wenn sie den Sohn Davids wiederkommen sehen „in den Wolken des Himmels mit großer Macht und Herrlichkeit", auch wohl kommen und sagen: „Herr, Herr, thue uns auf! Haben wir nicht vor dir gegessen und getrunken? hast du uns nicht auf den Straßen gelehrt?" Doch die Antwort des Sohnes Davids an sie, so sie nicht Buße thun, wird eine bestimmtere sein, als einst die des Königs David an Simei: „Wahrlich, ich sage euch, ich kenne euch nicht. Weichet alle von mir, ihr Uebelthäter!" Und das Auferstehen im Thale Josaphat wird sie nicht davor schützen.

Wir kamen bald zum Berg des Aergernisses, an dessen Abhang nach dem Kidron zu sich das Dorf Siloah befindet. Ein sehr altes und sehr eigenthümliches Dorf. Es ist über alle Maßen schmutzig und von einem schmutzigen Geschlechte bewohnt, theils in Hütten, deren Rückwände von dem Berge des Aergernisses gebildet werden, theils in Felsenhöhlen, die ein früheres Geschlecht seinen Todten zur letzten Ruhestatt bereitet hatte. Diese Todten sind aber längst ausgezogen, so haben die schmutzigen Fellahs Wohnungen bereit gefunden, für welche sie niemandem Miethe zahlen dürfen. Wir hatten wenig Lust, das Dorf näher zu beschauen, dagegen fanden wir nahe beim Ende des Dorfes das berühmte Wasser Siloah. Einst floß es still aus dem Felsen hervor, der den Tempel trug, ergoß sich in einen tiefer liegenden Behälter, füllte dann den „Königsteich" und rieselte aus demselben still in die Königsgärten im Thale Josaphat und machte sie fruchtbar. Diese stille Thätigkeit und anhaltende Kraft aus verborgener Quelle gab dem Propheten Jesaias ein willkommenes Bild von der verborgenen stillen Kraft des Hauses Davids gegenüber allen rauschenden Wasserströmen, den hochfahrenden Königen der Heiden. (Jes. 8, 6 ff.) Zur Zeit des HErrn floß die Quelle wie zur Zeit des Propheten Jesaias, 700 Jahre früher, unter dem Tempel hervor, und hierher schickte er den Blindgebornen, daß er sich wüsche und sehend würde. (Joh. 9.) Und dieser Blindgeborne legte dann ein köstliches Zeugniß von dem HErrn ab vor den sehend blinden Pharisäern. Seitdem konnte der Quell und Teich Siloah seinen Ruhm nicht wieder verlieren. Noch heut fließt das Wasser Siloah aus derselben verborgenen Quelle unter dem Felsen hervor, wie vor zwei- und dreitausend Jahren, noch heut wässert es still die alten Königsgärten und macht sie fruchtbar, aber der prächtige Tempel, der einst den Fels überschattete, dem es entspringt, ist längst nicht mehr. Auch nicht ein Stein ist von ihm übrig geblieben, oder doch nicht an dem Orte, wo er einst stand. Wie so sehr überdauern die unscheinbarsten Werke des HErrn die prächtigsten und größten Werke der Menschen! Und wie unendlich segensreicher ist solch eine kleine Schöpfung Gottes, als die mühevollen Bauten der Menschen, die gestern vollendet wurden und heut schon der Reparatur bedürfen!

Die Quelle Siloah steht in unterirdischer Verbindung mit der Quelle der Jungfrau auf der engsten Stelle des Thales Josaphat. Man geht auf 32 in Fels gehauenen Stufen bis zum Wasser hinab und findet unten gar oft Leute, die des Wassers brauchen. Ein uralter Kanal, in Fels gehauen, führt von der Quelle der Jungfrau

1750 Fuß weit unter dem Moria hindurch zur Quelle Siloah und verbindet somit beide Wasser mit einander. Robinson, der Amerikaner, der alles gemessen hat im heiligen Lande, hat auch diesen Kanal gemessen und ihn der Länge nach durchzogen. Wo aber beide Quellen, Siloah und die der Jungfrau, ihr Wasser her bekommen, das weiß man zur Zeit noch nicht. Wahrscheinlich ist tief im Felsen Moria eine verborgne Quelle, die sie beide speist. Aber auch damit sind wir noch nicht im Reinen. Beide Quellen, Siloah und die der Jungfrau, haben die Eigenthümlichkeit, daß sie zuweilen plötzlich in ihrem Laufe inne halten und dann wieder mit einem mal, und zwar mit laulichtem Wasser, aufsprudeln und tagelang fortfließen, nachdem das Wasser wieder kühl geworden ist. Man nimmt darum an, daß neben der kühlen Quelle unter dem Tempelberge auch noch eine heiße sein müsse, die von Zeit zu Zeit aufbraust und ihr heißes Wasser in das kühle der andern Quelle ergießt. Ob nicht die jetzige Quelle der Jungfrau der Teich Bethesda ist?

Am Ende des Thales Josaphat steht der Brunnen Rogel, auch Hiobsbrunnen genannt. Er ist mit großen Quadern ausgemauert, viereckig und 125 Fuß tief. Bis zu diesem Brunnen drangen einst die Kundschafter Jonathan und Ahimaaz vor, als David vor seinem aufrührerischen Sohne geflohen war. Noch heut wird der Brunnen viel benutzt, und Esel müssen in zugenähten Ziegenfellen viel Wasser aus demselben nach Jerusalem tragen. Denn die Teiche und Zisternen, die einst die Könige Juda bauten, um Jerusalem mit Wasser zu versorgen, sind zum Theil verschüttet, zum Theil sonst unbrauchbar geworden, und die Türken halten nirgends etwas auf derlei Einfälle der „Franken".

Bei dem Brunnen Rogel scheidet sich das Thal Josaphat von dem Thale Ben Hinnom, welches sich von der Südspitze nach der Westseite Jerusalems hinzieht und, vereinigt mit dem Thale Gihon, die Südwestseite Jerusalems befestigt, wie das Thal Josaphat die

Oſtſeite. Hier ſtehen wir in gar berüchtigter Nachbarſchaft, und es wird einem faſt unheimlich zu Muthe. Zur Rechten erhebt ſich der Berg des Aergerniſſes, auf welchem Salomo „Aſthoreth, dem Gräuel von Zidon, und Chamos, dem Gräuel von Moab, und Milkom, dem Gräuel der Kinder Ammon", Altäre errichtet hatte (2. Könige 23, 13), die bis auf Joſia geblieben waren. Hier, wo wir ſtehen, in Tophet, ſtand einſt Moloch, jener Götze der Ammoniter mit dem Ochſenkopfe und den Menſchenarmen. Unter ihm ward Feuer geſchürt, und wenn er erglühte, wurden Kinder ſchreiend in ſeine glühenden Arme geworfen und ſo dem Moloch geopfert. Damit das Schreien der armen geängſteten Weſen nicht zu den Herzen der Menſchen bringen möchte, damit es in den Herzen des Vaters und der Mutter das natürliche Erbarmen, das doch auch ein jedes Thier mit ſeinen Jungen hat, nicht erwecken möchte, ſoll, wie erzählt wird, ein lautes Trommeln unterhalten worden ſein, das alle andern Töne verſchlang. So thaten die Ammoniter, die Nachkommen des in Blutſchande gezeugten Kindes Ammi. Und Iſrael, das erwählte Volk, ſo hoch geſegnet von dem HErrn und mit ſo vielen Beweiſen ſeiner Gnade überſchüttet, gerade zu Salomos Zeit; das konnte dieſem Gräuel der Ammoniter nachhuren, das konnte ſeine Kinder, die in den Bund Gottes durch die Beſchneidung aufgenommen waren, in die glühenden Arme des Moloch werfen, Jahrhunderte lang! Und Salomo, der weiſeſte der Könige, dem der HErr zweimal erſchienen war, der ſelbſt ein Vorbild des ewigen Königs ſein ſollte: der konnte ſein Herz „neigen" und abwenden von dem HErrn, verführt durch thörichte Heidinnen; der konnte, ſelbſt verführt, ſein Volk ſo verführen! Und Mütter konnten nicht nur dieſen Molochsdienſt dulden, ſondern konnten ihn gern haben, konnten ſelbſt „ſchwärmen" dafür und ihn auch zu andern Völkern verpflanzen; denn ammonitiſche Weiber, die Salomo ſich genommen hatte, brachten ihn in Iſrael auf. O wie viel Sünde und darauf folgendes Elend der Menſchenkinder iſt schon durch Weiber verbreitet worden! Auch Indiens stärkstes Bollwerk, das dem Einzuge des Christenthums entgegensteht, ist aus Weiberherzen zusammengebaut.

Wir möchten nun gern aus Tophet hinaus eilen, zumal die heiße Luft auch gar nicht zum Bleiben einladet; aber wir müssen uns doch noch erst vergegenwärtigen, daß wir hier ja auf dem Boden der Gehenna stehen, wohin von Josia an die Leichname grober Verbrecher und gefallener Thiere geworfen zu werden pflegten, um den völligen Abscheu gegen diesen einst durch den Molochsdienst geschändeten Ort auszudrücken. Um die sich hier in der Thalenge entwickelnden bösen Dünste zu vertreiben, ward fortwährend Feuer darin unterhalten, so daß Tophet im Thale Ben Hinnom ein rechter Feuerpfuhl war voll Gestankes und aller Unreinigkeit, und darum auch vom HErrn als Bild des höllischen Feuers, der ewigen Verdammniß, gebraucht wurde.

Und wir sind noch nicht zu Ende mit dem, was diesen Ort unheimlich macht. Dicht hinter unserm Rücken steht der Berg des bösen Rathes, auf welchem einst das Landhaus des Kaiphas gestanden haben soll, der den Juden den „bösen Rath" gab: „es ist uns besser, Ein Mensch sterbe für das Volk, denn das ganze Volk verderbe." Und am Abhange dieses Berges, uns ganz nahe, ist „Hakeldama", jener „Töpfersacker" für das Blutgeld gekauft, die „treffliche Summe", deren der HErr werth geachtet wurde von den Juden. Zum Begräbniß der Pilger ward der Acker bestimmt, der um Judas Seele erworben ward, und zum Begräbniß der Pilger hat er gedient diese 1800 Jahre lang. Aus allen Weltgegenden kamen sie her und aus allerlei Sprachen und ließen ihre Gebeine hier, und ließen sie gern hier, vergraben auf dem Acker, der um den Preis des unschuldigen Blutes erkauft ward, das für aller Erdenpilger Sünden geflossen ist.

Nun schieden wir von Tophet, dem Thale Ben Hinnom und

Josaphat und schritten wieder den Mauern Jerusalems zu. Doch noch einmal blickten wir von der Höhe auf die Stätten hinunter, die wir verlassen hatten, und auf die längst schon leeren Felsengräber um uns her. Wem sollte dabei entgehen, was Jeremias geredet hat von der „verkehrten und bösen Art" seiner Tage: „Die Kinder Juda thun übel vor meinen Augen, spricht der HErr. Und bauen die Altäre Tophets im Thale Ben Hinnom, daß sie ihre Söhne und Töchter verbrennen. Und ich will in den Städten Juda und auf den Gassen zu Jerusalem wegnehmen das Geschrei der Freude und Wonne, und die Stimme des Bräutigams und der Braut, denn das Land soll wüste sein. Zu derselbigen Zeit, spricht der HErr, wird man die Gebeine der Könige Juda, die Gebeine ihrer Fürsten, die Gebeine der Priester, die Gebeine der Propheten, die Gebeine der Bürger zu Jerusalem aus ihren Gräbern werfen, und werden sie zerstreuen unter der Sonne, Mond und allem Heer des Himmels, welche sie geliebet und ihnen gedienet und ihnen nachgefolget und sie gesuchet und angebetet haben. Sie sollen nicht wieder aufgelesen und begraben werden, sondern Koth auf der Erde sollen sie sein."

16.

Besuch auf dem Moria, in der Moschee Omars, in der el Aksa und unter dem Tempelberge.

Jahrhunderte lang, so lange der Halbmond über Jerusalem glänzt, war es den Christen wie allen Nichtmuhamedanern verboten, den Tempelberg zu betreten. Die Moschee Omars aber auf dem Tempeberge zu betreten, kostete nicht weniger als das Leben. Vor nicht vielen Jahren noch schlich sich ein griechischer Jüngling in die Omar-Moschee und wurde erkannt. Sofort schrieen ihm die wüthenden Muselmänner ein schreckliches Entweder — oder zu. Entweder seinen Glauben oder seinen Kopf mußte er lassen. Die Angst des Jünglings mag sehr groß gewesen sein, aber er erklärte seinen christlichen Glauben nicht verleugnen zu wollen. Auf der Stelle floß sein Blut; die Türken nahmen seinen Kopf, aber der HErr nahm seinen Geist auf. Auch neuere Reisende berichten noch, daß sogar nur ein langer Blick auf den Tempelberg im Vorbeigehen schon den Zorn der Wächter des Heiligthums erregte. Denn die Omar-Moschee ist der Muselmänner zweitgrößtes Heiligthum, und steht allein der Moschee in Mekka nach; ja sie ist ein Paradies auf Erden und, wie man glaubt, nur 18 Meilen vom Himmel entfernt. Darum wird hier auch jedes Gebet erhört. Und selbst wenn ein Christ darin beten sollte, daß Jerusalem den Christen wieder zufallen möchte, so würde sein Gebet erhört werden. Um deswillen darf kein Christ hinein, damit ein solch Gebet nie darin gebetet werden möchte. Aehnliche Furcht scheint man auch bei den Moscheen zu haben, die einst christliche Kirchen waren, wie bei der Aja Sophia in Konstantinopel und bei der großen Moschee in Damaskus. Doch da wir sowohl die Aja Sophia, als auch die Moschee in Damaskus besuchen durften, so gelang es uns auch hier, begleitet von einer türkischen Garde, den Tempelplatz zu betreten und zu schauen, wonach sich so viele Reisende vor uns vergeblich gesehnt haben.

Ursprünglich war der Berg Moria durch ein enges Thal — Tyropoeon — von dem Berge Zion getrennt, und auch nach dem andern Stadttheil hin hatte er seine Begrenzung. So war er denn auch zur Zeit der Jebusiter noch nicht mit zur Stadt gehörig. Auch zu Davids Zeit war er noch ein Feldberg, im Besitze eines Jebusiters Arafna, der hier seine Tenne hatte. Diese „Tenne des Arafna" kaufte David um sechshundert Seckel Silber dem freundlichen Jebusiter ab und baute daselbst dem HErrn einen Altar, und opferte darauf Brandopfer und Dankopfer zugleich, denn der HErr hatte ihn erhört und dem Engel, der Jerusalem verdarb, Einhalt gethan (1. Chron. 22). Seitdem pflegte David hier zu opfern und sprach: „Hier soll das Haus Gottes des HErrn sein." Salomo aber führte dann den Tempelbau aus „auf dem Berge Moria, welcher David, seinem Vater, gezeigt war, den David zubereitet hatte zum Raum auf dem Platze des Jebusiters." (2. Chron. 3, 1.) Es ist also gewiß, daß der Tempel Salomos auf dem Moria stand, „der David gezeigt war". Aber ob das auch zugleich der Moria ist, auf den Abraham seinen Sohn Isaak zu opfern ging, ist nicht so gewiß, wenn es auch für gewöhnlich so angenommen wird.

Die Araber, die so viel in der Sagenwelt leben, haben auch von dem Tempelberge eine recht artige Sage. Als Suleiman (Salomo) den Tempel bauen wollte, so erzählen sie, sah er sich nach einem Gott gefälligen Platze um, wo er ihn hinbauen möchte. Er dachte lange darüber nach, bis er folgende Geschichte hörte. Ein Landbesitzer war gestorben und hatte zwei Söhne hinterlassen. Beide bearbeiteten das Feld gemeinschaftlich und theilten die Ernte. Der eine der Brüder war verheirathet und hatte fünf Kinder, der andre hatte kein Weib und keine Kinder. Zur Zeit der Ernte nun zählten sie die Garben und machten davon zwei gleiche Haufen, jedem der Brüder einen. So standen die Garben des Nachts auf dem Felde und die Brüder schliefen. Der jüngere Bruder erwachte aber und dachte bei sich selbst: Ist es auch recht, daß ich so viel von der Ernte nehme, wie mein Bruder? Er hat für eine Frau und fünf Kinder zu sorgen, ich aber habe nur für mich allein zu sorgen. Ich will aufstehen und meinem Bruder einige Garben zu seinem Haufen hintragen. So dachte er und that es, und schlief dann ruhig wieder ein. Der ältere Bruder aber erwachte auch und dachte bei sich selbst: Ist es auch recht, daß ich so viel von der Ernte nehme, wie mein Bruder? Ich habe eine Frau und fünf Kinder, die mir mein Herz erfreuen, er aber hat nichts das ihm Freude macht, als nur diese Garben. Ich will aufstehen und ihm von meinen Garben einige zu seinem Haufen hintragen. So dachte er und that es, und schlief dann ruhig wieder ein. Am andern Morgen nun sah ein jeder der Brüder mit Erstaunen, daß sein Haufen wieder so groß war als Tags zuvor, und daß ihm keine Garbe fehlte. Denn ein jeder hatte dem andern die gleiche Zahl hingetragen. Sie meinten nun fast, sie hätten es nur geträumt und nicht gethan, deshalb beschloß ein jeder für sich, es in der folgenden Nacht wirklich zu thun. Beide thaten es auch, und so waren am folgenden Morgen ihre Haufen wieder gleich, wie am ersten Anfang. Nun meinten die Brüder, es müsse ein Wunder geschehen sein, und beschlossen wieder insgemein, ein jeder seinem Bruder eine Anzahl Garben hinzutragen, dann aber zu wachen, um zu erfahren, wie das Wunder zugegangen sei. Und es begab sich, daß beide zugleich ihre Garben zu tragen anfingen und somit sich begegneten. Da erstaunten sie beide, denn sie sahen nun, wie sich das Wunder zugetragen hatte. Und sie warfen die Garben von sich, fielen einander in die Arme und ein jeder pries Gott, daß er ihm einen so guten Bruder gegeben hatte. Als Suleiman das hörte, sprach er: Wahrlich, das muß ein Gott wohlgefälliger Ort sein; darauf soll der Tempel des HErrn stehen. Und es geschah, wie Suleiman sagte. Das Feld der beiden Brüder aber ist der einstige Feldberg Moria, der jetzige Tempelberg.

Mit einer türkischen Garde ordentlich gerüstet, öffneten sich uns die Thore des Tempelberges und wir traten ein. Nirgends habe ich die Schuhe so gern ausgezogen — denn das muß man immer thun, wenn man große muselmännische Heiligthümer betreten will — als an diesem Orte; denn hier standen wir wirklich auf heiligem Boden, obwohl er so sehr entweiht worden ist. Wir traten auf einen freien Platz von mächtigen Mauern umfangen. An der Süd- und Ostseite sind die ungeheuren Stadtmauern zugleich auch die Mauern des Tempelplatzes; auf der West- und Nordseite dagegen ist er von besondern Mauern und Häusern eingefaßt. Er bildet ein unregelmäßiges Viereck, dessen längste Seite, die Westseite, über 1,600 Fuß mißt. Die Ostseite ist 1,500, die Nordseite 1000 und die Südseite etwa 920 Fuß lang. Diesen schönen Platz nennen die Türken Haram es sherif, d. h. das edle Heiligthum, und in der That gewährt er einen sehr edlen Anblick. In seiner Mitte liegt etwa 15 Fuß höher noch ein kleinerer freier Platz, der zwischen 450 bis 550 Fuß lang und breit und ganz mit weißen Marmorplatten belegt ist. Das ist die Stoa Sachra. Mehrere schön mit Säulen verzierte Marmortreppen führen hinauf, unten aber stehen Cypressen, Oliven, Granaten, Orangen 2c., unter welchen die stolzen Moslem so gern lustwandeln. Und wenn ich's könnte, ich thäte es auch. Es giebt wenig Orte auf Erden, wo ich so gern zum öftern weilen möchte, als unter diesen Cypressen. Nicht um der Bäume willen, noch viel weniger um derer willen, die jetzt stolz und faul unter ihnen lustwandeln, sondern darum, weil der Fuß Dessen hier so oft gewandelt hat, der des Tempels des alten Bundes Herr, und des neuen Bundes Tempel selber ist. Wir stiegen die schönen Marmorstufen hinauf und gingen auf der Stoa Sachra einher. Welch ein wundervoller Platz ist das! Wie nahe ist hier der Oelberg und wie schön nimmt er sich von hier aus. Von keiner Stelle erscheint der Oelberg so schön, als vom Tempelplatze aus, und von keiner andern Stelle erscheint der Tempelplatz so schön, als vom Oelberge. Man fühlt es ihnen ordentlich ab, daß sie beide zusammen gehören, beide Zeugen großer Thaten sind, beide viel erzählen könnten, wenn sie's könnten. Auch Zion und die Stadt ist hier so nahe, und doch ist ihr Getümmel so fern gehalten und der Tempelplatz so still und schweigsam. Nach der Westseite hin stehen mehrere kleine Gebäude, theils zur Anbetung für die verschiedenen muselmännischen Secten, theils zum Unterricht für die Jugend bestimmt. In der Mitte aber steht die Sachra selbst, die Moschee des Omar: ein rechtseitiges

Achteck, und jede der acht Seiten 60 Fuß lang. Vier große Thüren führen hinein, von welchen die östliche die Pforte des Propheten David heißt. Sechsundfünfzig hohe Fenster mit buntem Glase erleuchten die Räume mit einem gedämpften Lichte. Die Wände sind überall mit Marmor von weißer und bläulicher Farbe ausgelegt, welcher, in vier- und achteckigen Platten zusammengefügt, sich gar zierlich ausnimmt. Nahe an dem westlichen Eingange ist ein Wasserbassin, worauf die Moslem viel halten und wovon sie trinken und sich den Bart bespritzen, ehe sie weiter gehen. Ein sehr altes Exemplar des Koran liegt hier auf einem Pulte, und eine grüne Marmorplatte am Boden enthält $3^1/_2$ Nägel wundersamer Art. Denn ihrer sind einst 18 gewesen, aber bei jeder Weltperiode nimmt einer dieser geheimnißvollen Nägel heimlich Abschied. Nun sind ihrer nur noch drei ganze und ein Stück von einem vierten übrig, und wenn auch diese verschwunden sein werden, so haben die Weltperioden ein Ende und der Prophet kommt wieder. So glauben die Moslem und lassen sich's nicht nehmen.

Doch wir waren bis jetzt nur so im Heiligen der Sachra, das Allerheiligste lag noch vor uns. Jeder der acht Wände gegenüber stehen drei hohe Säulen, also 24 im ganzen. Acht von ihnen sind starke viereckige Säulen und stehen den acht Ecken gegenüber. Dann folgen zwei runde mit korinthischen Kapitälern, und dann wieder eine viereckige, so daß auch im Innern des Gebäudes das Achteck vollständig gewahrt ist. Diese Säulen sind etwa 18 bis 20 Fuß hoch und schließen sich oben in 24 etwas spitzige Bogen zusammen. Nachdem wir auch diese Säulen hinter uns gelassen hatten, kamen wir zu dem letzten Rund der Säulen, 16 an der Zahl, die immer noch das Achteck festhalten. Sie stehen drei Fuß höher vom Boden, als das letzte Säulenrund, und nur wenig von demselben entfernt. Oben schließen sie sich wieder in Bogen zusammen und tragen die hohe Kuppel der Moschee. Ein Gitter verbindet sie unten, so daß man nicht weiter vordringen kann. Der innere Raum, den sie umschließen, grade unter der Kuppel, enthält nach der Kaaba in Mekka das größte Heiligthum der Muselmänner, es Sachra genannt. Wir fanden es mit rothen nicht wenig bestaubten Seidenstoffen bedeckt, aber sie wurden zurückgeschlagen, und unsre ungläubigen Augen durften hier das Allerheiligste der Muselmänner schauen. Wie sich doch die Zeiten geändert haben! Doch an diesem Heiligthum war bitter wenig zu sehen. Es ist ein großer roher Kalkstein, wie alles Gestein um Jerusalem her, so groß, daß er den ganzen Raum unter der Kuppel ausfüllt. Zu hören aber gab es desto mehr davon. Das geringste ist, daß auf demselben Jakob geschlafen hat, als er die Himmelsleiter sah; das größte aber, daß auf ihm alle Propheten geweissagt, daß auf ihm stehend Muhammed gen Himmel gefahren ist, und daß der treue Stein gern mitfahren wollte. Er war auch schon sehr hoch, als ihm der Prophet befahl zurückzukehren. Das that er denn auch, doch ziemlich ungern, denn er blieb in der Luft schweben und der Engel Gabriel mußte ihn anfangs festhalten. Natürlich darf ihm des Propheten Fußtritt nicht fehlen, eben so wenig wie des Engel Gabriel Fingergriff, womit er ihn niedergedrückt und zum Bleiben auf der Erde genöthigt hat. Das war genug für unsre Ohren. Nun sollten wir auch sehen, und zwar daß der Stein wirklich in der Luft schwebe. Wir wurden an die Thür geführt, die vor allem sich früher nur den gläubigen Moslems zu öffnen pflegte. Denn auch ein Engländer, dem es durch hohe Gunst und verkleidet gelang, in die Moschee zu kommen, durfte doch nicht durch diese Thür eintreten und unter den Stein gehen. Die Muselmänner gebrauchen dazu eine besondere Entschuldigung: der Schlüssel ist nicht vorhanden, und wenn man ihn suchen heißt, so hat ihn der Schlüsselmann mitgenommen und ist ausgegangen, niemand weiß wohin. So suchte man es uns auch mit dem Thronsaale des Sultans in Konstantinopel zu machen. Das gelang ihnen aber nicht, denn ich setzte mich hin und erklärte den ganzen Tag auf den Schlüssel warten zu wollen, so ward er bald gefunden. Hier jedoch machte man uns keine Schwierigkeit; der Schlüssel war vorhanden, die kleine Thür öffnete sich und wir traten ein. Es ging mehrere Stufen hinunter und so gelangten wir unter das Allerheiligste. Das ist weiter nichts als eine natürliche Grotte, etwa 8 Fuß hoch und eben so lang und breit. Der Fels es Sachra ist allerdings auf zwei Seiten frei und nicht aufliegend, doch ist er auf der Nordostseite fest und, wie es scheint, eins mit dem allgemeinen Felsengrund, worauf er ruht; auch ist er auf der einen Stelle mit einem Pfeiler gestützt, damit er nicht das Uebergewicht gewinnen möchte. Hier war nichts besonderes zu sehen, die Höhle selbst war das Sonderbarste. Doch wurden uns zwei sehr merkwürdige Marmorgestühle als die des David und des Salomo gezeigt, die auch vielleicht wirklich noch jüdischer Arbeit waren, denn auch unser mitreisender Architect hatte dergleichen Arbeit nirgends gesehen.

In der Mitte dieser Höhle ist eine runde Vertiefung, die so aussieht, als ob sie durch den Felsen ginge und mit einem eng hineinpassenden Stein verschlossen wäre. Unser muselmännischer Führer machte sein Gesicht noch ernster, als es so schon war, trat der Stelle näher und klopfte mit der Hand auf diesen Stein. Der hohle Klang ließ uns keinen Zweifel, daß es unten hohl sei. Aber so lange die Türken hier hausen, werden sie wohl nie zugeben, diese Stelle zu untersuchen, theils wegen der großen Heiligkeit des Ortes, noch mehr aber aus Furcht und Entsetzen vor den Dingen, die da kommen würden, wenn dieser Ort geöffnet werden sollte. Denn, so glauben sie steif und fest, hier ist die Unterwelt, das Verließ der abgeschiedenen Geister, die Hölle. Mit geheimnißvollem Gesicht sagte unser Führer: Hier unten hausen die Todten! Auch wir machten ein nachdenklich Gesicht und dachten, der Mann hat vielleicht doch nicht ganz unrecht. Die jetzt Todten mögen hier unten wirklich gehaust und gearbeitet haben, als sie noch lebten, vor etwa 3000 Jahren, zur Zeit Salomos und seiner nächsten Nachfolger. Könnte man hier hinuntersteigen, würde man gewiß noch die Spuren entdecken, und vielleicht auch die geheime Quelle, welche die Quellen Siloah und der Jungfrau speist und die Ursache des Intermittirens dieser beiden Quellen sein soll. Doch unter dem Halbmonde geschieht das wohl nicht.

Wir ließen die Todten in Ruhe und stiegen von der Pforte der Unterwelt wieder empor, die Sachra näher zu besehen, denn sie gilt für einen der geschmackvollsten Tempelbauten der Welt. Darum, und weil sie im Innern noch so wenig von Christen gesehen wurde, habe ich sie genauer beschrieben. Aber ich konnte ihr die Palme nicht reichen. Ihre Kuppel ist von Holz mit Blei gedeckt, und schon das macht sie weit geringer, als z. B. viele Moscheen Konstantinopels. Die Mosaik der Decke aber in grünen und goldenen Farben bewunderten wir und waren schon einig geworden, sie als die schönste Mosaik zu bezeichnen, die wir gesehen. Der Eindruck des Ganzen ist sehr ansprechend und zierlich, fast feierlich. Schon wollten wir höchst befriedigt davon gehen, als ich beim Ausgange noch einmal die Augen erhob. Schnell blieb ich stehen und rief die Andern zurück, denn ich sah nichts geringeres als ein Stück dieser schönen scheinbaren Mosaik herunter hängen. Wie waren wir enttäuscht! Was wir für Mosaik gehalten hatten, war nichts als Stoff, Tapeten. Seitdem sah ich die Omar-Moschee mit geringerer Befriedigung an.

Wir gingen nun auf der Stoa Sachra den mit Marmor gepflasterten Tempelberg entlang zur Moschee el Aksa am südlichen Ende des Berges. Diese Moschee trägt noch deutliche Spuren davon, daß sie einst eine christliche Kirche war. Kaiser Justinian hat sie erbaut, doch war sie kaum hundert Jahre eine christliche Kirche gewesen, als sie von dem Chalifen Omar zur Moschee gestempelt wurde. Man zeigt noch den Ort, wo er anzubeten pflegte. Die el Aksa ist in Form einer Basilika gebaut und hat außer vielen Säulen nichts Schönes. Wie alle Moscheen, die einst christliche Kirchen gewesen sind, macht sie einen wehmüthigen Eindruck auf das christliche Gemüth.

Wir gingen weiter nach der Ecke des Tempelplatzes zu und gelangten durch eine Thür vor eine lange Treppe, die wir hinabstiegen. Unten kamen wir in einen gewölbten Raum, welchen die Türken Serir Sidn Eisa, d. h. Grotte des Bettes Jesu nennen. Und hier zeigte man uns denn auch das Sidn Eisa, das Bett Jesu. Es ist ein steinerner Sarkophag aus dem gewöhnlichen Kalkstein des Landes und mit deutlichen Zeichen des Alters. Wozu er einst gedient und wessen Leiche er einst enthalten hat, wer will das sagen? — Von hier stiegen wir noch tiefer hinunter und standen vor außerordentlich großen Felsblöcken, welche die besondre Verkantung hatten, an welcher man die ältesten Bauten der Juden erkennen will. Vielleicht sahen wir in ihnen wirklich Grundsteine vor uns, die noch aus der Salomonischen Zeit stammen und seinem Tempel eingefügt waren. Denn wiewohl sie dem Wetter nicht ausgesetzt sind, sind sie doch schon sehr verwittert, was wohl nur durch sehr hohes Alter verursacht sein kann. Wir kehrten nun wieder um und stiegen zur Oberwelt empor. Hier wurden uns noch verschiedene Gegenstände gezeigt, wie ein Marmorstuhl Salomons 2c., die wirklich sehr interessant wären, wenn nur irgend eine Gewißheit vorhanden wäre, daß sie auch sind was sie genannt werden. Da diese jedoch ganz fehlt, so hielten wir uns nicht dabei auf.

Auf den Marmorplatten des Tempelberges einhergehend, kamen wir zu einem Orte, wo der Boden eingesunken war. Wir kletterten mit Mühe hinunter, unsre türkische Wache blieb auf der Oberwelt Nur ein Türke und unser Dragoman folgten uns, machten Licht an und zeigten unsern erstaunten Augen eine wirklich großartige Unterwelt. Unter vielen langen Säulenreihen gingen wir einher; unser

Führer gab die Zahl der Säulen auf dreitausend an. So viel sahen wir freilich nicht, aber wenn ich mich recht erinnere, zählte ich dreizehn Reihen von Säulen mit etwa 20 Säulen in jeder Reihe, und das war noch nach keiner Seite hin das Ende, ich konnte nur des eingefallenen Schuttes wegen nicht weiter kommen. Der Tempelberg ist ursprünglich sehr uneben gewesen und wurde daher in seiner tiefsten Niederung durch Gewölbe auf hohen Säulen eben gelegt. Die Steine hier waren wieder sehr alt und trugen auch die charakteristische Kante, wie sie nur einige der untern Steine am Thurme Davids und einige in der Südost- und Südwestecke der Tempelmauer noch haben, sonst aber weder zu Jerusalem noch sonst wo angetroffen werden. Vielleicht stammen sie wirklich noch von Salomos Tempel her. Jedenfalls aber sind sie so alt als Esras Tempel, und dann von Herodes — wenn die Sage recht hat — dazu verwandt, die Fläche des Tempelberges zu vergrößern, um für seine umfangreicheren Vorhöfe am Tempel Raum zu gewinnen. Mir war dieser Besuch unter dem Tempelplatze sehr interessant und ich bedauerte nur, daß der Schutt nach jeder Richtung hin meine Schritte hemmte, so daß ich Anfang oder Ende nirgends absehen konnte. Was mag noch alles unter diesem Moria verborgen sein? Es wäre unschwer genug herauszufinden, wenn nur die bösen Tempelwächter nicht wären.

Unser letzter Gang auf dem Tempelberge war zu dem goldnen Thore, das vom Oelberg aus direct zu ihm hinauf führt. Die Türken haben dasselbe vermauert und halten noch dazu eine Wache davor, denn sie fürchten, daß durch dieses Thor — durch welches der HErr Jesus am Palmsonntage in Jerusalem eingezogen sein soll — ein christlicher König seinen Einzug halten werde und die Stadt den Türken entreißen. Diese Furcht zeigt deutlich, daß sie ein böses Gewissen haben und es fast selbst fühlen, daß sie Jerusalem nicht besitzen sollten.

Am goldnen Thore war jedoch wenig zu sehen und jedenfalls kein Gold. Wohl mag in dieser Gegend ein Thor gestanden haben, durch welches der HErr seinen Einzug gehalten hat; dasselbe ist es jedenfalls nicht. Die Römer ließen so viel nicht stehen, auch hat das Thor weder die bekannten alten Steine aufzuweisen, noch überhaupt Zeichen eines höheren Alters. Benutzt aber ist es früher sehr viel gewesen, denn die Marmorstufen, die von ihm aus auf die Stoa Sachra führen, sind am meisten abgetreten und schadhaft. Zur Zeit der Kreuzzüge werden die Pilgerprozessionen vom Oelberge aus durch dieses Thor zur Kirche auf dem Tempelplatze, und von dort auf der Via dolorosa zum heiligen Grabe gegangen sein.

Noch einmal kehrten wir auf die Stoa Sachra und zur Omar-Moschee zurück, um noch einen Eindruck von dem köstlichen Tempelplatze, dem so nahen Oelberge und von der ganzen höchst bedeutungsvollen Umgebung zu empfangen. Wie oft mag hier der HErr gestanden und den Oelberg, die Stätte seiner tiefsten Erniedrigung wie seiner höchsten Erhöhung, beschaut haben! Und wie viel könnte dieser Platz selbst erzählen! Es sind nun fast dreitausend Jahre, daß sich auf der Tenne Arafna's Salomos Wunderbau erhob, zu welchem schon David „in seiner Armuth" hunderttausend Centner Goldes und tausend mal tausend Centner Silbers verschafft hatte, dazu Erz und Eisen ohne Zahl. (1 Chron. 23, 14.) Was Salomos Weisheit und Israels Kunst, was Davids Rath und Hirams Hülfe, was Ophir an Gold, der Libanon an Cedern, Tyrus an Schiffen, Sidon an Künstlern und Bauleuten vermochten: das alles ward angewandt, um dem HErrn ein Haus zu bauen. Denn „das Haus, das dem HErrn soll gebaut werden, soll groß sein, daß sein Name und sein Ruhm erhoben werde in allen Landen" (1 Chron. 23, 5), so dachte David und handelte darnach. Und Salomo „zählte ab 70,000 Mann zur Last, und 80,000 Zimmerleute auf dem Berge und 3,600 Amtleute über sie," und so baute er sieben Jahre lang, bis der Tempel fertig dastand. Das war ein Bau, den die Völker anstaunten; und doch konnte er Israel für den Dienst des lebendigen unsichtbaren Gottes nicht fesseln. Wie schon Salomo in der Schwachheit seines Alters und in der Thorheit seines Herzens dieses Haus des HErrn verließ und sich zu den „Höhen" wandte, um den sichtbaren todten Götzen zu opfern, so folgte ihm sein Volk darin nur zu willig nach. Und wenn es auch durch Züchtigungen des HErrn zeitweilig wieder umkehrte, so fiel es doch immer wieder in den fleischlichen Götzendienst zurück und entweihte immer mehr das Haus des HErrn, bis zuletzt die Zornesflammen, von Nebukadnezar entzündet, die entweihte Stätte rein brennen mußten. Im fünften Jahrhundert seines Bestehens sank Salomos Tempel in Staub und Asche, denn der HErr war daraus gewichen.

Esra's Tempel, von Herodes so viel vergrößert und verschönert, daß er wieder der Juden Stolz wurde, war größer als Salomos, vielleicht auch dem äußern Umfange nach, insonderheit aber darum, weil der HErr sichtbar in demselben auftrat, aller Völker Trost und Licht. Wie oft ist der HErr mit seinen Jüngern unter den weiten Tempelhallen, auf dem noch vorhandenen Marmorboden umhergewandelt! Hier heilte Er der Kranken am Sabbath so viele, daß der Tempeloberste das Volk anfuhr und an andern Tagen kommen hieß. Hier sangen Ihm die Kinder Hosianna, was die Alten weder begreifen noch hindern konnten, und hier wies Er von dem steinernen Tempel hinweg auf den Tempel seines Leibes hin. Aber die Juden warfen Ihn, des Tempels höchste Ehr und Zier, hinaus, übergaben Ihn den Heiden, kreuzigten und tödteten Ihn. Da war dem Tempel das Leben entflohen, und nur der Tod noch hauste darin. Nach vierzig Jahren aber erfüllte sich das Wort des HErrn, und die Flammen des Gerichts, von den Römern entzündet, mußten die entweihte Stätte noch einmal rein brennen. Fünfhunderte Jahre lang blieb sie nun wüste liegen, gerade so lange als sie einst Salomos Tempel geschmückt hatte. Dann räumte Kaiser Justinian den heidnischen Gräuel hinweg und baute eine christliche Kirche darauf, die jetzige el Aksa. Aber nun war die Zeit gekommen, daß man weder zu Jerusalem noch zu Samaria Tempel errichten, sondern überall den HErrn anbeten sollte im Geist und in der Wahrheit. Auf dem so vielfach entweihten Platze gedieh auch die christliche Kirche nicht; nach hundert Jahren fiel das Kreuz von ihrem Thurme und der Halbmond, das Symbol des kalten, todten, falschen Prophetenthums, erhob sich an seiner Stätte. Ueber 400 Jahre herrschte nun hier der krumme Säbel der Sarazenen, dann stürzte Gottfried von Bouillon den Halbmond, pflanzte noch einmal das Kreuz auf die Zinne der Kirche, und Tankred badete auch den Tempelplatz wie die Kirche mit dem Blute der Christenfeinde. Denn hieher flüchteten sich die Sarazenen bei der Einnahme Jerusalems in großen Haufen und wurden von den nacheilenden Eroberern im eignen Blute ersäuft, in welchem man „bis an die Kniee geritten" sein soll. Aber unreiner Sarazenen Blut, von unreiner Christen Wuth vergossen, taugt wenig zur Reinigung. Saladins Schwert stürzte auch bald wieder das Kreuz von seiner Stätte, und der Halbmond regiert seitdem unbestritten auf dem Tempelplatze. Hat die Erde noch einen Ort, wie diesen?

17.
Zion.

„Der Berg Zion ist wie ein schönes Zweiglein, deß sich das ganze Land tröstet. Machet euch um Zion und empfanget sie; zählet ihre Thürme." — So jauchzten die Kinder Korah im 48. Psalm, als Gott noch „in den Palästen Zions bekannt" war. Und wäre Er darin bekannt und geehrt geblieben, sie ständen wohl heute noch.

Nun aber sind sie längst Staub und Asche geworden, mit dem Blute ihrer letzten Bewohner gedüngt und dann dem Pfluge übergeben. Abrahams Same hinausgestoßen, pflügen, säen und ernten jetzt rauhe Söhne Ismaels und Esaus auf dem Berge Zion, wo einst die Paläste der Könige und Fürsten Judas standen. Und warum doch das alles? Hat doch „der HErr Zion erwählt und hat Lust daselbst zu wohnen." Ja wohl. Er hat Lust zu wohnen bei denen, die „zerschlagenes Herzens und gedemüthigten Geistes sind." Wo solche sich finden, da ist sein Zion. Als David singen konnte: „Gott, man lobet dich in der Stille zu Zion, dir bezahlet man Gelübde" (Pf. 65), da gefiel es Gott wohl, dort zu wohnen. Anders war es aber schon zur Zeit des Propheten Micha. Der zählte Israels Sünden also auf und sprach: „Ihre Häupter richten um Geschenke, ihre Priester lehren um Lohn, und ihre Propheten wahrsagen um Geld, verlassen sich auf den HErrn und sprechen: Ist nicht der HErr unter uns? Es kann kein Unglück über uns kommen. Darum wird Zion um euretwillen wie ein Feld gepflüget und Jerusalem zum Steinhaufen und der Berg des Tempels zu einer wilden Höhe werden." (Micha 3, 11. 12.) Wie wörtlich ist diese Weissagung erfüllt, und wie sehr ist immerdar die Sünde der Leute Verderben!

Wir gingen öfters hinauf gen Zion, hinauf und hinaus. Denn der größte Theil des Berges Zion ist nach Michas Weissagung ein gepflügtes Feld geworden und liegt außerhalb der jetzigen Stadtmauer. Was noch von dieser eingeschlossen ist, das nimmt größtentheils das ausgedehnte, schöne und reiche armenische Kloster ein. Hier ist Raum für viele Pilger, natürlich armenische. Das Kloster gehört zu den reichsten in Jerusalem, und die Kirche muß ein wahres „Paradies auf Erden" sein für alle, die viel Gold und Glanz in Kirchen lieben. Es könnte kaum eine überladener damit sein, als diese. Die Enthauptung des Apostels Jakobus, die so oft hier dargestellt ist und hier stattgefunden haben soll, mag immerhin nicht weit von diesem Orte geschehen sein, doch wir halten uns dabei nicht auf, freuen uns aber über den schönen Garten des Klosters und über die schöne Aussicht von dem geräumigen Dache, auf welchem ehrwürdig und jedenfalls sehr orientalisch aussehende armenische Mönche ihren Spaziergang machen.

Von viel größerem Interesse ist eine andere Stätte auf dem Zionsberge, die jetzt außerhalb der Ringmauern liegt. Das ist die kleine doch schmucke protestantische Kirche. Aber es ist, als ob in Jerusalem keine Freude ungetrübt sein sollte. Auch in diese Freude, das protestantische Christenthum in Jerusalem repräsentirt zu sehen, mischt sich der Trauer so viel. Gar schön war der Gedanke, unter den vielen sich befeindenden orientalischen Christensecten, die vielleicht nirgends mehr Feindschaft gegen einander offenbaren, als gerade in Jerusalem und an heiligster Stätte, eine Friedenskirche protestantischen Bekenntnisses zu gründen, und einen Gottesdienst ohne todtes Formenwesen und ohne götzendienerischen Bilderdienst vor die Augen der Juden und Moslem hinzustellen. Leider aber blieb die Ausführung dieses Gedankens weit hinter dem vorgesteckten Ziele zurück. Doch ich will nicht den fast einzigen Lichtpunkt Jerusalems durch unnütze Betrachtung menschlicher Schwächen und was sonst verdunkeln helfen, auch davon nichts weiter sagen, daß die Judenmission, ein Hauptzweck dieser Stiftung, vielleicht der dunkelste Fleck in diesem Lichte ist. Wenden wir uns lieber der erfreulichen Seite zu. Und da haben wir gleich große Ursache uns darüber zu freuen, daß die 60 bis 70 hier wohnenden deutschen Protestanten, sowie die eben so große Zahl englischer Protestanten nebst den vielen Reisenden einen ordentlichen protestantischen Gottesdienst, beides in englischer und deutscher Sprache, haben können. Das muß unter diesem Gewirr der Secten und inmitten dieses geistlichen Todes des todten Jerusalems als ein sehr großer Gewinn erachtet werden, dessen Freude wir uns durch allerlei Nebengedanken, die uns aufsteigen möchten, nicht verkümmern laſſen wollen. Dazu haben die Deutſchen an Dr. Valentiner einen frommen und treuen Seelſorger, und alle vierzehn Tage eine deutſche Predigt. Sonſt wird außer engliſch auch hebräiſch und arabiſch in dieſer Kirche auf dem Zion geprebigt. Wir wohnten einem deutſchen Gottesdienſte bei und begleiteten eine deutſche Leiche zu Grabe. In dem Schutte der Paläſte der Könige, Fürſten und Hohenprieſter Iſraels werden jetzt germaniſche Fremdlinge zur letzten Ruhe gebettet. Weiße Mauern umgeben dieſe Ruheſtätte, und deutſcher Fleiß hat ordentliche Wege auf dieſem Schutte geebnet und Bäume und Blumen darauf gepflanzt. Auch die Griechen und Lateiner, die Armenier und Amerikaner haben hier ihre Kirchhöfe friedlich neben einander. Einſt Davids Stadt, voll Schmuck und Pracht; dann ein Trümmerhaufen; dann ein Gerſtenfeld, und nun ein Todtenfeld. Und das wird es wohl auch bleiben, bis die hier im HErrn Entſchlafnen erwachen und aus dem Jeruſalem ſo großer Knechtſchaft in das Jeruſalem der ewigen Freiheit eingehen werden. Auf dem evangeliſchen Friedhofe ruhen ſchon der erſte proteſtantiſche Biſchof, Alexander; der erſte evangeliſche Paſtor, Nicolayſon; der erſte preußiſche Conſul, Dr. Schultz; die erſte deutſche Diakoniſſin, Schweſter Henriette; und ſonſt noch manche andre, Große und Kleine. Ein berühmter Reiſender hat gemeint, es müßte ſich gut ſterben in Jeruſalem. Das mag ſein. Aber ich möchte doch nicht gern in dieſem aſchigen, fluchbeladenen Schutboden verſcharrt ſein, von dem ein jedes Körnchen Zeuge iſt von ſo großen Sünden, daß ein ſo ſchweres Gericht drauf folgen mußte. Ein ehrliches Grab im tiefen Urwalde wäre mir lieber.

Doch unter dieſem Schutte, tief unten, ruhen hier irgendwo die Gebeine gar großer Heiliger, mächtig von Wort und That. Und ob ſie auch in der Nähe von gar großen Sündern ruhen, hat doch der HErr ihre Gebeine bewahrt und ihre Ruhe nicht ſtören laſſen, weder von Freund noch von Feind. Stille liegen hier in ihren

Kammern eine lange Reihe von Königen Judas. Denn nicht nur David „starb und ward begraben in der Stadt Davids" (d. i. Zion), sondern auch Salomo und sein stolzer Sohn Rehabeam mit seinem gottlosen Enkel Abia und dem frommen, aber schwachen Assa. Josaphat auch, der gute König von Juda, der aber Ahabs Blut in sein Königsgeschlecht brachte, liegt hier begraben mit seinem gottlosen Sohne Joram und seinem noch gottloseren Enkel Ahasja, der, „ein Schwager im Hause Ahabs", von Jehu getödtet ward. Joas auch ruhet hier, der gute fromme Mann, „so lange der Priester Jojada lebte", mit seinem übermüthigen und darum sehr gedemüthigten Sohne Amazia und seinem Enkel Asarja (Usia), der am längsten (52 Jahre) regierte und aussätzig wurde. Jotham auch liegt hier und Ahas, sein Sohn, der unter allen grünen Bäumen und auf allen Höhen opferte und seinen eignen Sohn den Götzen durchs Feuer gehen ließ. Endlich ruht auch noch Hiskia hier, der jetzt erst Salomos Götzenhaine ausrottete. Der aber scheint keinen Raum mehr gefunden zu haben in Davids Königsgruft, denn er ward begraben „über die Gräber der Kinder Davids" (2. Chron. 32, 33). Sein gottloser, götzendienerischer Sohn Manasse, der die Höhen wieder baute, die sein Vater abgebrochen hatte, liegt nicht mehr hier, sondern „in seinem Garten", „im Garten Usa", wie auch Amon, sein Sohn, und sein gründlicher, frommer Enkel Josia, der endlich Tophet verunreinigte und Ben Hinnom zur Gehenna machte. Auch er ruht nicht mehr in Davids Stadt, und kein nachfolgender König mehr. Von David aber, dem heiligen Sänger, dem Manne nach dem Herzen Gottes, und Salomo, dem weisesten und thörichtsten Könige Israels, der Höhen baute und Götzenhaine errichtete, bis auf Hiskia, der diese Höhen und Haine zerstörte, ruhen vierzehn Könige hier irgendwo tief unter unsern Füßen. Ob die Arbeiter des Patriarchen im 12. Jahrhundert bei der Ausbesserung der Kirche in eine Höhle gedrungen und durch dieselbe in einen unterirdischen Palast gekommen sind, und ob sie da auf einem Tische ein goldnes Scepter und Diadem mit viel andern Dingen gesehen haben oder nicht, muß nun dahin gestellt bleiben. Der damalige Rabbi Abraham der Fromme aber soll diese Höhle für die Gräber Davids, Salomos ꝛc. erklärt haben, worauf der Patriarch, von größerer Ehrfurcht als Neugier erfüllt, den Eingang sorgfältig vermauern ließ. So die Erzählung des Rabbi Benjamin von Tudela. Und ihr möchte ich viel lieber Glauben schenken, als den Türken, die in einer elenden Moschee in einer Ecke des Zion das Grab Davids haben wollen. Die Wahrheit dieser Sage gilt wohl so viel, als die der Mönche, die dort den Saal zeigen, in welchem das heilige Abendmahl eingesetzt worden sei. Bei den vielen leeren Gräbern und Grüften ist es ordentlich wohlthuend zu wissen, daß die Gebeine Davids und seiner Nachfolger in ihrer Ruhe geblieben sind, jedem profanen Blicke entzogen, tief unter den Trümmern ihrer Königsburg. Mögen sie ungestört ruhen bleiben, bis der HErr sie rufen und an's Licht bringen wird!

Wir kehrten still um von der Stätte der Todten, bewunderten im Vorbeigehen noch die gewaltigen Steinblöcke mit der früher genannten Veränderung in den untern Lagen des Thurmes David und kehrten dann wieder zum Jaffathore in die Stadt zurück. Doch wir sind mit dem Zion noch nicht fertig. Neben dem protestantischen Kirchlein ist noch eine Stiftung auf dem Zionsberge, innerhalb der Stadt, und das ist ein deutsches Diakonissenhaus. Deutsche Reinlichkeit und Freundlichkeit herrscht in dem hochgelegenen hübschen Gebäude, und die Schwestern alle sind willig zum Dienste der Geringsten unter den Leidenden. Die Zahl der Kranken, die hier Pflege suchen, ist noch nicht groß, kaum hundert im Jahre, aber darunter sind Juden, Christen und Muhammedaner, Protestanten, Katholiken, Griechen und Armenier, Maroniten und Samaritaner, Araber und Abessinier. Und wohl selten geht ein Kranker leiblich genesen heim, ohne wenigstens einen Eindruck davon mitzunehmen, daß es noch etwas Höheres giebt, als leibliche Gesundheit. Auch unser Dragoman, ein Katholik, gab den deutschen Diakonissen den Vorzug vor allen andern. Er war selbst ein Kranker gewesen in griechischer, katholischer und deutscher Schwestern Pflege und pflegte sich etwa so auszudrücken: die andern, insonderheit die sogenannten barmherzigen Schwestern, thun ihre Schuldigkeit und überlassen im übrigen den Kranken seinem Schicksale. Die deutschen Diakonissen dagegen sind wirklich theilnehmend mit dem Kranken, und diese Theilnahme ist's, die dem einsamen kranken Fremdling so wohl thut.

Neben der Krankenpflege haben die Schwestern auch eine Schule, in welcher ebenfalls allerlei Kinder unterrichtet werden. Möge der HErr auf alle ihre Arbeit seinen reichen Segen legen!

Zu den deutschen Anstalten in Jerusalem, wenn auch nicht auf dem Zionsberge, gehört noch das „preußische Hospiz". Das ist eine von dem frommen Könige Friedrich Wilhelm IV. von Preußen ins Leben gerufene sehr wohlgemeinte Anstalt, in welcher deutsche (protestantische) Reisende eine billige Herberge finden sollten. Doch es thut mir leid, sagen zu müssen, daß diese Anstalt ihrem Zwecke durchaus nicht entspricht. Dazu ist das Gebäude schon gar nicht passend: viel zu klein und mit nur wenigen kleinen Zimmern. Wir hätten gern darin Wohnung genommen, aber es war keine Möglichkeit. Auch ein junger Baron von R. aus Hessen, der mit uns an den Jordan und zum todten Meere reiste, hatte denselben Wunsch gehegt, ohne ihn ausführen zu können. Es ist eigentlich nur ein ordentliches Zimmer oben im Hause, das den Reisenden zugänglich wäre; die wenigen andern — nur noch zwei oder drei — sind zu eng und waren ohnedies von allerlei Sachen ganz vollgestopft, also gar nicht einladend. Das eine ordentliche Zimmer aber hatte ein Prophet in Beschlag genommen, und der meinte dort bis an sein Ende zu bleiben. Dieser Prophet, ein gewesener Arzt, ist ein Deutscher von Geburt, aber ein amerikanischer Bürger. Er hat die allerwunderlichsten Ansichten über die Lage der heiligen Orte in und um Jerusalem, und über alle Welt überhaupt. Wiewohl unser Zusammentreffen nur kurz war, sagte er mir doch wohl dreimal: „Ich bin der erste und der einzige, der das weiß", und: „Ich habe aus Quellen geschöpft, die nicht menschlich sind, sonst wüßte ich es auch nicht." Und diese Quellen? Nun, die Aussagen einer württembergischen Somnambule!! Nach diesen Aussagen verlegte er Golgatha, wohin es wohl noch niemand sonst verlegt hat, noch je verlegen wird. Und was er außerdem noch als einziger und zuerst wußte, das war nichts geringeres, als daß England innerhalb zwei bis drei Monaten fallen würde. Und hinter England drein die Türkei, und hinter der Türkei Frankreich. Darauf aber komme Israels Zeit. Auf den Trümmern der europäischen Reiche würde es nach Palästina marschiren, einen Tempel in Jerusalem bauen, Schafe und Böcke opfern, und so auf den Messias warten. — Es ist recht schade um den armen Greis. Jerusalem ist die allerungesundeste Atmosphäre für derlei Krankheiten.

So wenig das preußische Hospiz seinem Zwecke entspricht, so sehr scheint man das von dem eben fertig gewordenen österreichischen erwarten zu dürfen. Es ist ein ganz ansehnliches Gebäude, hat eine hohe gesunde Lage, eine kleine Kapelle zu Hausandachten, und lauter geräumige, luftige und angemessene Zimmer. Sie wurden eben meublirt, und das Hospiz sollte in etwa zwei Monaten eröffnet werden. Der Hausvater war vor kurzem angekommen und brachte in Ordnung, so viel schon vorhanden war. Er ist übrigens ein Preuße aus dem Harz. Auch Protestanten, alle Deutsche sollen in demselben Zutritt haben. Wenn es ordentlich beaufsichtigt wird, wird es Oesterreich alle Ehre machen. Es wäre gut, wenn es auch dazu diente, die Preußen zur Nacheiferung zu reizen.

18.
Ein Ritt um Jerusalems Mauern.

Das Angesicht Jerusalems ist nach dem Oelberge hin gerichtet. Hier trennt das tiefe Kidronthal den Moria von dem Oelberge und das eben so tiefe Gihonthal trennt den Zion von dem Berge des bösen Rathes. Hier herum liegen die meisten geschichtlichen Erinnerungen und zwar alle friedlicher Natur nach außen. Denn kein Streit damaliger Zeit wagte sich von dieser Seite an die Stadt. Und noch heute würde die Ost-, Süd- und Südwestseite Jerusalems vom Feinde umgangen werden, und er würde sich zur Nord- und Nordwestseite hin wenden, wie alle Feinde vor ihm gethan haben. Gottes Befestigungen sind doch so viel mächtiger, als die der Menschen. Wo Gott die Stadt behütet, bleibt sie in Frieden, wo sie Menschen allein bewahren, fällt sie bald in der Feinde Hand.

Doch nach innen ward der Friede nur zu sehr gestört, gerade an der den äußern Feinden so unzugänglichen Südostseite der Stadt. Denn der Gipfel wie der Fuß des Berges der Aergernisse war von Salomo bis auf Hiskia mit Götzen und Götzenhainen bedeckt und das Volk lief ihnen zu. Dadurch ward auch die Stadt so schwach, daß sie nach der andern Seite hin so wenig Widerstand zu leisten vermochte. Ist die Stadt voll innerer Feinde, wie will sie den äußeren widerstehen? Ist das Herz vom Quelle des Lebens, von Gott los, wie sollte es nicht dem Mörder von Anfang zur Beute fallen!

Doch auch die Nordwestseite der Stadt hat ihr hohes Interesse. Das ist Jerusalems Rückseite, von der sie die Feinde stets anfielen und nur zu oft auch einnahmen. Hier umschlossen nach und nach drei Mauern die Stadt, während sie auf der Ost- und Südseite nur eine Mauer hatte. Es ist aber eine immer noch nicht ganz ausgemachte Sache, wie weit namentlich die zweite und dritte Mauer sich ausgedehnt haben. Herr Pastor B., der sich viel damit beschäftigt hatte, war so gut, uns auf diesem Ritte zu begleiten, um uns seine Ansicht von der Lage der Stadtmauern an Ort und Stelle auseinander zu setzen. Das war uns sehr willkommen und interessant und wir zogen früh aus, die Runde um die Stadt zu machen.

Wir ritten zum Jaffathor hinaus, das sonst das Bethlehemsthor heißt. Vor diesem Thore steht das Kastell, das den einstigen Hippicus einschließt, jenen hohen festen Thurm, der Zion und Jerusalem nach der Nordwestseite schützt. Wir ritten gerade aus und einen Hügel hinan, wo russische Frömmigkeit, noch mehr aber russische Politik glanzvolle Bauten aufführt, eine schöne Kirche, Kloster und Pilgerherberge. Mehrere von einander getrennte Bauten erheben sich und überragen ganz Jerusalem. Von hier aus kann die russische Sehnsucht sich wenigstens durch den Blick auf Jerusalem sättigen, wenn sein Besitz ihr auch noch nicht so bald zufällt.

Diese Bauten haben aber auch für uns ein Interesse. Man hätte nämlich so gern die Mauern weiter hinaus nach Nordwest und Nord hin ausgedehnt gedacht. Nun aber haben sich bei diesen russischen Bauten auf so bedeutsamer Höhe vor der Stadt die erwarteten Spuren großer Baulichkeiten nicht gefunden, die doch nicht spurlos hätten verschwinden können, wovon wenigstens Schutt und Geröll zurückbleiben mußten, wenn sie vorhanden gewesen wären.

Wir ritten nun weiter hinaus nach den Gräbern der Richter. Das sind in Fels gehauene Gräber, wie es viele rings um Jerusalem giebt. Den Namen „der Richter" tragen sie wohl nur aus Mangel eines bessern. Wir ritten zur Jeremias-Grotte. Das ist ein alter merkwürdiger Steinbruch, der eine hochgewölbte tiefe Höhle bildet. Und wenn Jeremias nach der Zerstörung Jerusalems keine bessere Wohnung gehabt hat, so mag er immerhin seine Klagelieder hier verfaßt haben. Es ist ganz wohnlich darin und in der That wird die Höhle auch von todten und lebendigen Muselmännern bewohnt.

Denn neben einigen Gräbern in derselben hat sich ein Bauer mit Weibern und Kindern, Ziegen und Schafen eingenistet und läßt niemand die Höhle betreten, der ihm nicht einen Backschisch (Trinkgeld) giebt. Er mag im Laufe des Jahres immerhin eine hübsche Summe zusammenbringen. Wir ritten weiter nach der Nordostecke der Stadtmauer und kehrten dann um bis zum Damaskusthore. Auf diesem Wege hin und her entwickelte Herr Dr. B. seine Ansicht von der einstigen Lage der Stadtmauern, wie er sich dieselbe rein nach Josephus, von der Tradition ganz abgesehen, gebildet hatte.

Wenn es darauf ankäme, eine neue, große Stadt zu gründen, so möchte die Ansicht des Herrn Dr. B. gewiß alle Berücksichtigung verdienen und sein Plan der Stadt wäre vielleicht ein sehr guter. Allein so liegt die Sache nun einmal nicht. Wir haben es hier mit längst Gegebenem zu thun. Und demgemäß ward Jerusalem nicht gleich zur großen Stadt angelegt, sondern nach langen Zwischenräumen einige mal vergrößert. Zuerst scheint der Berg Zion bewohnt und bald auch befestigt worden zu sein. Dann bildete sich die Unterstadt nördlich und nordöstlich von Zion. Diese Unterstadt nahmen die Kinder Israel unter Josua ein, die Oberstadt auf Zion konnten sie nicht gewinnen. Diese bewohnten die Jebusiter noch Jahrhunderte lang, während die Unterstadt und das ganze Land in Israels Händen war. Erst David wagte sich an eine Belagerung von Zion. Aber die Jebusiter spotteten sein und riefen von oben herab: „Du wirst nicht hier herein kommen, sondern Blinde und Lahme werden dich abtreiben. — Das meinten sie aber, daß David nicht würde da hinein kommen." Und es ward ihm auch schwer genug, so daß er dem die Hauptmannsstelle verhieß, der zuerst die „Dachrinnen" ersteigen würde. Das that denn zuerst Joab, der Sohn Zeruja, und wurde dafür sein Lebenlang Hauptmann oder Feldmarschall des Kriegsheeres. So eroberte David Zion und nannte sie Davidstadt, indem er sie noch weiter befestigte. Die „Burg", die David vorfand, hat wohl schon damals dort gestanden, wo heut noch das Kastell steht, mit dem Thurme Davids, und wo dann auch der Hippicus des Josephus stand, in der Nordwestecke des Zion. Von dort aus ging eine Mauer direct östlich, bis zum „Käsemacherthal", das den Zion vom Moria trennt. Dann ging sie südlich an diesem Thal entlang und dann südlich um den Zion im Halbkreis herum, bis wieder an die Burg. Die Unterstadt blieb nach wie vor unbefestigt. Zu Salomos Zeit kam dann noch der Moria mit dem herrlichen Tempel dazu, der auch rings von einer Mauer bis auf neunzig Fuß Höhe umgeben war. Eine Brücke führte über das den Zion und den Moria trennende Thal Thyropöon (das „Käsemacherthal"), und verband beide mit einander. Noch heute sind Spuren dieser Brücke vorhanden.

Später — es heißt unter Hiskia — ward dann die Unterstadt befestigt. Irgend wo östlich vom Hippicus, vielleicht nicht weit von der Mitte bis zur Tempelmauer hin, war ein Thor, Gennath oder das Gartenthor genannt. In der Nähe dieses Thores begann die „zweite Mauer", ging zunächst gerade nördlich und wandte sich dann nordöstlich im Bogen herum, die Unterstadt an die Oberstadt anschließend. Diese Mauer bildete kaum einen Halbkreis, war auch nicht lang, denn sie hatte zur Vertheidigung nur vierzehn Thürme, während die erste Mauer ihrer sechzig hatte. Diese hohen festen Wehrthürme bildeten die Freude und den Triumph der Israeliten und sie sangen jauchzend: „Umfanget Zion, zählet ihre Thürme!" Mit dieser zweiten Mauer in Verbindung trat später die Burg Antonia im Norden vom Tempel, und Herodes der Große baute neben dem Hippicus in östlicher Richtung noch zwei mächtige Thürme, zu Ehren seines Bruders und seiner Gattin: Phasael und Mariamne benannt, die dem Josephus so bewunderungswürdig waren. So war die Stadt breitheilig und blieb so bis zur Zeit des Herrn. Eine thurmreiche, wohlverwahrte, prächtige Stadt. Natürlich lagen einzelne Landhäuser auch außerhalb der Ringmauer wie z. B. das Landhaus des Kaiphas auf dem Berge des bösen Rathes, südlich von Zion. Der Ort, wo die jetzige Grabeskirche steht, lag somit von der Oberstadt aus nördlich, und von der Unterstadt aus westlich, außerhalb doch nicht fern von der „zweiten Mauer." Ob die Grabeskirche nun wirklich Golgatha, den wie einen Schädel gestalteten Fels („Schädelstätte") umschließt oder nicht, ist damit noch nicht bewiesen, aber die Lage der „zweiten Mauer" ist nicht dagegen.

Doch außerhalb dieser zweiten Mauer bildete sich nach und nach noch ein neuer Stadttheil, Bezetha. Denn nach keiner andern Seite hin konnte Jerusalem sich ausdehnen. Das tiefe Kidron- und Gihonthal umschlossen die andern Seiten der Stadt. (Das Thal Josaphat ist nur ein Theil vom Kidronthal und das Thal Ben Hinnom nur ein Theil des Gihonthales.) Da nun dieser neue, vierte Stadttheil ganz unbeschützt und den Feinden preisgegeben da lag, so baute Herodes Agrippa, etwa zehn Jahre nach der Himmelfahrt Christi, die „dritte Mauer". Diese bildete wieder nur einen nicht völligen Halbkreis. Sie ging vom Hippicus aus, lief zuerst in nordwestlicher Richtung hin, wo sie in einem starken Thurm, dem Psephinus (dem jetzigen Goliathsthurm?) mündete, und dann in einem nordöstlichen Bogen um die Neustadt lief, bis sie sich wieder mit der alten Stadtmauer über dem Kidronthale verband. Das war eine starke Mauer mit Thürmen wohl versehen. So blieb die Stadt bis zur Zerstörung durch die Römer und diese „dritte Mauer" mag im Ganzen denselben Lauf gehabt haben, den die jetzige Stadtmauer nach dem Nordwesten zu noch hat. Jerusalem ist also seit Davids und Christi Zeiten von dem Süden hinweg nach dem Norden zugerückt. Denn Zion, die Oberstadt, ist jetzt kaum zur Hälfte noch innerhalb der Stadtmauern, während sich dieselben nach Nordwesten und Norden hin weiter ausdehnen, als es zu Davids und auch noch zu Christi Zeiten der Fall war.

Durch das Damaskusthor, das schönste von Jerusalem, kehrten wir in die Stadt zurück. Wir zogen aber am Nachmittag wieder zum Jaffathore hinaus und bogen diesmal links um, zogen aber an dem Thale Ben Hinnom entlang um den Zion südlich herum nach der Südostseite der Tempelmauer, die hier auch zugleich die Stadtmauer ist. Hier bewunderten wir die so oft bewunderten großen geränderten Felsblöcke von 20—25 Fuß Länge, die im Schutt von dem obern Theil der Stadtmauer begraben, der römischen Zerstörungswuth entgingen. Hier ist die Mauer am höchsten und das Kidronthal am engsten und steilsten. Der Oelberg auch ist sehr nahe hier; es ist überhaupt eine Stätte, auf der man gern verweilt und die Jahrtausende zu sich reden läßt, die von den verschiedenen Bergen und Thälern ihre Stimme erheben. Nirgends in der Welt haben so viele und so verschiedenartige und so wichtige Begebenheiten auf so engem Raum bei einander stattgefunden, wie in dieser Gegend. Wir sehen im Geiste die Kundschafter des hochbetrübten Königs am Brunnen Rogel, der schon zu Josuas Zeiten vorhanden war, stehen, um ihm von seines ungerathenen Sohnes wüstem Regiment Kunde zu bringen. Oben auf dem Berge des Aergernisses sehen wir die Götzenhaine und vor den Altären der Götzen Israels weisesten König und sein Volk ihm nach sich bücken. Unten aber, am Fuße des Berges, in Tophet, sehen wir den Moloch mit schreienden Kindern in seinen glühenden Armen, und hinter ihm sehen wir Satanas hohnlachend, das betrogene „Volk Gottes" verspotten. Dort rechts um den Oelberg schlängelt sich der Weg nach Bethanien und auf demselben eilt ein großes Volk hinaus und kommt bald wieder mit Palmenzweigen in den Händen, ihre Kleider auf den Weg breitend; denn der „Prophet von Nazareth", der den Lazarus aus dem Grabe auferweckt hatte, ist in ihrer Mitte. „Hosianna", ruft das Volk und „kreuzige, kreuzige" widerhallt es schon in den Herzen der Pharisäer. Dort sehen wir ein altes Gemäuer, einst ein schönes Landhaus. Hier sitzt der aufgeblasene Kaiphas und darf die Väter Jerusalems also anreden: „Ihr wisset nichts und bedenket auch nichts!" Und er hatte recht. Sie wußten nichts vom Heilsrathe Gottes zu ihrer Erlösung und bedachten nicht, was zu ihrem Frieden dient. Und in dieser Unwissenheit und Thorheit ist Kaiphas ihr Oberster und Hoherpriester, ebenso auch in der Gottlosigkeit, nach dem Blute eines Mannes zu dürsten, den sie doch selbst keiner Sünde zeihen konnten. Dort stehen die Gräber der Propheten, die sie theils gestäupet, theils getödtet hatten und nun bereiten sie sich, nach allen Boten des Königs auch seinen einigen Sohn zum Weinberg hinauszustoßen und zu tödten. Gethsemane liegt unten, uns zur Linken, wo Der, der die Kelter allein trat, mit seinem eignen Blute den Boden netzte, während seine Jünger schliefen und seine Feinde wachten. Und die Höhe des Oelbergs, dort liegt sie majestätisch vor uns, wo der HErr des herrlichen Tempels und des mächtigen Jerusalems Zerstörung weissagte, und, nachdem alles vollbracht war, seine Jünger segnend, gen Himmel fuhr und sich zur Rechten der Majestät in der Höhe setzte, bis daß er wiederkommen wird, zu-richten die Lebendigen und die Todten. Die schroffen Felsen des todten Meeres bilden den Rahmen zu diesem wundervollen Gemälde. Die Erde hat seines Gleichen nirgends.

Langsam ritten wir auf dem engen Pfade weiter, an den Gräbern der Moslem entlang bis zum vermauerten goldnen Thore. Wer könnte sich des Wunsches erwehren, daß die Nachfolger des falschen Propheten auch eine wahre Weissagung haben und dieses Thor bald sich einem christlichen Könige öffnen möchte? Und weiter zogen wir am Stephansthore vorüber nach der Nordostecke der Stadtmauer und um diese herum südwestlich hinunter bis wieder zur Jeremiasgrotte. Wir kehrten wieder, es war schon Abend geworden, zum Damaskusthore hinein und hatten eine unvergeßliche Runde um Jerusalems Mauern gemacht.

19.
Die Grabeskirche.

Um der Grabeskirche, die wir schon öfters auf kurze Zeit besucht hatten, einen Hauptbesuch abzustatten, zogen wir die Schmerzensstraße (via dolorosa) hinauf, die eine Viertelstunde lang und zuweilen ziemlich steil ist. Unterwegs nannte uns der Führer die einzelnen Punkte, wo dieses und jenes geschehen sein soll. Doch wir konnten dieser Allwisserei der Mönche nur mit Unwillen zuhören. Da möchte einem beim besten Willen ein jedes bischen Andacht ausgehen, wenn man auch noch das Haus des reichen Mannes und die Stätte sehen muß, wo der arme Lazarus gelegen haben soll. Die Schmerzensstraße mag recht wohl im Ganzen dieselbe sein, die einst der HErr mit seinem Kreuze ging. Und schmerzensreich gewiß ist dieser lange oft so steile Weg gewesen dem einzigen Kreuzträger, der keine Widerrede in seinem Munde hatte.

Vor der Grabeskirche angekommen, fanden wir auf einem freien Platze Ueberreste von Säulen, die einst ein Portal getragen haben mochten, und um dieselben her Allerlei zum Verkauf, insonderheit Rosenkränze und Perlmutterarbeiten aus Bethlehem. Wir traten in die Kirche ein und trafen die türkische Wache gerade dabei, sich einen Kaffee zu kochen. Wir hätten diese Grabeshüter hinauswerfen mögen, wenn wir gekonnt hätten. Wir gingen diesmal zuerst rechts hinauf nach Golgatha und besahen uns genauer den Felsensprung, der für denselben gilt, der beim Tode Christi geschah. Es ist jedenfalls ein natürlicher Felsensprung, oben mit Marmor überkleidet, unten aber kann man den Sprung sich tief hinunterziehen sehen. Auch ist es der natürliche Kalkstein des Landes und nichts scheint daran gemacht zu sein. Die Kapelle, einst eine besondre Kirche, ist 40 Fuß lang und 21 Fuß breit und wird durch einen Bogen in zwei offne Hälften getheilt. Die Stätte, wo das

Kreuz Christi gestanden haben soll, ist mit Silber ausgeschlagen. An Schmuck nach allen Seiten hin fehlt es nicht. Unter dem Fels, auf ebner Erde, ist die Adamskapelle, doch Adams Schädel ist zum Glück nicht mehr hier.

Wir steigen weitere 28 Stufen hinunter in die Kapelle der heiligen Helena hinein. Sie ist 45 Fuß ins Gevierte und hier soll das Kreuz Christi mit denen der Schächer gefunden worden sein. Zwei Altäre schmücken sie. Noch tiefer liegt das Loch, auch zur Kapelle gemacht, wo die Kreuze wirklich in Schutt begraben, gelegen haben sollen. Hier fehlt der Schmuck. Wir steigen wieder hinauf in die Golgathakirche, stehen noch eine Weile still vor dieser Stätte, und gehen dann die 18 Stufen hinunter nach dem heiligen Grabe zu. Auf diesem Wege liegt eine große Marmorplatte von mächtigen silbernen Kandelabern umstanden. Das ist die Stätte der Salbung des HErrn. Die Pilger knieen hier nieder und küssen sie. Wir gehen weiter. Sechzehn gewaltige Säulen stehen im Kreise vor uns, sie tragen die Kuppel des heiligen Grabes. Die Kuppel ist von Holz mit Kupfer gedeckt. Aber der Rost hat die Nägel gefressen, so ist das Kupfer von fast einem Viertheil der Kuppel entfernt und das Holz verfault. Man sieht frei hindurch nach den Wolken oben. Unter dieser Kuppel steht, und zwar frei, die Kapelle des heiligen Grabes. Um sie vor dem hereinfallenden Regen zu schützen, ist ein großes Tuch über sie ausgespannt. Die baufällige Kuppel sieht gar traurig aus, noch trauriger ist schon ihre Geschichte. Die Griechen wollten sie wieder herstellen, um somit desto mehr Recht an der Grabeskirche, den andern Partheien: Römern, Armeniern und Kopten gegenüber zu erhalten. Die russische Regierung unterstützte diesen frommen Wunsch der Griechen und schickte den Fürsten Mentschikoff nach Konstantinopel, um dort die Erlaubniß zur Reparatur der Kuppel zu erwirken, die sonst nicht zu erlangen war. Die Verhandlungen darüber dehnten sich auf das Recht aus, das Rußland über seine Glaubensgenossen in der Türkei beanspruchte. Frankreich und England traten Rußland entgegen; so gabs den traurigen Krimkrieg. Der kostete viel mehr Geld als mehrere ganz neue Grabeskirchen gekostet haben würden, und viel mehr Menschen mußten darüber ihr Leben lassen, als nöthig gewesen wären, ganz Jerusalem neu zu bauen. Nutzen schaffte dieser Krieg gar nicht, und die Kuppel der Grabeskirche ward auch nicht reparirt. Sie ists bis heut noch nicht. Die Kosten, dem Mörder von Anfang zu dienen, sind erschrecklich viel größer als die Kosten, die der Dienst des Fürsten des Lebens erfordert. Ueber einen so nutzlosen kostspieligen Krieg, der so viele Tausend Menschenleben kostete, wird wenig gesagt, über den zehntausendsten Theil der Kosten, der zum Heil der Völker im Dienste des Lebensfürsten zu den Heiden hinausgeht, wird man nicht müde zu klagen. Auch weiß man genau, wie nutzlos es ist. Das Geld den Armen der Heimath geben, wäre nützlicher, meint man. Ja wohl. Das wußte Judas Ischariot auch schon. (Joh. 12.)

Das heilige Grab steht also frei mitten unter dieser Kuppel, die wie eine „offne Frage" des Orients eine recht drohende Stellung einnimmt. Vor dem Grabe finden wir zwei steinerne Sitzbänke und daneben große silberne Kandelaber. Durch diese hindurch gelangen wir zur sogenannten Engelskapelle. Diese ist 17 Fuß lang und 10 Fuß breit. An der Seite sind ovale Löcher in der Mauer, durch welche am Ostersonnabend das „heilige Feuer", hinausgereicht d. h. die größte Schandthat an heiligster Stelle verübt wird. Gerade vor uns liegt der Stein, auf welchem der Engel sitzend sein: „Er ist nicht hier! Was suchet ihr den Lebendigen bei den Todten?" den Weibern entgegen rief. Das muß der echte Stein sein, denn er hat noch etwas von der Engelskunde behalten, und giebt sie weiter. „Er ist nicht hier!" so halte es in meiner Seele wieder. — Wir gehen weiter. Vor uns ist ein enger, niedriger Eingang, nur zwei Fuß breit und vier Fuß hoch. Heilige Scheu hält uns doch einige Minuten zurück. Das ist der Eingang in die Gruft des HErrn! Wir harren still, bis die Pilger alle zurückgetreten sind, bücken uns tief und treten ein. Nun sind wir in der Grabesgruft. Sie ist acht Fuß hoch, sieben Fuß lang und eben so breit. Gleich rechts ist das Grab, sechs Fuß lang, drei Fuß breit und wenig über zwei Fuß hoch. Nur drei bis vier Personen können hier stehen. Achtundvierzig goldne und silberne Lampen hängen von oben herab und brennen Tag und Nacht. Sie sind zum Theil Geschenke österreichischer Kaiser. Alles sonst ist Marmor. Weißer Marmor bedeckt auch das Grab des HErrn, von dem Munde von Millionen Pilgern aus allen Nationen durch anderthalb Jahrtausende knieend geküßt. Auch ich kniete nieder und betete. Und doch: „Was suchet ihr den Lebendigen bei den Todten?" so klang es in meiner Seele wieder.

Still verließ ich das Grab und kehrte in die Engelskapelle zurück. Hier stand ich still und schaute. Pilger gingen aus und ein, und einheimische arabische Christen unter ihnen. Sie kehrten alle rücklings aus dem Grabe zurück und schlugen mit großer Handfertigkeit das Kreuz so oft hintereinander, daß man's nicht unterscheiden und zählen konnte. Griechische, römische und armenische Priester liefen ab und zu, hin und her, ingleichen schmutzige Weiber: Alltagsgesichter, Alltagswesen überall. Die große Kirche, die das Ganze umschließt, sie ist wie ein Rathhaus nach der Sitzung, wie ein Markt. Da kommt ein Mönch in Eile. Er trägt ein Bündel in seiner Hand und geht damit stracks zum heiligen Grabe hinein. Wir sehen ihm nach. Er wirft das Bündel auf die vielgeküßte Marmorplatte, auf das Grab des HErrn, bindet das Tuch auf und heraus kommen ein Haufen Rosenkränze. Die besprengt er mit Weihwasser, beräuchert sie mit Weihrauch und packt sie dann geschäftsmäßig wieder in ein Bündel und eilt mit ihnen davon. Nun werden sie weit hinausgetragen in die Länder, auch nach Deutschland hin, als auf dem heiligen Grabe geweihte, besonders heilige Gegenstände. — Wir wollen gehen. Da kommt mit festen Schritten ein vornehm aussehender Europäer mit einem Diener in die Engelskapelle hereingeschritten. Einige Leute tragen zwei Reisekoffer, eine Reisetasche und eine Hutschachtel. Ich traue meinen Augen kaum; aber ja, es wird wirklich Alles in das heilige Grab hineingetragen; es wird wirklich alles auf die vielgeküßte Marmorplatte gesetzt, auf das Grab des HErrn. Ein römischer Priester geht hinein, der Herr und sein Diener folgt. Mit gefalteten Händen kniet der Herr und hinter ihm knieet sein Diener. Vor ihnen steht der Priester und liest mehrere Formulare geschäftsmäßig herunter, besprengt dabei den Herrn und seine Sachen und den Diener auch mit Weihwasser. Dann nimmt er das Rauchfaß und beräuchert die Männer und ihre Sachen. Dann liest er noch ein Formular, die Männer bekreuzen sich und gehen rücklings zum Grabe heraus. — Nun hatte ich genug gesehen. Der vornehme Pilger hatte offenbar den frommen Wunsch, daß ihm seine Sachen auf der Weiterreise nicht gestohlen werden möchten. Das heilige Grab bot eine billige Assekuranz und der Priester einen billigen Assekurator. Aber mir ward sehr weh zu Muth. Und lauter rief es in meiner Seele: „Er ist nicht hier!"

Gleichgültig gingen wir an der reichen Griechenkirche, dem Katholikum, vorüber, die zunächst dem heiligen Grabe steht. Unser Führer zeigte uns dann noch Allerlei, auch den Mittelpunkt der Erde, und ein Stück von der Säule, an welcher der Herr gegeißelt wurde. Diese Säule ist unnahbar gemacht durch ein Gitter, doch ist der griechischen Kußlust Rechnung getragen. Ein Rohr mit silbernem Knopfe hängt an einer Kette; mit dem versilbertem Ende des Rohrs berührt der fromme Pilger die Säule hinter dem Gitter, bringt dann den Stab zum Munde und küßt das Silber, das die Säule berührt hat. Doch wir hielten uns nicht dabei auf. Die Säule ist so echt wie der Rock zu Trier, und es ist ein ganz andrer

Geist, der hier Knice beugen kann; nicht der Geist der heiligen Schrift. In einer Sakristei wurde uns auch das Schwert des frommen Gottfried von Bouillon gezeigt, der hier keine goldne Krone tragen wollte, wo der HErr die Dornenkrone trug. Daher er auch nur Beschützer des heiligen Grabes sich nennen ließ, und nicht König von Jerusalem. Ein späteres Geschlecht nannte sich noch „König von Jerusalem", als es längst keinen Schritt Landes mehr in oder um Jerusalem besaß. Der gute Mönch, der uns jenes Schwert zeigte, wies freundlich die Gabe zurück, die wir ihm dafür reichten. Wir baten ihn, sie den Armen zu geben und freuten uns über seine Uneigennützigkeit. Gott verleihe ihm den Geist des Simeon und stille ihm sein Herz wie jenem!

Ursprünglich hatte Kaiser Konstantin zwei Kirchen auf dieser Stätte erbaut: Die Auferstehungskirche über dem Grabe des HErrn und die Kirche der Kreuzfindung. Zwischen beiden war ein freier Raum. Etwa hundert Jahre später ward die dritte Kirche erbaut, die Kalvarienkirche. Kaum zweihundert Jahre darauf wurden diese Kirchen durch Kosroes von Persien zerstört, doch auch bald wieder aufgebaut, zur Zeit der Kreuzfahrer aber zu einem Ganzen vereinigt. Und ob auch seitdem abermals die Hand der Zerstörung durch Feuer über sie kam, so ist doch der Grundriß noch jetzt derselbe, der von den Kreuzfahrern herrührt, und die Kirche steht noch auf derselben Stelle, wo Kaiser Konstantin sie zuerst hingebaut hat. Es ist nun ein großes stattliches Gebäude mit zwei Kuppeln und einem Thurm, aber sie wird leider nicht nur zu Gottesdiensten, sondern auch zu Prügeleien, zu Nachtherbergen, zum Kauf= oder Schmaushaus und zum gröbsten gottlosesten Betruge gebraucht.

In der Osterwoche bringen die Pilger die Nächte in der Kirche zu, namentlich die heilige Nacht. Auf Matratzen ausgestreckt, liegen sie familienweise und gruppenweise zusammen, Männer, Frauen und Kinder. Es wird geschrieen, gezankt, gestoßen und geweint. Händler laufen auch wohl umher und bieten Eßwaaren feil, und die türkische Wache, sehr verstärkt, hält die Eingänge besetzt, sieht nach, ob nicht die frommen Pilger auch mörderische Waffen hineinbringen, und läuft überall in der Kirche umher, so viel wie möglich Ruhe zu halten. Am Sonnabend vor Ostern aber ist der Höhepunkt für Griechen und Armenier. Die Kirche ist zum Erdrücken voll, und türkische Officiere brauchen oft die Reitpeitsche, um hier und da eine nöthige Bahn zu machen. Ein jeder der Pilger hat eine Hand voll Lichter mitgebracht und wartet nun in der äußersten Aufregung auf das heilige Feuer, das alljährlich vom Himmel fallen soll. Zur rechten Zeit öffnen sich die Thüren der Griechenkirche, der griechische und armenische Patriarch gehen durch türkische Bajonette geschirmt in die Grabeskirche, das Feuer vom Himmel zu empfangen. Und greise Männer, Patriarchen genannt, schämen sich nicht, das Volk so zu betrügen. Das Volk fällt nun auf die Kniee, hebt die gekauften Kerzen in die Höhe und bittet und schreit gen Himmel, Gott möge doch nun bald das Feuer vom Himmel senden. Natürlich müssen sie tüchtig warten. Wenn aber ihre Ungeduld aufs Höchste gestiegen ist, so reichen die beiden heiligen Gauner Feuer durch die vorhin genannten ovalen Oeffnungen der Mauer hinaus, und nun beginnt ein Sturm über alle Beschreibung. Ein Jeder will seine Kerze zuerst anzünden. Denn je unmittelbarer sie von dem durch die Oeffnungen leuchtenden Feuer angezündet wird, desto wirksamer ist sie, in der fernen Heimath angezündet, alles Böse und den Satan selbst vom Hause fern zu halten. Die nicht zu den Oeffnungen bringen können, und der Hundertste kann es kaum, die wollen ihre Kerzen doch wenigstens an den Kerzen derer anzünden, die sie an der Oeffnung angezündet haben und so währt der wilde Sturm fort trotz aller Peitschenhiebe und Kolbenstöße der türkischen Officiere und Soldaten, bis der letzte seine Kerze angezündet und die ganze Kirche wie ein wogendes Feuermeer geworden ist. Nicht selten werden mehrere Personen zerdrückt und zertreten und todt hinausgetragen, ohne Versengungen von Bärten und Kleidern geht es aber nie ab.

Dieser Unfug wird meist von den Griechen und Armeniern getrieben, der römische Erzbischof hat nicht nur keinen Theil daran, sondern schwört auch „beim heiligen Januarius", daß es ein Betrug sei. — Der Rock zu Trier und die weinenden Madonnen sind freilich kein Betrug.

Wenn ich mir diesen gottlosen Spuck, das Gezanke und wohl auch Geprügle der Mönche vergegenwärtige, so versöhnte ich mich fast mit den Hütern des Grabes, oder doch mit dem Gedanken, daß Türken es sind. Ja sie sind, unter diesen Umständen, noch wohl die geeignetsten Grabeshüter. Und auch die an der Echtheit des Grabes zweifelnde Kritik wurde mir zum Tröster. Wie viel würdiger würden doch diese heiligsten Stätten der Erde, die Stätten des Todes und der Grablegung des HErrn, selbst dadurch geehrt werden, wenn der stumpfe Fellalah für den Hunger seiner Frau und Kinder seine Gerste darauf säete und erntete, als durch solchen götzendienerischen Gräuel derer, die sich Christen nennen! —

Mir rief es beim Abschiede aus der Grabeskirche noch einmal sehr vernehmlich und fast strafend zu:

„Was suchet ihr den Lebendigen bei den Todten? Er ist nicht hier!"

20.
Nach Jericho.

„Es war ein Mensch, der zog von Jerusalem hinab gen Jericho und fiel unter die Mörder." — Was sich auch im heiligen Lande durch die achtzehn Jahrhunderte geändert hat, dieser Zug des Landes ist unverwischt geblieben. Von Jerusalem nach Jericho hinab-

ziehen und unter die Mörder fallen, das scheint zur Zeit des HErrn
etwas sehr natürliches gewesen zu sein und gleichsam zusammengehört zu haben. Und so ist es denn auch bis auf den heutigen Tag
geblieben. Nur wenige Monate vor unsrer Ankunft zogen zwei
Engländer „von Jerusalem hinab nach Jericho". Sie waren vorsichtige Leute und baten sich vom Pascha eine Schutzgarde aus. Der
sandte ihnen auch drei Bewaffnete, und so zogen sie sammt Dragoman wohlgemuth ihres Weges. Sie kamen auch glücklich bis ins
Jordanthal — hier aber „fielen sie unter die Mörder". Ein Haufe
Beduinen stürzte sich unversehens mit Blitzesschnelle und gefällter
Lanze auf die arme Garde. Die suchte natürlich so viel Entfernung
wie nur möglich zwischen sich und ihre Angreifer zu werfen und
war bald jeder Gefahr entronnen. Nun umkreiseten die lustigen
Söhne Ismaels mit wildem Geschrei ihre Beute, bis die sich in
ihr Schicksal ergab und sich gründlich ausplündern ließ. In Hemd
und Unterkleidern, ohne Kopf und Fußbedeckung, kamen die Herren
Engländer aufs äußerste verschmachtet und „halbtodt" in Jerusalem
an. Ihre Beschwerde beim Pascha ward auch huldvollst entgegengenommen, und er sandte hin nach Bethanien, wo ein Häuptling
jener Beduinen wohnt. Den ließ er gefangen nehmen und einsperren, bis die Räuber das Geraubte ausgeliefert hatten. Das geschah denn auch innerhalb vierzehn Tagen, und die Herren Engländer
bekamen alles wieder, selbst ihre Taschenuhren, denen jedoch unter
den Händen der Beduinen das Leben ausgegangen war. Weiter geschah nun nichts. Die Engländer zogen fröhlich ihre Straße, weil
sie alles wieder hatten und das seltene Vergnügen der eigenthümlichen Aufregung, die beim Beraubt- und Ausgezogenwerden doch
stattzufinden pflegt, ganz umsonst dazu. Die Beduinen zogen auch
fröhlich ihres Weges, denn auch sie hatten das Vergnügen, wieder
einmal geraubt zu haben, ganz umsonst. Und ob es ihnen in diesem
Falle auch nichts einbrachte, so hatte es sie doch auch nichts gekostet,

und sie hatten immerhin den Hang ihrer Natur wieder einmal befriedigt. Der Pascha aber rieb sich die Hände und dachte: Wer wagt nun noch zu sagen, daß wir Türken kein nachdrückliches Regiment führen? Habe ich nicht diesen „Franken" — Allah verschmähe sie — ihre Habseligkeiten alle wieder verschafft? Selbst aus der Wüste heraus habe ich sie zu schaffen vermocht. Gewiß wird mir das in den Augen der Engländer zu großem Ruhm gereichen, und ich will fortan auch ihnen gegenüber etwas stolzer thun.

Unsre Freunde aber, und namentlich der amerikanische Consul, der mit uns im Hotel speiste, riethen uns dringend ab, uns nicht der Gefahr auszusetzen, in die Hände der barmherzigen Beduinen zu fallen. Es waren jedoch im Hotel auch zwei amerikanische Reisende, ein sehr reicher Pflanzer und ein Geistlicher aus Philadelphia. Die beiden ließen sich nicht abhalten, nach Jericho zu gehen. Sie brachen eines Tages mit einer Garde sehr früh auf und kamen des andern Tages schon heil zurück, da sie gute Reiter waren und die Nacht mit zu Hülfe nahmen. So wollten denn auch wir, ihnen nach, es versuchen. Herr Baron von R. aus Hessen, einer unsrer Tischgenossen, schloß sich uns an. Unser Ferman verschaffte uns eine Garde von neun gut bewaffneten, doch ziemlich räuberisch aussehenden Männern. Alle hatten Schießgewehre, einige Säbel, einige Lanzen dazu, und ein jeder war nach eignem Geschmack gekleidet. Unser Dragoman hatte uns ein zweites Zelt besorgt, — unsre deutsche Freundin hatte ihr eignes Zelt — und daneben einen Abessinier zum Koch und den nöthigen Küchenvorrath, das Wasser nicht ausgenommen. Alles ward auf kräftige Maulthiere geladen, und so ritten wir, eine ziemliche Karawane, zum Thore hinaus. Unser besorgter Consul aber bat uns dringend, wenn wir angefallen würden — woran er gar keinen Zweifel zu haben schien — uns nur ja nicht zur Wehre zu setzen, sondern alles gutwillig hinzugeben, weil wir ja doch alles wieder bekommen würden und der Pascha dafür haften müßte. Wir dachten indeß anders. Wir waren für uns selbst gut bewaffnet. Und die Aussicht, von Jericho aus halbnackt durch die glühende Sonne zwischen den dürren Felsen nach Jerusalem zu Fuß gehen zu müssen, war für uns nicht nur sehr abschreckend, sondern ganz unpraktikabel. Wir würden in solchem Zustande auf dem langen Wege jedenfalls erlegen sein. Wir beschlossen daher, wenn wir angefallen würden, die Herren Räuber zu bedeuten, daß sie sich unser Gepäck, Zelte ꝛc. nehmen dürften, daß sie aber unsrer Person mehr denn drei Schritt vom Leibe bleiben müßten. Und das wollten wir, darauf gaben wir uns gegenseitig das Versprechen, mit Waffengewalt durchsetzen.

Wir zogen zum Stephansthor hinaus über den Kidron und um die Spitze des Oelberges nach Bethanien hin und daran vorüber nach dem sogenannten Apostelbrunnen, wo unsre Pferde noch einmal tranken. Von hier aus beginnt eine wilde Oede; zwischen hohen, schroffen, kahlen Felswänden führt der Weg „hinab" und immerfort hinab; denn Jericho liegt um dreitausend Fuß tiefer als Jerusalem. Um Ostern ist dieser Weg sehr belebt, da tausende von Pilgern aus allen Ländern der Erde auf ihm hinabziehen von Jerusalem nach Jericho und zum Jordan, um in demselben ein heilsames Bad zu nehmen. Jetzt dagegen war es sehr einsam auf dem Wege, und jede Strecke desselben wie für Räuber geschaffen. Ohne Wasser und nur selten mit einem kümmerlichen Pflanzenwuchs, ist es eine zerklüftete, schauerliche, wilde Gegend, dieses Gebirge Juda. Je weiter wir kamen, je höher wurden die nackten, trocknen, die Sonnenstrahlen glühend zurückwerfenden Felsen, und immer wilder und räuberischer die ganze Umgebung. Und hier irgendwo in dieser schauerlichen Wüste hat der HErr nach der Taufe im Jordan vierzig Tage und Nächte gefastet, und dem Versucher widerstanden. Ueber die Jordansebne ragt ein besonders hoher Berg steil hervor, der Djebel Karantel, welcher insonderheit als der Versuchungsberg den Pilgern gezeigt wird; fromme Eremiten haben einst die vielen Felsenklüfte an seinen Seiten bewohnt. Oben steht auch noch eine Kapelle, wohin noch jetzt manchmal ernste Christen sich zurückziehen und fasten. Das Hervorheben eines einzelnen Berges entbehrt ja freilich aller Sicherheit, aber die ganze Gegend hat jedenfalls den Kampf des HErrn gesehen. Des Bösewichts feurige Pfeile wurden hier mit „viel Macht und List" verschossen, und fielen doch so ohnmächtig zu den Füßen Dessen nieder, den sie verwunden sollten. Des Menschen Sohn verwundet, und die Menschheit hätte ihre lang gehegte einzige Hoffnung verloren und wäre, Hand und Fuß gebunden, dem Bösewicht überliefert gewesen. Des Menschen Sohn ein Sieger, und: „o Tod, wo ist dein Stachel nun, wo ist dein Sieg, o Hölle?" jauchzet siegesfroh die erlöste Schaar des HErrn. „Gott sei Dank, der uns den Sieg gegeben hat durch Jesum Christum, unsern HErrn."

Wir waren müde und hungrig geworden auf unserm einsamen Wege und waren froh, einer alten Ruine gegenüber unter dem Abhange eines Felsen den nöthigen Schatten zur Ruhe zu finden. Die mitgebrachten Schläuche gaben uns ihr Wasser und wir suchten hervor, was uns unser freundlicher Wirth Hauser für das nächste Bedürfniß eingepackt hatte. Geruht und gestärkt bestiegen wir unsre müden Thiere und zogen weiter.

Am Nachmittage kamen wir an ein enges, tiefes Thal, an den Seiten mit grünen Sträuchern bewachsen, und tief unten hin und her ein wenig Wasser erglänzend. Das Thal war wohl zweihundert Fuß tief und fast senkrecht durch die harten Felsen gegraben. So viel Macht hatte der kleine Bergstrom im Laufe der Jahrhunderte und Jahrtausende entwickelt, daß er sich so tief im Felsen ein enges Bett einzugraben vermochte. Unser Dragoman nannte es das Johannisthal, die Araber nennen den Fluß Kelt, und man will in demselben den „Krith" wiederfinden, an welchem sich einst Elias verbarg und von den Raben speisen ließ. Dieser „Bach Krith, der gegen den Jordan fließt", (1. Kön. 17, 3 ff.) enthält jedenfalls Bergungsstätten genug und in den Krümmungen natürliche Höhlen, wo Elias vor dem Zorne Ahabs wohl eine Zuflucht finden konnte.

Als eben die Sonne sank, standen wir auf der letzten Höhe, und das zwei bis drei Stunden breite Jordanthal lag offen vor unsern Blicken. Ueber demselben, jenseits des Jordans, breitet sich erst noch das „Gefilde Moab" über eine Stunde weit aus, und dann steigt das „Gebirge Moab" steil und drohend empor, als wollte es sagen: „Bis hieher und nicht weiter." Wir standen hier eine Weile und schauten, und ritten dann langsam die Höhe hinunter und die einst so fruchtbare, jetzt ganz verödete Jordansaue entlang.

An einem plätschernden Bache, demselben „Krith", den wir oben sahen, wurden unsre Zelte aufgeschlagen, um hier die Nacht in der Jordansaue zu campiren. Wir waren ziemlich müde und so durstig, daß wir unsre Schläuche bald geleert hatten und im Krith neu füllten. Dann bestiegen wir noch eine Anhöhe, um bei hellem Mondenscheine den Blick über die Gegend schweifen zu lassen. Es war eine Todtenstille rings umher, und nur der Bach murmelte und plätscherte eintönig und nach dem langen Wüstenritt uns doch so lieblich hin. Wir sahen Bäume stehen und meinten, es seien Fruchtbäume, aber wir fanden bald, daß es nur ein ganz wildes Gebüsch war, ohne alle Cultur an diesem schönen Bache wachsend, der auch in dieser trocknen Jahreszeit noch Wassers genug hatte. Der Mondschein machte die fremde Gegend fast geisterhaft. Der nahe Djebel Karantel blickt gleichsam über unsre Schultern, und die ferneren Gebirge Moabs mit ihrem unheilvollen Inhalte, den wilden Beduinen, begränzen den Horizont. Vor uns aber liegt die lange breite Jordansaue ausgebreitet, voll dunkler und hellerer Streifen, und jetzt ebenso öde, wie einst fruchtbar. Unser Dragoman trat zu uns, wies auf den Djebel Karantel und sprach: Von diesem Berge hat einst Satanas unserm HErrn alle Reiche der Welt und ihre Herrlichkeit gezeigt. Und eine großartige Aussicht muß dieser Berg noch heute gewähren. Als aber das Jordansthal noch so wohl bebaut und voll Städte und Dörfer war, da muß der Eindruck von jener Höhe noch ein viel gewaltigerer gewesen sein.

Unser Geist war hier so reich gespeist, daß wir den wackern Abessinier, der uns ein sehr gutes Nachtmahl bereitet hatte, fast betrübten, da wir nur wenig aßen. Wir begaben uns darauf in unsre Zelte zur Ruhe, denn um drei Uhr früh wollten wir wieder auf sein. Aber die bösen Moskitos, die hier zwar kleiner aber nicht besser sind, als in den Urwäldern der neuen Welt, bissen so gewaltig auf uns los, daß wir gar wenig zur Ruhe kommen konnten und schon lange vor drei Uhr wieder auf dem Plan waren. Unsre Zelte wurden nun abgebrochen und zusammengerollt, und wir hatten noch Zeit genug, unsern Kaffee mit Ruhe zu trinken. Dann bestiegen wir unsre Pferde und ritten weiter. Wir hatten gemeint, ganz allein zu sein in dieser Gegend, aber wir waren noch nicht lange geritten, als wir zu einer ganzen Anzahl Beduinenzelte kamen, deren Einwohner noch in süßer Ruhe lagen. Wir hatten nicht das geringste Interesse, sie zu wecken, und zogen gern an ihnen vorüber. Noch ehe die Sonne aufging, waren wir in Jericho.

Das war ein harter Tag, der uns in Jericho anbrach, wohl der härteste auf unsrer ganzen Reise. Aber wir wußten es nicht, und so hingen wir auch die Köpfe nicht, sondern blickten frei und froh umher.

Einen elenderen Ort, wie dieses Jericho, kann man sich kaum denken. Kaum zwanzig ganz elende und sehr schmutzige Hütten, die den Schweineställen auf unsern armen Dörfern nicht unähnlich sehen, machen das dermalige Jericho aus. Ein sehr baufälliger Thurm, einst ein Kastell, erhebt sich in der Mitte etwa 40 Fuß hoch, und aus ihm heraus kamen drei Reiter mit blinkender Lanze, unsre Leibgarbe zu verstärken. Ein Maulbeerbaum war nirgends zu sehen und statt der Balsamstauden und Rosenstöcke fanden wir Dornen und wieder Dornen. Sie bildeten das Dach der aus Steinen roh zusammengesetzten Häuser; sie bildeten auch die Umzäunung dieser Häuser und Viehhürden, und sie standen überall und im Ueberfluß. Doch eine verkümmerte Palme sahen wir noch, wie zum Zeugniß übrig geblieben, daß hier einst die „Palmenstadt" gestanden.

So elend aber Jericho nun auch ist, so ruft doch kein Bartimäus mehr: „Jesu, lieber Meister, erbarme dich mein!" und kein Zachäus sehnt sich mehr nach Christo. Alles ist erstarrt im frostigen Lichte des Halbmonds. Auch wir sehnen uns nicht in Jericho zu weilen, steigen nicht einmal von unsern Pferden, sondern ziehen, durch unsre neue Garde verstärkt, den dunklen Gebirgen Moabs entgegen.

21.
Nach dem Jordan, dem todten Meere und San Saba.

Von der bunten Schaar unsrer Lanzenmänner umgeben ritten wir dem Jordan zu. Unsre Garde zeigte wiederholt, wie gewandt und muthig sie sei, indem einige im fliegenden Galopp seitabwärts ritten, mit den Lanzen gegen einander fochten und ihre Karabiner im vollsten Laufe gegen einander abfeuerten, als ob es bittrer Ernst wäre. Bei dem allen aber wollte uns der Verdacht ankommen, daß sie nur so lange muthig seien, als wirkliche Feinde nicht vorhanden waren.

Es ist ein einsamer, höchst uninteressanter Weg in dem jetzt so öden Jordanthale, aber an geschichtlichen, heiligen Erinnerungen ist er gar reich. Hier in der Nähe muß das Gilgal gewesen sein, wo sich Israel vor der Einnahme von Jericho lagerte, und wo Josua die zwölf aus der Mitte des Jordan genommenen Steine zu einem

Denkmal aufrichten ließ. Diesen Weg wandelte Elia mit Elisa und letzterer nachher allein zurück, als der HErr den ersteren im Wetter aufgenommen hatte. Und hier wandelte der HErr selbst, als Er von Johannes getauft und bekannt und vom Himmel herab selbst bezeugt worden war, den Weg in die Wüste Juda, in jenes schauerliche Gebirge, um dem Versucher zu begegnen und ihn zu überwinden. Von wie viel hunderttausend Pilgern ist dieser Weg seitdem jahraus jahrein gepilgert worden hin zum Jordan, wo Johannes taufte und auch der HErr getauft ward.

Nach einem ziemlich zweistündigen Ritte gewahrten wir endlich einen grünen Streifen vor uns. Das war das Weiden- und Terebinthen-Gebüsch, das den Jordan einfaßt. Wir trieben nun unsre Pferde an, ließen die Garde weit zurück und waren in wenig Minuten am Ziele. Wie lieblich ist diese Stelle am Jordan! Sie war mir so bekannt, als ob ich schon oft hier gewesen wäre, denn oft hatte ich ein getreues Bild dieser Gegend gesehen. Es ist — in dieser Jahreszeit — ein schmaler, reißender und doch tiefer Strom. Die vielen scharfen Krümmungen verhindern es, seinen Lauf weit zu sehen, und das dichte Gebüsch macht es auch unmöglich, an seinen Ufern auf- und abzuwandeln. Doch wir gingen so weit wir konnten, wuschen uns in seinen Fluthen und nahmen dann unser Morgenbrot ein. Am jenseitigen Ufer des Flusses ist ein steiler Hügel, nach welchem hin sich die Augen unsrer Garde unaufhörlich richteten. Denn dieser Hügel dient den Beduinen zur Warte. Auf ihm legen sie sich auf den Bauch zur Erde, um nicht bemerkt zu werden, belauschen alles was an diesem Ufer geschieht, überschreiten dann den Fluß höher oben und stürzen sich plötzlich auf ihre wohlerspähte Beute. Da die Garde doch gewissermaßen für unsre Sicherheit einstehen mußte, war sie sehr unruhig und trieb uns beständig an zur Eile. Aber uns gefiel es so wohl hier, daß wir nur zu gern hier zögerten.

Da rief plötzlich einer aus der Garde: Abvan! Abvan! (Räuber! Räuber!) warf sich auf sein Pferd, sprengte das Ufer hinan und jagte hin und her, um besser beobachten zu können. Die bald allgemein gewordene Aufregung legte sich jedoch schnell wieder, als der schwarze Gegenstand, der für einen Beduinenkopf gehalten worden war, sich als ein unschuldiger Raubvogel erwies, der so niedrig über den Berg hingezogen war. Nun aber wollten uns unsre Bespießten gleichwohl keine Rast mehr gönnen, und so gern wir auch noch hier geweilt und von vergangnen Tagen geträumt hätten, so mußten wir doch endlich den Plagegeistern nachgeben und unsre Pferde wieder besteigen. Wir verließen den windungsreichen Lauf des Jordan und zogen geraden Weges zum todten Meere.

Je mehr wir uns der Gegend Sodoms näherten, desto wüster und öder ward es mitten in dem einst so fruchtbaren Jordanthale. Da nichts unsre Aufmerksamkeit fesselte, mein Pferd ohnehin meist ein Stück voraus war, so hatten wir Muße genug, die Gedanken dem Jordan nachzusenden, was uns unsre Wächter an seinen Ufern nicht erlaubten. Es ist doch ein gar merkwürdiger Strom, dieser Jordan. Nicht der lange beschwerliche Weg, nicht die Gefahr in die Hände der Beduinen zu fallen, noch irgend welche Mühe hält den Pilger ab, zu seinen Ufern zu eilen. Und ob er ihn auch nur so kurze Zeit sehen und genießen darf, er vergißt sein doch nicht wieder, und vergißt auch nicht seinen besten Freunden von seinem Wasser mitzubringen. Am Fuße des großen Hermon entsprossen, fließt der Jordan in einem Thale mehr als 500 Fuß über dem Meere dahin. Aber bald fällt er schnell und immer schneller, und ist am See Genezareth schon über 1000 Fuß gefallen. Und weiter stürzt er sich mit Hast auf die sich ihm entgegenstemmenden Felsen, geht ihnen oft aus dem Wege und kehrt ebenso oft zu seiner Hauptrichtung zurück, bis er im todten Meere, nach einem Fall von fast 1800 Fuß, verschwindet. So tief versank Sodom, daß die es bedeckenden Fluthen noch über 1200 Fuß unter der Meeresfläche sind. Und so mußte der arme Jordan, der einst die Umgegend von Sodom und Gomorra so fruchtbar und schön wie einen Garten Gottes gemacht hatte, mit diesen Städten versinken und konnte sein ferneres Ziel im rothen Meere nicht mehr erreichen. Wie mit der ganzen Sache sehr unzufrieden, hat er sich noch ein enges Bett 40 Fuß tiefer in sein ursprüngliches Flußbett eingegraben, in dem er nun, auch in der Nähe unbemerkt, bald stumm, bald laut und lauter murrend und tosend seinem abgebrochnen Ziele zueilt. Aber wie ungestüm er auch mit seiner reichen Wasserfülle herbeieilt: den Salzbrand Sodoms kann er nicht löschen, immer noch ist die Sodomsfluth mit einem ganzen Viertel Salz geschwängert. Und wie unberechenbar groß auch der Umfang der Wasserfülle sein mag, die der Jordan nun in fast viertausend Jahren ohne Ruh und Rast, bei Tag und bei Nacht, zu jeder Stunde in diese fluchbelastete Senkung hineingeworfen hat: die schweren Wellen Sodoms wollen sich nicht heben und bilden nach wie vor die tiefste Tiefe auf der Oberfläche der Erde.

Auch nicht eine Spur von Pflanzenwuchs war zu finden, als wir in die Nähe des todten Meeres kamen. Nur dürres Holz lag hier und da, das der Jordan in seinem Laufe mit fortgerissen und ins todte Meer geschwemmt hatte. Aber die Sodomsfluth stieß auch dieses von sich ab, und so bleichte es am Ufer, mit einer Salzkruste ganz überzogen. Das Wasser sah sonst so klar aus, wie anderes Meerwasser, aber sein Geschmack ist ein ganz verschiedener. Meerwasser ist widerlich, aber das Wasser des todten Meeres ist rein unausstehlich. Nicht weit vom Ufer ist eine kleine Insel, zu der wollte ich gern hinreiten. Aber die Garde schrie ganz ängstlich dagegen, und mein Pferd schien ihre Meinung zu theilen, denn es wollte nicht weiter hinein. Ich trieb es indeß langsam vorwärts, bis ich merkte, daß die Tiefe doch viel zu groß sei, und so mußte ich denn umkehren. Ich watete nun in das Wasser hinein und blieb wohl eine halbe Stunde lang darinnen, kleine Kiesel aus dem Grunde heraufholend. Als ich herauskam, fand sich an meinen Beinen alsbald jene Salzkruste ein, welche die dürren Aeste am Ufer überzog. Ich rieb das Salz ab, ohne daß ich ein besondres Jucken empfunden hätte.

Das todte Meer ist über 22 Quadratmeilen groß, also fast ebenso groß wie das Herzogthum Altenburg. Es zieht sich von Norden nach Süden hin an zehn Meilen lang, während es von Ost nach West nur schmal und von 1000 bis 2000 Fuß hohen Kalksteinfelsen eingeschlossen ist. Man sieht rechts und links die hohen dunklen Felsenufer das Meer begränzen, sein Ende aber nach Süden kann man nicht absehen, auch von den Bergen aus nicht. Die Hitze ist hier sehr groß, doch hatten wir gerade einen angenehmen Luftzug im ganzen Jordanthale und auch am todten Meere, so daß wir wenig davon zu leiden hatten. Von irgend welchem Leben, etwa von Fischen oder Muscheln, war auch nicht eine Spur zu finden. Das Wasser war glatt wie ein Spiegel und bewegte sich nicht. Das Ganze gab uns ein Bild des Todes wie selten eins. Wie wohl keins. Denn wo sollte man mehr geneigt sein, des Todes zu gedenken, als am todten Meere? Tief unten, in grauser Tiefe, über 1000 Fuß unter der schweren Salzfluth begraben, liegt Sodoms einst so fruchtbares Gefilde, liegen Gomorras einst so laute Straßen, liegen Adama und Zeboims Bürger und Fürsten begraben. Das Feuer wilder Lust in ihren Gebeinen, von der Hölle entzündet, ward mit Feuer und Schwefel vom Himmel ausgebrannt. Die Hitze der Tiefe und die Berge, welche die Luft ringsum gefangen halten, zwingen das Wasser zur Verdunstung; auch an diesem Tage stieg der Qualm aus der Tiefe empor und hielt sich nicht fern über dem Wasser wie ein Nebel. Das ist der Rauch Sodoms, der selten fehlt und es auch den Vögeln schwer macht, über diesen See zu fliegen, und niemals setzt sich einer darauf.

Unsre Garde mahnte uns auch hier zur Eile, und so brachen

wir denn von dem todten Meere wieder auf und begannen den sauersten Weg unsrer Reise. Wir wandten uns westlich dem Gebirge Juda zu. Am Fuße desselben verließ uns unsre Jerichogarde, nachdem sie ihren Bakschisch empfangen hatte. Unsre Jerusalemgarde aber blieb bei uns und führte uns weiter. Sobald wir in die engen Schluchten des Gebirges kamen, ward die Hitze unausstehlich. Kein Luftzug rührte sich. Die Mittagssonne brannte auf uns nieder, und nirgends war Schatten oder Schutz zu finden. Unsre Pferde dampften vor Schweiß, und wir mußten diese Ausdünstung einathmen. Die kahlen Felsenberge warfen wie im Zorne die heißen Sonnenstrahlen auf uns zurück und machten uns und unsre Thiere sehr matt. Nachdem wir an drei Stunden so geritten waren und nun wirklich fast nicht mehr konnten, fanden wir endlich in einer überhängenden Felswand den nöthigen Schatten zur Ruhe. Hier suchten wir zusammen, was wir an Nahrungsmitteln bei uns hatten, denn unser Gezelt und Gepäck war von Jericho gleich nach San Saba gegangen, und stärkten uns so gut wir konnten zu dem noch vierstündigen Ritte. Die größte Hitze war nun auch vorüber, und so zogen wir etwas getroster weiter. Plötzlich rief wieder unsre Garde: „Advan!" und diesmal hatte sie sich nicht versehen. Eine Anzahl „Advans" stand auf einem Berge und blickte auf uns herab. Wie wild ritt unsre Garde hin und her, jagte eine Anhöhe hinauf, um die feindliche Macht besser übersehen zu können, und that alles mögliche, um sich ein formidables Ansehen zu geben. Unser Dragoman mahnte uns, daß wir uns zusammenhalten möchten, da wir sonst oft weit hintereinander zogen, je nach unsrer Reitfähigkeit und der Kraft unsrer Thiere. Wir folgten der Mahnung und zogen ruhig weiter, doch nicht ohne uns oft nach den dunklen Gestalten der „Advans" auf der Höhe umzusehen. Diese aber verloren ihre Gleichmüthigkeit nicht und waren entweder friedlich gesinnt, oder wurden es doch durch den Blick auf unsre Zahl und auf unsre

Waffen. Unsre Wächter jedoch drängten uns immerfort zur Eile und zählten uns immer wieder vor, wie weit und wie lange wir noch zu reiten hätten. Die Kräfte waren uns längst wieder ausgegangen: wir hingen nur noch so auf unsern müden stolpernden Pferden.

Es war schon ganz finster, als wir vor dem gar merkwürdig gelegenen Kloster Mar oder San Saba anlangten. Hart vor dem Thore fanden wir unsere Zelte schon aufgeschlagen (Damen dürfen das Kloster nicht betreten) und unser wackrer Abessinier hatte wieder ein sehr schmackhaftes Abendbrot bereitet, dem wir jedoch vor zu großer Müdigkeit nur wenig Schaden thun konnten. Wir übergaben den Mönchen noch unsre Empfehlung vom griechischen Patriarchen zu Jerusalem und sagten ihnen, daß wir (Männer) am andern Morgen das Kloster zu sehen wünschten. Die Empfehlung des Patriarchen war griechisch geschrieben und lautete also:

„Der Patriarch dem ehrwürdigen Archimandriten der heiligen Laura (d. i. Kloster) des seligen Saba, Herrn Joassaf. Väterlich im HErrn wünschen wir ꝛc. ꝛc. Die unser Gegenwärtiges darbringenden preußischen Reisenden kommen auf ihrer Reise auch zu der dortigen Laurau, deshalb wird Deine Ehrwürdigkeit dieselben wohlgewogen empfangen und wie üblich gebührend pflegen, damit sie zufrieden und als Deine Lober zurückkehren. So thue und lebe wohl im HErrn nach Leib und Seele!

In Jerusalem, 22. September (alten Styls) 1862.

Der von Jerusalem."

22.
Nach Bethlehem, Mar Elias und zurück nach Jerusalem.

Auf unsrem gestrigen Wege sahen wir wiederholt das todte Meer tief und immer tiefer unter uns liegen, je höher wir selbst empor kamen. Immer schwebte dieselbe Dunstwolke über dem Gewässer und ließ uns nur hier und da eine Fläche, nicht aber das ganze überschauen. Auch von der Höhe des Klosters San Saba sahen wir deutlich den See des Todes wieder. Hier in dieser Gegend irrte David flüchtig umher, und war doch der Geliebte des HErrn. Und Saul verfolgte ihn hier mit Königs Glanz und Macht, und war doch im Besitze des finstern Geistes und vom HErrn verstoßen.

Die Mönche des Klosters nahmen uns freundlich auf. Sie hatten aber alle einen sehr leidenden Zug und sahen gar nicht gesund aus. Ich fragte, ob sie uns nicht mit ein wenig Milch versorgen könnten, und werde das Angesicht des Mannes nicht vergessen, an den ich die Frage richtete. "Milch?!" sagte er, und ein Lächeln, das mit dem Weinen kämpfte, zog sich über sein abgemagertes kränkliches Gesicht. Die Mönche haben auch diesem Genusse entsagt, und die Erinnerung daran schien nicht ohne einen innern Kampf vorüberzugehen. Freundlich führte man uns umher und zeigte uns des heiligen Saba Felsenzelle, die er lange mit einem Löwen getheilt haben soll, den seine Güte gezähmt hatte. Es ist eine dumpfe gefangene Luft darin, und ich würde auch ohne Löwen wohl nicht alt darin geworden sein. Ich fühlte mich wie von einer Last erleichtert, als ich wieder freie Luft athmen konnte. Auch Johannes Damascenus hauste hier und verfaßte seine gelehrten Werke. Mit besonderer Liebe aber wiesen die Mönche uns auf einen einzelnen Palmbaum hin und behaupteten, daß der heilige Saba ihn noch selbst gepflanzt habe. Auch mit einem Blumensträußchen für unsre Damen, die nicht mit ins Kloster kommen durften, beschenkten sie uns. Jedes Körnchen Erde, das hier Blumen oder Früchte trägt, ist aus der Ferne hergetragen worden. Denn an diesem Orte selbst ist alles nackter, starrer Fels. Wir hatten uns ganz müde gelaufen tief hinunter, wo das Kloster an den senkrechten Felswänden des Kidronthales wie ein Schwalbennest angebaut ist, bis hoch hinauf, wo hohe

Mauern und Thürme räuberischen Beduinen den Eingang wehren und eine hübsche Aussicht bieten auf die starren Felsen wie auf das todte Meer tief zu unsern Füßen und weit umher. Wir schieden von den Mönchen mit herzlichen Bedauern, daß so viel Hingabe keinem bessern Zwecke dient, als nutzlos zu leben und im Elend zu sterben. Doch der Orient hat seine eigne Anschauung darüber, und die Prinzipien der Nützlichkeit sind noch nicht bis nach San Saba gedrungen.

Wie wir vom todten Meere nach San Saba fort und fort im Steigen begriffen waren, so führte auch unser Weg von diesem Kloster aus immerfort bergauf. Wir ritten wieder in einer öden Felsgegend dahin, bis wir gegen Mittag plötzlich von grünen Triften überrascht wurden. Berge und Thäler waren angebaut, Oelbäume, Feigen und Wein wechselten mit einander ab, ein langes sehr freundliches Thal dehnte sich zur Seite aus und sah uns freundlich und bekannt an, als ob es uns grüßen wollte. Die wir zwei Tage lang zwischen starren Felsen und auf der todten Sandfläche des todten Meeres zugebracht hatten, waren wirklich entzückt über diesen angenehmen Wechsel und konnten uns nicht enthalten, unsren Dragoman zu fragen: Was ist das für ein schönes Thal dort? „Das Hirtenthal", antwortete er kurz. Das Hirtenthal — wir waren vor Bethlehem. Ohne es zu wissen, daß dies die heilige Gegend von Bethlehem sei, war sie uns schon lieb und heimisch geworden; nun wir's aber wußten, ward sie's uns doppelt. Hier also erscholl zuerst der Lobgesang aus dem Munde heiliger Engel, der seitdem in aller Welt, in allen Sprachen und allen Nationen wiedererschallt: „Ehre sei Gott in der Höhe, Friede auf Erden und den Menschen ein Wohlgefallen!" O daß doch nun, nachdem dieses heilige Lied achtzehnhundert Jahre durch die Länder erklungen ist, alle Menschen ein rechtes Wohlgefallen haben möchten an den gnadenreichen Geschichten, die sich zu Bethlehem zugetragen haben, an dem Heiligen Gottes, der hier Mensch geboren ist, ohne welchen es auf Erden keinen Frieden giebt und auch keinen Lobgesang, der Gott gefallen könnte!

Wir zogen langsam an diesem lieblichen Thale vorüber hinauf nach Bethlehem; denn auch Bethlehem ist eine „hochgebaute Stadt", und wahrlich keine geringe. Stritten sich Städte des Alterthums um die Ehre, Geburtsstadt eines armen blinden Mannes zu sein, der sich mit seinen von der Nachwelt bewunderten Liedern bei der Mitwelt nur ein Kummerbrot erwerben konnte: wie unnahbar hoch steht Bethlehem da, woraus der gekommen, dessen Ausgang von Anfang und von Ewigkeit her gewesen ist. Zwar auch Er wurde hier arm, in einem Stalle sogar geboren, aber Er ward nur arm um unsertwillen, damit Er uns durch Seine Armuth reich machte.

> „Der Sammet und die Seiden Dein,
> Das ist grob Heu und Windelein,
> Darauf Du König so groß und reich
> Herprangst, als wär's Dein Himmelreich.
>
> Das hat also gefallen Dir,
> Die Wahrheit anzuzeigen mir,
> Wie aller Welt Macht, Ehr und Gut
> Vor Dir nichts gilt, nichts hilft noch thut."

Auf der Höhe der Stadt liegt das Kloster, das die Geburtsstätte des HErrn umschließt. Es war gerade Mittags zwölf Uhr, als wir vor demselben ankamen, doch auf dieser luftigen Höhe drückte uns die Hitze nicht. Auch hier leben Römer, Griechen und Armenier — was das Kloster betrifft — in Gütergemeinschaft. Doch diese Gemeinschaft bezieht sich wohl nur auf das eine Dach, das sie alle umschließt; denn unter diesem einen Dache weiß jede Partei ihre besondren Stätten wohl für sich zu behalten, und die kalten Worte: Mein und Dein widerhallen auch in diesen Mauern. Wir wandten uns zuerst an die Römer, hier sonst Lateiner genannt, um freundliche Beherbergung. Aber der wachehaltende Bruder verkündigte uns, daß jetzt die Mönche schliefen und uns also nicht aufnehmen könnten. Er besann sich indessen bald eines andern und frug, ob wir eine Empfehlung von der Casa nuova aus Jerusalem mitgebracht hätten, dem Kloster, in welchem alle Katholiken zu herbergen pflegen. Da wir aber eine solche nicht hatten, so gab es auch keine Gastfreundschaft für uns. Darauf wandten wir uns denn an die Griechen im Kloster, und die nahmen uns bereitwillig auf. [Der dienende Mönch brachte uns alsbald eine große Flasche Wein; aber er schien ein Widersacher jenes Speisemeisters zu sein und den guten Wein bis zuletzt behalten zu wollen. Wir baten ihn um eine bessere Sorte; er sagte ja! ja! ich hatte aber Mißtrauen, er möchte ihn aus demselben Fasse wie den ersten gezapft haben. Der Bethlehem-Wein ist sonst berühmt im heiligen Lande.]

Nachdem wir uns ein wenig erholt hatten, gingen wir in die Kirche. Zur Seite des Hauptaltars in der griechischen Kirche führen marmorne Stufen hinunter in die Grotte der Geburt des HErrn. Diese Grotte ist 39 Fuß lang, 11 Fuß breit und 9 Fuß hoch. Die Wände und der Boden sind mit Marmor bedeckt, und silberne Lampen brennen Tag und Nacht. Unter dem Altar in der Grotte ist ein silberner Strahlenkranz, der von edlen Steinen glänzt, und in demselben stehen die Worte: „Hic de virgine Maria Jesus Christus natus est." (Hier wurde von der Jungfrau Maria Jesus Christus geboren.) Daß dies wirklich die Stätte der Geburt des HErrn ist, läßt sich kaum bezweifeln. Schon im zweiten Jahrhundert war sie als solche bekannt und verehrt, und zu Anfang des vierten Jahrhunderts (330) baute Kaiser Konstantin diese Kirche darauf, noch vor der Grabeskirche in Jerusalem. Der Einwurf, daß Lucas von einem Stalle als der Geburt des HErrn redet und nicht von einer Grotte, ist wohl von solchen gemacht worden, die nicht blos mit dem Leibe, sondern auch mit dem Geiste hinter dem deutschen Ofen sitzen geblieben sind. Denn wenn sie sich auch nur im Geiste über ihr

Gehöft hinausgemacht hätten, würden sie ja wissen, daß im ganzen Morgenlande Felsengrotten sowohl zu Menschenwohnungen, als zu Viehställen gebraucht werden, und zuweilen zu beiden zugleich. Im heiligen Lande aber ist das besonders häufig der Fall, und man kann es heut noch oft sehen, auch in der Nähe von Jerusalem. Wie freuten wir uns in Bethlehem zu sein!

"O Jesu Christ! Dein Kripplein ist
Mein Paradies, da meine Seele weidet;
Hier ist der Ort, hier liegt das Wort
Mit unserm Fleisch persönlich angekleidet."

Und hier saß vor vierzehnhundert Jahren ein frommer alter Mann, ein Mönch und ein Gelehrter zum Himmelreich. Der sah diese Stätte an und weinte. "Ach HErr Jesu, sagte der Greis, wie hart liegst Du da in der Krippe um meiner Seligkeit willen! Wie soll ich Dir doch das vergelten?" Und es ward ihm wie eine Antwort im Herzen: „„Nichts begehre ich, denn daß du singest: Ehre sei Gott in der Höhe!"" Wieder beginnt der Greis: "Ach lieber Heiland, ich muß Dir etwas geben; ich will Dir all mein Geld geben." Und wieder ruft es ihm von der Krippe her zu: „„Der Himmel ist mein und die Erde ist auch mein; ich bedarf nichts. Gieb Dein Geld den armen Leuten, da will ich's annehmen, als wäre es mir gegeben."" "Gern will ich das thun, spricht der Greis, aber Dir muß ich auch etwas geben, oder ich muß vor Leid sterben." „„Bist du so freigebig, antwortet's ihm abermals von der Krippe, so will ich dir sagen, was du mir geben sollst. Gieb mir her dein böses Gewissen, deine Sünde und deine Verdammniß!"" "Was willst Du doch damit thun?" ruft der Greis. „„Ich will es auf meine Schultern nehmen, das soll meine Herrschaft sein und meine herrliche That."" Da fängt der alte Mann an zu weinen und spricht: "Kindlein, liebes Kindlein, wie hast Du mir mein Herz gerührt! Nimm hin was mein ist, und gieb mir was Dein ist, so bin ich der Sünde los und des ewigen Lebens gewiß." — Dreißig Jahre herbergte hier der fromme Greis beim „Kripplein Christi", nicht müßig, wie heutige Mönche, sondern die heilige Schrift ins Lateinische übersetzend und viele gute Schriften verfassend, den Bösen zum Trotz und den Frommen zum Trost. Und als er ausgepilgert hatte, ließ er, neunzig Jahre alt, seine Gebeine hier zum Andenken. Ueber vierzehnhundert Jahre warten diese nun schon auf die Stimme des HErrn, den er geliebet hat, daß sie die Gräber durchdringen und die darinnen schlafen auferwecken soll zu einem Leben, das nicht mehr stirbt. Dieser alte fromme Greis ist der heilige Hieronymus, in dessen einstige Zelle wir uns führen ließen und bei dessen Grabe wir sinnend standen.

Als wir aus den unteren Gängen des Klosters und aus der Grotte der Geburt des HErrn wieder in die obere Kirche traten, wurden wir plötzlich von einem deutschen Gruße überrascht. Herr Dr. Sandrecki war es, der uns so begrüßte. Er war uns von Mar Elias aus freundlich entgegengekommen und brachte uns eine Einladung von dem krankenden preußischen Konsul, Dr. Rosen, bei ihm vorzusprechen und eine Erquickung einzunehmen nach unsrer anstrengenden Reise. Die freundlichen Bethlehemiten verkauften uns erst noch einige ihrer Perlmutterarbeiten, in welche sie gern allerlei Bilder aus dem Leben des HErrn einschneiden. Dann befriedigten wir die Mönche und schieden von Bethlehem, wie man nur von Bethlehem scheidet.

An dem Grabe Rahels vorüber kamen wir nach anderthalb Stunden auf die Höhe von Mar Elias, dem Kloster der Griechen. Von hier aus sahen wie noch Bethlehem hinter uns auf einer Höhe, und auf der andern Seite Jerusalem vor uns auch auf einer Höhe. Ein Thal füllte hier und dort die Entfernung aus. Dem griechischen Kloster gegenüber zeltete der krankende Konsul und nahm uns freundlich auf. Er war im Begriff, das heilige Land zu verlassen und in der kühlern Heimath Genesung zu suchen. Jerusalem ist nicht sehr gesund zu dieser Zeit. Von Dr. Sandrecki begleitet, beschlossen wir dieses Stück unsrer Reise und kamen, als die Sonne schon untergegangen war, wieder in Jerusalem an.

23.
Jerusalems Bewohner.

Es ist ein merkwürdiger Zug unter allen Völkern hinauf nach Jerusalem. Die unbeweglichen Kinder Asiens können doch diesem Zuge nicht widerstehen. Europa sendet alle Schattirungen vom tiefsten Süden bis zum höchsten Norden in großen Schaaren herzu; auch die neue Welt (Amerika) ist nicht zu fern, ihre Söhne herzusenden, und selbst das gebundene Afrika bleibt nicht zurück. Die Kopten haben einen Antheil an der Grabeskirche, und die fernen Abessinier wissen auch den Weg dahin zu finden. Israels abgefallene Söhne aber, was sie auch sonst verloren haben, das Andenken an Jerusalem verloren sie nicht. Auch sie ziehen aus weitester Ferne herbei und hinauf nach Jerusalem. Und wer sie einmal gesehen hat, die „hochgebaute Stadt", der vergißt ihrer nicht leicht wieder. Es ist als obs die Stätte seiner Kindheit, sein Wiegenort wäre: so sehnt er sich nach ihr, so gern kehrt er zu ihr zurück. Aber doch — in Jerusalem bleiben, nein! Nach kurzem Aufenthalt ziehen alle Pilger gern wieder heim; niemand mag hier seine Heimath haben. Auch die ihr Amt an Jerusalem bindet und denen ein reiches Einkommen es ermöglicht, sich so heimisch, wie sie nur wünschen, einzurichten, auch sie hausen nur ungern hier. Es ist als ob der Wiegenort mit seinen Verhältnissen nicht mehr recht passen wollte zur Lage des Mannes mit seinen Verhältnissen. In der That gleicht das ganze heilige Land einer zwar schönen, doch völligen Ruine. Wer sähe nicht gern eine berühmte großartige Ruine? Wer aber wünschte in ihr dauernd zu wohnen? Nein, wie Palästina jetzt ist, ist es kein Land des Verlangens, da man Hütten bauen möchte.

Jerusalem soll gegenwärtig 23,000 Seelen zählen. Von diesen sind die größte Hälfte (12,000) Muhammedaner. Das sind die Regenten des Landes und sie geben den Ton an. Es ist freilich kein wohlklingender Ton. Obenan steht der Pascha von Jerusalem, der alle paar Jahre durch einen neuen von Konstantinopel ersetzt wird. Dieser muß dem Sultan die bestimmte Steuer von der Provinz überliefern und es bleibt ihm überlassen, wie er das thut. Natürlich will er auch für sich was haben. So hat er denn vollauf zu thun, in der kurzen Zeit seines Regiments den Sultan und sich selbst zufrieden zu stellen. Wer wollte auch noch mehr von ihm verlangen? Die Wege bleiben so schlecht und so unsicher, wie zuvor. Fürchtet sich jemand vor den Straßenräubern, so mag er eben zuhause bleiben. Fallen die Beduinen ein und ernten dem Bauer sein Feld ab: Allah ist groß — der Bauer mag es wieder besäen. Führen zwei Parteien blutige Fehde mit einander — sie mögen sich wieder vertragen. Sollte ihr Zwist den Pascha in seiner Ruhe stören? Unter Umständen ja. Da kommt die eine Partei, die vielleicht den kürzern gezogen und die meisten Männer verloren hat, oder die das meiste Recht zu haben meint, und bittet den Pascha, drein zu sehen. Natürlich kommt sie nicht mit leeren Händen. Das wäre unverzeihlich und sollte ihr übel bekommen. Sie kommt also mit gefüllten Beuteln und der Pascha hört ihre Klage huldvollst an. — Ich habe einen bestimmten Fall vor Augen, der sich vor Kurzem wirklich zugetragen hatte. — Darauf verspricht ihr der Pascha, die andere Partei zur Rechenschaft zu fordern. Das thut er auch, der Pascha ist ein „ehrenwerther Mann". Die andere Partei erscheint, natürlich auch nicht mit leeren Händen. Nun trifft es sich, daß sie viel größere Beutel hat und also auch viel gewichtigere Gründe bringt, als die erste Partei. Der Pascha sieht das ein und verspricht sofort Friede unter ihnen zu machen. Nun lagert es sich vor dem Jaffathor von Kameelen und Reitern, eine bunte Kriegesmacht, des Paschas Stolz. Er kann sich das Vergnügen nicht versagen, sich an die Spitze dieser „Braven" zu stellen. So zieht er aus. Alles beugt sich vor ihm. Er fordert Straftribut, der wird' entrichtet. Er befiehlt Versöhnung, die geschieht. Nun kehrt er zurück voll schmeichelnden Selbstbewußtseins, des Landes Ruhe wieder hergestellt zu haben, und mit besonderer Befriedigung jener großen Beutel gedenkend. Groß ist das Regiment der Türken!

Nach den Türken bilden die Christen die größte Anzahl der Bewohner Jerusalems. Ihrer sollen an 7000 hier wohnen: Griechen, Lateiner, Armenier, Kopten, Syrer, Abessinier und Protestanten; eine siebenfarbige bunte Mischung. Und möchten sie nur, wie die sieben Farben des Regenbogens, ein Ganzes und ein liebliches Bild des Friedens bieten! Aber wohl nirgends auf Erden liegen sich die verschiedenen christlichen Secten so buchstäblich in den Haaren, wie in Jerusalem und an heiligster Stätte. Der geistliche Tod ist hier vollkommen und das fleischliche Leben ist es auch. Wer darüber noch im Zweifel wäre, dem würde die Anwesenheit des türkischen Militairs in der Grabeskirche während der Osterwoche den Beweis liefern, welches trotz seiner großen Zahl und Waffen oft doch nicht im Stande ist, die Christen in der Kirche auch nur so weit in Zucht zu halten, daß sie einander nicht geradezu umbringen. Noch vor wenigen Jahren verloren zwei Christen ihr Leben und viele ihre Glieder in der Grabeskirche, während des nur mit bitterer Ironie so zu nennenden Gottesdienstes. Ist es nicht, als ob der Fluch des Landes auch das Christenthum drückte?

Die Griechen sind bei weitem die vorwiegende Partei unter den Christen. Doch nur der Patriarch und die meisten Mönche sind eigentliche Griechen, die Gemeinde und die Priester bestehen aus den

Eingebornen des Landes, hier gewöhnlich Araber genannt. Und es mag wohl sein, daß sie sowohl als ihre muselmännischen Herrscher, denen sie sich kriechend unterwerfen, wie die vagabundirenden Beduinen, Söhne der Hagar und der Ketura sind, hier und da auch wohl mit einer homöopathischen Dosis Europäerblutes versetzt. Sie besitzen in Jerusalem acht Mönchs- und fünf Nonnenklöster und eine Anzahl Häuser, die sie vermiethen. Die Russen nehmen sich dieser Griechen je länger je mehr an und versorgen sie mit Geld und politischer Unterstützung. Die Lateiner sind lange nicht so zahlreich als die Griechen, doch haben auch sie ihre Klöster und etwa fünfzig meist italienische und spanische Mönche. Ihnen zunächst nach Zahl und Bedeutung kommen die Armenier. Sie haben wohl das größte und reichste Kloster in Jerusalem. Männer und Frauen dieser Secte lieben die schwarze Farbe und sind stille, fleißige und betriebsame Leute, die sich durch Handel Reichthümer zu verschaffen wissen. Die Kopten, Syrer und Abessinier haben ärmliche Klöster, in denen sie die Pilger ihres Glaubens beherbergen. Von den Protestanten ist schon früher gesprochen worden. Sie zeichnen sich jedenfalls vor den übrigen Christen vortheilhaft aus, doch will auch die protestantische Gemeinde in Jerusalem nicht recht gedeihen.

Am auffälligsten aber drückt der unverkennbare Fluch des Landes den dritten Theil der Bewohner Jerusalems, die Juden. Ihre Zahl beläuft sich etwa auf 6000 Seelen und ist also fast so groß, wie die der Christen. Es ist aber merkwürdig, daß es alte jüdische Familien, die seit Jahrhunderten hier gewohnt hätten, gar nicht giebt, während im nahen Egypten jüdische Familien seit Jahrtausenden wohnhaft sind. Die meisten der Juden sind Ausländer, die nach Jerusalem kommen, um hier zu sterben und begraben zu werden. Daß es aber nicht Frömmigkeit ist, welche sie hierher treibt, werden wir noch sehen. Auch die zum Sterben hierhergekommenen Juden sind nicht einig. Friede herrscht nicht mehr in Jerusalems

Mauern. Von den kleineren Parteien abgesehen bilden die Juden drei Hauptsecten. Die besten derselben sind noch die Sepharedim; sie sind auch die zahlreichsten, und ihre Sprache ist spanisch, da ihre Vorfahren einst in Spanien wohnten und von dort vertrieben wurden. Unter ihnen giebt es recht schöne Gestalten. Sie sind türkische Unterthanen, haben die meisten Vorrechte im Vergleich zu den übrigen Juden und besitzen vier Synagogen. Ihnen gegenüber stehen die Aschkenazim. Diese stammen aus Deutschland, Polen, Rußland, Ungarn ꝛc., und ihre Sprache ist meist deutsch. Die dritte Klasse bilden die Karaiten, die den Talmud verwerfen und sich nur an das alte Testament halten, ohne jedoch eine minder grobe Decke vor Aug und Herzen hängen zu haben. Diese wie die Aschkenazim haben ihre besondern Synagogen und leben im tapfern Streite nicht nur mit den andern Secten, sondern auch mit ihren eignen Vorstehern und Rabbinen.

Diese jüdischen Secten alle haben noch ein besonderes Heiligthum in Jerusalem, und das besteht aus einigen sehr alten und großen Felsblöcken in der Mauer, die den Tempelberg umschließt. Da sie den Berg selbst nicht betreten dürfen, so gehen sie jeden Freitag an die äußere Mauer des Moria, berühren diese alten Steine, die jedenfalls noch vom herodianischen, wenn nicht vom salomonischen Tempelbau herstammen, mit ihren Stirnen oder doch mit ihren Händen und schlagen dann auf ihre gottlose Brust. Sie beten einzeln aus großen Büchern und stimmen auch wohl zusammen eine Art Litanei an, folgenden Inhalts:

Antiph.: „Wegen des Palastes, der wüste liegt:
Responf.:   da sitzen wir einsam und weinen.
        Wegen des Tempels, der zerstört ist:
          da sitzen wir einsam und weinen.
        Wegen der Mauern, die zerrissen sind:
          da sitzen wir einsam und weinen.

Wegen unsrer Herrlichkeit, die dahin ist:
da sitzen wir einsam und weinen.
Wegen unsrer großen Männer, die darniederliegen:
da sitzen wir einsam und weinen.
Wegen der kostbaren Steine, die verbrannt sind:
da sitzen wir einsam und weinen.
Wegen der Priester, die gestrauchelt haben:
da sitzen wir einsam und weinen.
Wegen unsrer Könige, die ihn verachtet haben:
da sitzen wir einsam und weinen.
Wir bitten dich, erbarme dich Zions:
sammle die Kinder Jerusalems.
Eile, eile Zions Erlöser:
sprich zu dem Herzen Jerusalems.
Schönheit und Herrlichkeit umgebe Zion:
wende dich gnädig zu Jerusalem.
Das Königsregiment erscheine wieder zu Zion:
tröste die da trauern über Jerusalem.
Freude und Wonne kehre ein zu Zion:
Und der Zweig sprosse auf zu Jerusalem."

Als wir diesen Klageplatz der Juden besuchten, hatten sie einen besondern Gedenktag und es waren ihrer viele hundert Männer und Weiber in der engen Straße versammelt, so daß wir uns nur mit großer Mühe durchdrängen konnten und uns ganz von einander verloren. Da standen die bärtigen Gestalten aus allen Ländern der Erde; aber die Zobelmützen (die die russischen Juden tragen) waren am meisten vertreten. Manche unter ihnen schlugen ziemlich unbarmherzig auf ihre Brust los, und ich sahe hier und da auch eine Thräne fließen. Doch das sind besondere Thränen, die nur Orientalen haben. Sie fließen auf Commando und verschwinden auf Commando. Eine alte Frau hatte zwei Brillen auf der Nase und ein Quartbuch mit großer hebräischer Schrift in beiden Händen. Daraus las sie laut und neigte sich unaufhörlich. Zwei bis drei andere sprachen es ihr nach und sahen ihr über die Schultern ins Buch. Denn konnten sie auch nicht selbst lesen, so war doch das

Ansehen und Nachsprechen der hebräischen Worte schon ein gutes Werk. Die ganze Scene wäre ergreifend gewesen, wenn sie sich ihrer Sünden wegen an die Brust geschlagen hätten, und nicht „der köstlichen Steine wegen, die verbrannt sind", und ihrer „Herrlichkeit wegen, die dahin ist". Wie so anders lautete Daniels Gebet, als er über das zerstörte Jerusalem trauerte! „Wir haben gesündigt, rief er, Unrecht gethan, sind gottlos gewesen und abtrünnig geworden, wir sind von deinen Geboten und Rechten gewichen. Wir gehorchten nicht deinen Knechten, den Propheten, die in deinem Namen unsern Königen, Fürsten, Vätern und allem Volk im Lande predigten. Du, HErr, bist gerecht, wir aber müssen uns schämen. — Ja HErr, wir, unsre Könige, unsre Fürsten und unsre Väter müssen uns schämen, daß wir uns an dir versündigt haben. — Neige deine Ohren, mein Gott, und höre, thue deine Augen auf und siehe, wie wir verstöret sind, und die Stadt, die nach Deinem Namen genannt ist. Denn wir liegen vor Dir mit unserm Gebet, nicht auf unsre Gerechtigkeit, sondern auf Deine große Barmherzigkeit" (Daniel 9). Von diesem Gefühl der Sünde und der Reue darüber war hier nichts zu spüren. Sie betrauerten ihre vergangene Herrlichkeit und hätten sie gern wieder. Namentlich aber hätten sie gern die salomonische Zeit wieder, in welcher „des Silbers und des Goldes zu Jerusalem so viel war, wie die Steine" (2. Chron. 1, 15). Käme diese Zeit zurück, dann bliebe gewiß kein Jude mehr außer Jerusalem. So aber bleiben sie lieber unter den Gojim (Heiden) wohnen und machen sich Silber und Gold, so viel und auf welche Weise sie nur können. Die aber jetzt doch in Jerusalem wohnen, sind vielleicht die schlechtesten Exemplare ihres Volkes. Ihre Straßen sind über alle Beschreibung schmutzig und sie selbst sind so entschiedene Feinde des Wassers und der Seife, daß manche Gesichter förmlich mit Schmutz überzogen sind.

Und mit dem Schmutz des Leibes geht der Schmutz ihrer

Seele Hand in Hand. Die meisten von ihnen mögen nicht arbeiten, sondern verlassen sich auf die Unterstützung des Auslandes und beanspruchen dieselbe als ein Recht. Um die nöthigen Gelder zusammen zu bringen, pflegen sie Collectoren in die Länder hinauszusenden, mit guten Empfehlungen versehen. Diese ziehen dann unter den Juden der verschiedenen Länder umher und sammeln für die Juden Jerusalems. Von dem Ertrage der Sammlung bekommen sie selbst einen Theil. Dieser Auftrag aber und die guten Empfehlungen werden nicht etwa dem würdigsten, frömmsten oder ehrlichsten unter ihnen ertheilt, sondern da wird erst noch ein Geschäft gemacht. Das Amt des Almosensammlers wird förmlich verauktionirt und der bekommt es, welcher am meisten dafür zu geben verspricht. Wenn es aber ihren Glaubensgenossen im Auslande einmal einfällt, Abgesandte zu ihnen zu senden, um sich nach dem Stande der Dinge zu erkundigen, so kommen die meisten übel an. Die Rothschilde haben in Jerusalem ein Hospital, eine Handwerksschule, eine Anstalt für arme Wöchnerinnen 2c. gegründet, aber gar sehr wenig Dank dafür geerntet, und als sie einen Abgesandten, Herrn Cohn, nach Jerusalem sandten, so thaten ihn Jerusalems Väter in den Bann. Sie wollen nicht Anstalten haben und nicht Abgesandte, sondern baares Geld, klingende Münze in die Hand, das ist etwas Reelles, das wissen sie zu schätzen; alles übrige ist nichts für sie. Auch dem Dr. Frankl, der 1856 im Auftrage eines Wiener Judenhauses eine Lehranstalt für die Jugend zu gründen kam, ging es übel. Und Sir Moses Montefiore aus England weiß auch etwas davon zu erzählen. Er kam nach Jerusalem und brachte viel Geld mit. Das war ein lieber Gast. Er theilte auch reichlich Geld aus und so ward er sehr beliebt. In allen Häusern erscholl sein Lob und die Segenssprüche, in orientalische Bilder getaucht, gingen stark über sein Haupt und erweichten sein nordisches Herz. Er gab noch mehr und noch mehr, bis er sich vergeben und nun kein Geld mehr bei sich hatte, um nach England zurückzukommen. Jetzt trat eine Pause ein in dem Fluß der Segenssprüche, denn der arme Montefiore mußte selbst Geld zu borgen suchen. Doch das hatte keine Schwierigkeit, welcher Jude sollte nicht für gute Zinsen Geld verleihen wollen? Für gute Zinsen bekam denn auch Montefiore eine hinlängliche Summe vorgeschossen, und von wem? Nun von einem seiner Brüder, den er als bettelarm unterstützt hatte! Diese Thatsache, ist sie zum Lachen, ist sie zum Weinen? Sie ist rein jüdisch. Als eine solche erkannte sie auch Montefiore an und ließ sich dadurch nicht irre machen. Er kam wieder von England nach Jerusalem und brachte viel Geld mit. Wie schlug ihm das Herz Jerusalems entgegen! Jeder Mund ward schon im voraus seines Lobes voll. Aber Montefiore hatte nun die Bodenlosigkeit des bloßen Geldgebens eingesehen, und fing es daher anders an. Er kaufte Land, fing an Mühlen zu bauen und Colonieen anzulegen ꝛc., um das faule Fleisch Israels zur Arbeit zu gewöhnen. Was! kein baares Geld mehr? Israels Herz erstarrte. Der Segen verwandelte sich in Fluchen: „Der Hartherzige, der Unbarmherzige, der Ungläubige!" Und der arme Montefiore entging nur mit genauer Noth dem Bann der Väter Jerusalems.

Die Juden sind die natürlichen Nachkommen Abrahams, aber längst nicht mehr seine Kinder. Schon der HErr sprach ihnen das Kindesrecht Abrahams, womit sie sich brüsteten, durchaus ab und erklärte sie für Kinder des Teufels (Joh. 8, 39. 44). Und das sind sie ihrem Geist und Wesen nach bis heute nicht nur geblieben, sondern immer mehr geworden. Denn sie sind in der Empörung wider den HErrn, den von Gott ihnen verheißenen und gesandten Erlöser beharrt, und durch die Jahrhunderte nur noch härter und verknöcherter darin geworden. Und ein solches Geschlecht sollte, in Jerusalem versammelt, den Tempel wieder erbauen und Ochsen und Böcke zu opfern wieder anfangen? Die Zeit ist längst gekommen, wo man weder zu Jerusalem, noch zu Samaria, sondern überall Gott im

Geist und in der Wahrheit anbeten wird. Bekehren sich die Juden, so können sie nur, wo sie eben sind, in die bestehenden christlichen Gemeinden einverleibt werden, wie auch die „vielen tausend Juden" in der Apostel-Zeit es wurden. Werden sie dann den vorhandenen christlichen Gemeinden zu einem Salz, zu einem Sporn, zu einer Stärkung und Neubelebung, so wollen wir Gott von Herzen dafür danken; sie selbst aber, die bekehrten Juden, können eine Sonderstellung in der Kirche nicht einnehmen. Die Gläubigen sind Glieder am Leibe Jesu Christi und seines Geistes theilhaftig; höheres kann kein Sterblicher erreichen wollen. Gott verleihe den zu Heiden gewordenen Juden, wie den übrigen heidnischen Völkern, Buße und Glauben zum Leben, und eine demüthige Annahme der Gnade in Christo. Denn ihrer werth und würdig ist keiner. Und wenn von einem mehr oder minder die Rede sein kann, so sind die jetzigen Juden die allerunwürdigsten; denn sie haben — in ihren Vätern — den HErrn gehabt und haben ihn verworfen und gekreuzigt; und sie auch in ihrer eignen Person verwerfen noch täglich den HErrn und fluchen dem „Zimmermannssohne", der allein sie retten kann. Die Barmherzigkeit des HErrn gehe auch an diesen, vom Satan Geschlagenen, nicht vorüber!

24.
Bethanien, Abschied von Jerusalem. Nach Egypten.

Wieder zogen wir, nun zum letztenmale, hinaus über den Kidron, an dem Oelberge herum, den Weg, welchen der HErr so oft gewandelt ist mit seinen Jüngern, nach Bethanien. Es ist ein stiller, ziemlich einsamer Weg, und sehr still auch liegt Bethanien am Rücken des Oelberges, jetzt ein armes Dorf, ohne alle Gestalt und Schöne. Doch kann man sich's leicht vorstellen, wie es einst gewesen sein mag. Die Stille und theilweise Abgeschiedenheit hier hat gewiß auch schon zur Zeit des HErrn jenen angenehmen Wechsel von dem geräuschvollen Stadtleben gebildet, um deßwillen Er so gern hier weilte. Irgend eine Ruine eines mittelalterlichen Gebäudes wird als das Haus des Lazarus, und eine tiefe Felsengruft als sein Grab gezeigt. Der Schech des Ortes kam herbei und brachte Licht, das wir zum Beschauen der Gruft nöthig hatten. Des Schechs Frau, im blauen Gewand, reichte uns Wasser, die Kinder hielten die Pferde. Wir stiegen mehrere Stufen tief hinunter und kamen auf einen Absatz. Von dort ging es noch einige Stufen tiefer in das eigentliche Grab. Ob dies nun wirklich dasselbe Grab ist, in welchem einst Lazarus vier Tage im Tode gelegen hat und von dem HErrn wieder erweckt worden ist, wird wohl nicht gewiß zu ermitteln sein. Aber schon im vierten Jahrhundert ward es dafür gehalten und verehrt. Jedenfalls ist hier in diesem Orte jenes Wunder des HErrn geschehen, wodurch Er sich selbst als die Auferstehung und das Leben erwies und seine Feinde nöthigte, als Knechte des Mörders von Anfang offenbar zu werden. Hier wohnte die geschäftige Martha, die den HErrn so gern bewirthete, hier Maria, die so gern zu seinen Füßen saß und das gute Theil erwählte. Und auch noch würde es sich hier friedlich und lieblich herbergen lassen wenn nur, anstatt der Kinder der Magd, Kinder der Freien hier wohnten, die dem HErrn anhingen, wie einst jenes geschwisterliche Kleeblatt.

Wir nahmen unsern Rückweg über die Spitze des Oelberges und blickten von dieser Höhe noch einmal auf den bleiernen Glanz des todten Meeres, auf das Jordanthal mit dem dunklen Punkte, der einstigen Palmenstadt Jericho, auf die Berge alle rings umher und auf Jerusalem. Dann nahmen wir Abschied von dieser Gegend, die durch die Jahrtausende so viel tausend Pilger angezogen und auch wieder heimgesandt hat. Mir selbst war es geworden wie den Störchen, wenn ihre Zeit kommt. Stark war der Zug, der mich festhielt und noch länger weilen hieß, um namentlich den See Genezareth zu schauen, wo der HErr so oft geweilt und so viele seiner Wunder verrichtet hat. Und ich mußte es mir oft sagen, daß ich es später wohl manchmal bereuen würde, nicht noch diese Tour gemacht zu haben. Aber stärker noch war der Zug, der mich fortzog über alle Berge hinaus, nach dem Lande der Sonne und doch so großer Finsterniß. Nicht weil ich dies Land besonders liebte, sondern weil es mein Beruf ist, dort zu sein, damit vor dem großen Sonnenbrande Schatten finden möchten jene dunklen Gestalten, so schwarz an Leib und Seele.

So schieden wir denn von Jerusalem mit gar wehmüthiger Freude. Am Ende der Patriarchenstraße nahmen wir noch einmal einen herzlichen Abschied von Dr. Sandrecki, vor dem Jaffathore von dem heimwehkranken Consul Amerikas, und dann zogen wir — ein langer Zug — dem Gebirge Juda entgegen.

Es war um Mittag, als wir nach Abu Gosch (Emmaus) kamen. Hier trafen wir einen Engländer, der nur von einem Dragoman begleitet, seinen sehr müden Gaul die Höhe hinunter führte. Er frug mich ängstlich, wie weit es noch bis Jerusalem sei, und so zogen wir an einander vorüber. Es war Abends spät, als wir nach Ramleh kamen und von den Mönchen freundlich aufgenommen wurden. Hier schliefen wir die letzte Nacht im heiligen Lande. Früh eilten wir weiter und waren gegen 10 Uhr Vormittags in Jaffa. Wir hatten kaum Zeit, uns nur ein wenig vom Staube zu reinigen, als wir auf den Dampfer mußten, der uns weiter nach dem Süden führen sollte. Wie waren wir erstaunt, hier dieselben Gesichter wieder zu finden, die wir gestern auf dem Wege nach Jerusalem gesehen hatten! Ich traute meinen Augen kaum und frug deshalb den Dragoman: Sahe ich Sie nicht gestern Mittag bei Abu Gosch auf dem Wege nach Jerusalem? Der Mann aber mochte ein böses Gewissen haben, denn er schien sich fast vor dieser Frage zu fürchten, leugnete fest und sprach: Nein, Sie sahen mich nicht. Darauf wandte ich mich an den Engländer und der sagte: Ja wohl, wir sind uns dort begegnet. Aber wie sind sie denn nun hier? „O ich bin eine Stunde vor Ihnen angekommen, denn ich ritt die ganze Nacht und Sie herbergten in Ramleh." Und sind Sie wirklich bis Jerusalem gewesen? „O ja, ich kam noch zurecht, die Grabeskirche zu sehen und auf den Oelberg zu gehen. Darauf saß ich wieder auf und ritt zurück. Denn ich bin mit diesem Schiff gekommen und muß auch wieder mit fort, es ankert aber nur 24 Stunden." Der Mann hatte also den Weg von Jaffa nach Jerusalem, wozu sonst jedermann 1½ Tag braucht, in 24 Stunden hin und auch wieder zurück gemacht, und dabei noch seine Sehnsucht, Jerusalem zu sehen und den Oelberg zu betreten, befriedigt. Es wird wenige geben, die solchen Ritt zu machen im Stande sind.

Auf dem Dampfschiff angekommen, hatten wir also den Boden des heiligen Landes verlassen. Lange noch schauten wir den verschwindenden Geländen nach, bis sie unsern Augen ganz entrückt waren und wir den Blick auf nichts mehr richten konnten, als auf das Meer um uns her, auf den Himmel über uns, und auf Den, der Himmel, Erde und Meer gemacht hat. — Die heiligste Stadt und größte Sünderin, das heilige Land unter schwerem Fluche seufzend, hatten wir gesehen. Der Traum der Kindheit war nach mehr als dreißig Jahren zur Wirklichkeit geworden, aber eine Heimath hatten wir nicht gefunden. Wir blieben fremd in diesem fremden Lande, in dem Lande der doppelten Knechtschaft der Sünde und der Türken. Doch das Jerusalem, das droben ist, wird uns die Heimath bieten. Und dort auch ist es nur

„— Wo in ew'ger Jugend nichts veraltet,
Die Zeit nicht mehr mit scharfem Zahne nagt,
Und wo kein Auge bricht, kein Herz erkaltet,
Kein Leid, kein Schmerz, kein Tod die Sel'gen plagt!"

„Dort wird alles sehr gut sein!"

Darum singen wir auch, von dem irdischen Jerusalem hinweg gewandt, aus voller Seele:

> „Jerusalem, du hochgebaute Stadt,
> Wollt Gott, ich wär in dir!
> Mein sehnlich Herz so groß Verlangen hat
> Und ist nicht mehr bei mir.
> Weit über Berg und Thale,
> Weit über blaches Feld
> Schwingt es sich über alle
> Und eilt aus dieser Welt.

Nur ein paar Tage auf der See und wir waren wieder zu Lande, im Lande der Pharaonen, in Alexanders Stadt. Hier reichen sich Morgenland und Abendland die Hand, und die altersgrauen Formen und Bräuche Egyptens schwinden immer mehr vor dem mächtigen Schritte des Abendlandes. Alexandrien ward die „charakterlose" genannt und hat doch ihren ganz eignen Charakter. Weltstadt sollte sie sein, das Abendland mit dem Morgenlande, Europa mit Asien in Afrika verbinden sollte sie, wie hätte es in ihren Straßen nicht bunt sein sollen von allen Völkern unter dem Himmel? Einst füllten 300,000 freie Menschen und eine ungezählte Sklavenmenge ihre Straßen, von welchen eine über eine deutsche Meile lang war. Der Welt Kunst und Reichthum drängte sich hier zusammen, und die Weisheit Egyptens, die nach Griechenland gewandert war, kam von dort in griechischer Gestalt zurück nach Egypten, nach Alexanders Stadt. Lange lehrten berühmte Namen in geräumigen Hallen hier die Weisheit der Zeit. Und eine Bibliothek von 700,000 Bänden gab selbst den Gelehrtesten noch zu lernen genug. Als aber diese Weisheit der Zeit alt und schwach geworden war und dem Verscheiden nahe, da trat noch eine Jungfrau, Hypatia, als Professorin auf und suchte die verblichene Weisheit wie die verblichenen Götter ihren Zuhörern als noch jung und lebenskräftig vorzutragen. Cyrills erboste Mönche zertraten diese Heidin im Volksauflauf, und mit ihr

erstarb das letzte Aufflackern der heidnischen Weisheit und ihrer
Götter in Alexandrien.

Doch neben der „falsch berühmten Kunst" heidnischer Philosophie fand auch die wahre Weisheit von oben schon frühzeitig in Alexandrien eine Stätte. Schon der heilige Markus soll hier gelehrt und sein Blut vergossen haben. Seitdem fehlte es nicht mehr an christlichen Friedensboten in Alexandrien; bald blühte auch eine christliche Schule auf und ward weit berühmt. Und der diese christliche Schule so berühmt gemacht hatte, Pantaenus, ging von hier als Missionar und Bischof nach Indien, noch vor dem Jahre 200. Die „Vielvölkerhafte" mag wohl auch Indier in ihren Straßen gesehen haben, und durch diese mag dem heiligen Mann das Verlangen gekommen sein, in ihrem finstern Sonnenlande selbst das Licht von oben zu verbreiten.

Doch mit seinem Abgange verfiel die christliche Schule nicht. „Die Wahrheit, die ihr sucht, besitzen wir", rief der heilige Clemens (Pantänus' Nachfolger) den Philosophen von Alexandrien zu. „Was ihr in Unwissenheit anbetet, das predige ich euch. Gottes Wort ist Fleisch geworden und hat auf dieser Erde gelebt, der „vollkommene Mensch". Kommt zu uns, und wir wollen euch zeigen, wie ihr Gott durch Ihn erkennen könnt, und wie durch Ihn sich Gott euch mittheilt." So redete Clemens mit den Philosophen und die dann zu ihm kamen, um Christen zu werden, denen öffnete er weiter die Schätze der christlichen Erkenntniß, der wahren und bleibenden Weisheit.

Alexandriens Größe und Herrlichkeit ist längst gewichen, des Halbmonds Bann hat sie bis in den Staub hinabgedrückt. Erst als jener Cäsar von der Seine kam, fing sie sich wieder an zu heben, und nun füllen wieder über 60,000 Menschen die Straßen der Stadt, und zwar ganz in alter bunter Mischung. Das Abendland aber ist offenbar im Siege, und das Morgenland muß sich in die engen krummen Straßen zurückdrängen lassen. Die „schwarzen, braunen, gelblichen Gesichter", die mit so großem Geschrei ihre Esel zum Reiten anbieten, schienen uns jedoch diesmal viel ordentlicher zu sein, als vor Jahren. Ohne Eselsritt geht es in Egypten allerdings nicht, und so ein hübsches, milchweißes Eselchen ist auch wirklich ein gar nicht zu verachtendes Thier, und ein Ritt auf demselben ist geeignet, auch den ernstesten Abendländer zur Heiterkeit zu stimmen. Der Morgenländer freilich bleibt auch auf seinem Esel ernst und gemessen. Die guten Straßen aber und die vorhandenen vielen Kutschen bringen nun auch die Esel mehr und mehr aus der Mode.

Beim Zuge durch die Stadt sahen wir mehrere recht gut erhaltene mit Hieroglyphen bedeckte Obelisken eben aus dem Schutte herausgegraben, bedauerten, daß Pompejus Säule wohl bald umstürzen wird, wenn ihr nicht die nöthige Hülfe am Fundament geschieht, und kehrten dann in die Stille der Katakomben ein. Hier ruhten einst müde Pilger nach ihrer stürmischen Reise aus, während andre um sie her sich von oben Hülfe erflehten, die noch vorhandenen Stürme treu bestehen zu können. Inmitten der Todten hielten die Lebendigen ihre Gottesdienste zur Zeit der Verfolgungen. Inschriften und Malereien waren zum Theil noch sehr gut erhalten, besonders in dem Raume, der zur Kapelle gedient hat.

Nach einigen Tagen schieden wir von dieser Stadt, die mit so großem Geschick zur Weltstadt auserkoren ward, die Jahrhunderte lang eine große Blüthe entwickelte und jetzt eben wieder mit Riesenschritten vorwärts schreitet. Bald saßen wir im Coupé der Eisenbahn, die nach Kairo führt. Auf der Eisenbahn im Lande der Pharaonen! Ist's nicht wie ein wirrer Traum? Und welche Fruchtebenen durchzogen wir mit Dampf! Gewiß, unser Architekt aus dem Inselreiche hatte recht, wenn er bewundernd ausrief: „Das ist eine der allerfruchtbarsten Ebenen, die je mein Auge gesehen." Reis und

Mais und Baumwolle ꝛc. wechselten miteinander ab und machten dem alten Rufe von der Fruchtbarkeit Egyptens alle Ehre.

Welch ein Unterschied doch in dieser Jahreszeit (November) zwischen diesem Lande der Knechtschaft und dem Lande der Freiheit, von dem wir kamen! Dort dürre, öde, nackte Felsen mit einem „ehernen Himmel" darüber, und räuberische Bewohner ringsumher. Hier ein klarer, reiner, blauer Himmel droben, der tausendjährige Fruchtspender, der Nil darunter, ewig jung und freigebig, und reiche Fruchtfelder auf allen Seiten. Dort, im Lande einstiger Freiheit, darf es niemand wagen umherzureisen, ohne gut bepistolt zu sein und noch eine Garde dabei zu haben. Hier, im Lande einstiger Knechtschaft, reist man frei und ungehindert und so sicher, wie im alten lieben Sachsenlande. Ja man überläßt sich sorglos den Händen der Beduinen, selbst in der unheimlichen dicken Finsterniß des Innern der Pyramiden, ohne zu fürchten, daß einem auch nur ein Piaster entkomme. — Möchte nur bald auch erfüllt werden, was Jes. 19 geschrieben steht: „Und die Egypter werden den HErrn kennen zu der Zeit und werden Ihm dienen."

Je mehr wir uns der Chalifenstadt näherten, desto öfter begegneten wir großen Mengen von Arbeitern, die gruppenweise auf dem Boden hingestreckt lagen. Sie kamen von den französischen Kanalarbeiten in der Wüste zurück oder gingen dorthin, und benutzten jedesmal so weit als möglich die Eisenbahn. Ihrer 10,000 mußte der Pascha den Franzosen jeden Monat in die Wüste senden und 10,000 jeden Monat von dort zurückbefördern; denn einen Monat arbeiten sie in der Regel nur und bekommen dafür einen ordentlichen Tagelohn. So gehen 20,000 Fellalahs jeden Monat hin und her und Egypten wird ordentlich durcheinander geworfen. Die fernsten Dörfer müssen ihre Bewohner senden, und was sonst wohl nie aus dem Bereiche des Dorfes herausgekommen ist, fährt jetzt auf der Eisenbahn und kommt mit Europäern und ihrem

Wesen in Berührung. Ein solches „Bewegen der Völker", sollte es umsonst sein? Gewiß, der HErr hat Gedanken des Friedens auch über Egypten.

Auch in Kairo, der Chalifenstadt, ist das Abendland im Siege und hatte, seit wir sie zuerst gesehen, sich viel mehr Geltung errungen. Dennoch bewahrt Kairo noch gar sehr seinen eigenthümlich orientalischen Charakter. Selbst der wie ein Elephantenrüssel geformte schwarze Schleier der Frauen ist noch nicht gefallen. Wie Wesen einer andern Welt treten — öfter noch reiten — sie einem entgegen, und es kann einem unheimlich werden, wenn man ihnen so plötzlich in einer engen dunklen Gasse begegnet.

Die Citadelle gewährt einen wunderschönen Blick auf Kairo mit seinen 300 Moscheen. Es ist ein lieblicher Platz hier oben und man wird sein nicht leicht müde. Mehemed Ali's Moschee, von Alabaster erbaut, so heimlich und schön im Innern, birgt Mohamed Alis Gebeine und wir standen an seiner Gruft. Da lag der mächtige Mann, dem es der Reisende verdankt, daß er überall in Egypten so sicher umherreisen kann, wie in Deutschland. Es sind eigne Gefühle, die bei den Gräbern großer Leute die Brust erfüllen. Sie sind nicht Alltagspflanzen. Die Jahrhunderte haben ihrer Wenige. Auch Mohamed Ali war ein bedeutender Mann; nur darf er nicht mit deutscher Elle gemessen, noch weniger auf christlicher Wage gewogen werden. Er steht nun längst vor seinem Richter, der ihn recht richten wird.

Ich bestieg der schlanken Minarete eins, welche die Moschee zieren, wie beschwerlich es auch war, die hohen, finstern Stufen in enger Windung hinaufzuklettern. Von hier aus hatte ich eine köstliche Aussicht auf Kairo und auf die Pyramiden. Welch einen gewaltigen Umfang hat diese Stadt! Ich konnte mich nicht enthalten, eine Zählung der vielen Minarete zu versuchen, die sich überall erhoben; ich zählte 150, erfuhr aber, daß es ihrer an 400 seien.

O Städte Deutschlands! Hier in dieser Armuth ist Reichthum genug dem trügerischen Lichte des Halbmonds, dem falschen Propheten zu Ehren Tempel an Tempel zu reihen. Und in welchen derselben ich auch eintrat oder vorübergehend hineinblickte, ich fand fast immer Leute auf den Knieen ihre Gebete hersagend. Und ihr könnt der vollen Sonne des Evangeliums, dem einzigen Mittler zwischen Gott und den Menschen, keine Kirche bauen, wie sehr auch eure Bevölkerung wächst! Und du, christliches Volk! Die Muselmänner finden Zeit genug, ihre Moscheen in der Woche zu besuchen, und keine falsche Scham hindert sie, auch sonst zu beten. Und du findest kaum einmal des Sonntags Zeit für die Kirche, während du in der Woche fast ganz wie ohne Gott dahin lebst. — Bessere und baue Du, o HErr, Deine träge, hinkende Christenheit!

Die Häuser der Großen in Kairo, wiewohl oft recht schön, ertragen doch keinen Vergleich mit denen in Damaskus. So ertragen die Moscheen Kairos noch weniger einen Vergleich mit denen von Konstantinopel. Die schönste ist die des Sultan Hassan, die blutige Moschee genannt, weil Sultan Hassan bei ihrer Einweihung seinen Vezier, der sich in Abwesenheit seines Herrn zum Sultan gemacht hatte, mit allem seinem Gefolge darin niederhauen ließ. Die Paläste der Paschas sind sehr schön. Der Luxus des Abendlandes ist hier mit dem des Morgenlandes vereinigt, um die Wohnungen so paradiesisch als möglich zu machen. Wenn es nur kein Kopfweh gäbe, und kein böses Gewissen!

In Kairo hörten wir viel von einem versteinerten Walde, der eine halbe Tagereise entfernt in der Wüste sein sollte. Wir brachen eines Tages dorthin auf, fanden aber nur geringe Reste versteinerter Bäume, lange nicht so bedeutende, als zu Tiruvicari in Südindien, wo ich 50 Fuß lange versteinerte Baumstämme sah. Auf dem Rückwege statteten wir den Gräbern der Chalifen einen kurzen Besuch ab. Sie sind sehr zerfallen und ihre einstige Pracht ist längst dahin.

Der Patriarch vom Sinai hat seine Residenz nicht auf jener luftigen Höhe, sondern auf einem Landsitze bei Kairo. An ihn hatte ich ein Geschenk von Prof. T. zu überreichen. Der gute, noch nicht alte Patriarch empfing mich sehr freundlich und war von einer Menge Priester umgeben. Sein rother Rock zeichnete ihn jedoch unter den vielen Schwarzröcken sogleich aus. Priester brachten den üblichen Kaffee, Priester auch eine andre Erfrischung rein griechischer Art. Eine Unterhaltung durch einen Dolmetscher ist immer etwas steif, der Patriarch aber wußte Fluß hineinzubringen. Er ging hin und öffnete mit eignen Händen einen großen Kasten und zog mit Hülfe der Priester ein Modell des Sinaiklosters heraus, wie es nach seinem Plan verbessert werden sollte. Er freute sich des Interesses, das ich an dem eigenthümlichen Gebäude nahm, und als ich ihm den Wunsch aussprach, daß es bald nach seinem Plane hergestellt sein möchte, bat er mich, meinen Segen dazu zu geben. So schieden wir mit freundlichen gegenseitigen Wünschen; leider war ich außer Stande, von seinem freundlichen Anerbieten der Hülfe zur Reise nach dem Sinai Gebrauch zu machen.

Von Kairo ists nur etwa zwei Stunden nach On, oder doch nach dem Orte, wo einst On — von den Griechen Heliopolis, von Jeremias Beth Schemes, d. i. Sonnenstadt, genannt — gestanden hat. Seiner Zeit, vor etwa viertehalb tausend Jahren, wohnte ein alter Priester in dieser Stadt, der sich viel mit Philosophie und Astronomie zu schaffen machte, wie alle Priester der alten Priesterstadt On. Sein Name war Potiphera. Er muß ein weiser und frommer Mann gewesen sein, weil Pharao gerade seine Tochter, Asnath, dem weisen und frommen Joseph zum Weibe erkor. Doch über dem Bewundern und Berechnen der Sterne verloren On's Priester immer mehr die Erkenntniß von dem Schöpfer der Sterne. So mußten denn nach Jeremias Weissagung die „Bildsäulen" der Stadt, und die Stadt dazu, zertrümmert werden. Und wie ist auch diese Weissagung in Erfüllung gegangen! Von allen den vielen Säulen und großen Bauten On's ist ein einziger Obelisk übrig und stehen geblieben. Von rothem Granit, ganz mit Hieroglyphen bedeckt und wunderbar gut erhalten, steht der einsame Zeuge da, stumm, und doch so wohl beredt. Den Götzen war er einst mit seinen vielen Brüdern geweiht. Die Götzen sind gefallen, seine Brüder alle sind auch in den Staub gesunken, er allein steht noch da und zeigt mit seiner Spitze nach oben. Er zeigt hinauf nach dem einigen Gott, der da bleibet wie er ist, wie viele Völker auch mit ihren Götzen in den Staub sinken mögen. — Schöner, in der Erscheinung noch ganz jugendlicher Zeuge von viertehalb tausend Jahren, wie wenig wird doch deine Sprache verstanden!

Nicht weit von diesem Obelisken, den Lepsius den ältesten der Obelisken nennt und der nach Wilkinson's Berechnung zur Zeit Josephs von demselben Pharao errichtet worden ist, der Joseph zum Vater Egyptens machte, ist Ain Schemes, der Sonnenquell, ohne Zweifel einst mit dem Sonnentempel in Verbindung. Die Pilger nennen ihn den Brunnen der Jungfrau, weil aus demselben die heilige Familie auf ihrer Flucht vor Herodes getrunken haben soll. Unser muselmännischer Dragoman aber erzählte uns mit vielen Gesticulationen noch eine besondre Geschichte dazu. Als die heilige Jungfrau müde und verschmachtet aus der Wüste hier ankam, bat sie die Bewohner des Ortes um einen Trunk Wasser. Diese aber, unfreundlich gegen die Fremdlinge, sagten: Das Wasser ist bitter! So sei es euch bitter! antwortete Maria und schöpfte es selbst. Seit der Zeit ist das Wasser den Ortsbewohnern wirklich bitter und ungenießbar, sie brauchen es nur zur Bewässerung; allen Pilgern aber ist es süß und gut. Und zum Beweise, daß er die Wahrheit gesagt, zwang uns unser Dragoman, das Wasser zu kosten. Wir fanden es ganz gut, wissen nun aber freilich nicht, ob es die Ortsbewohner nicht eben so gut finden.

Von dem Brunnen nicht weit ist ein hübscher Orangengarten. In demselben steht die berühmte sehr alte Sykomore. Hier, unter dem Schatten dieser Sykomore, soll die heilige Familie auf ihrer Flucht geruht haben. Der Baum wird hoch geehrt und muß seine Blätter weithin versenden. Auch uns gab er einige mit nach Indien.

On, Heliopolis, die Sonnenstadt, von welcher einst die Weisheit Egyptens ausging wie das Licht von der Sonne, sie ist nicht mehr. Ein armes Dorf steht an ihrer Stätte, ein Brunnen und ein Obelisk nur sind die einzigen Reste davon. Aber die rechte Weisheit kommt nicht von der Sonne, und nicht von irgend einem Sonnenstadt genannten Orte der Erde. Alle gute und alle vollkommene Gabe, auch die rechte Weisheit, kommt von oben herab, von dem Vater des Lichtes ohne Schatten. Denn wahrhaft weise ist nicht, der es sich hier bequem zu machen oder sich einen Namen zu erringen weiß, sondern wer seine Zukunft zu sichern weiß, der ist weise. Ich meine aber nicht die Zukunft diesseits, sondern die jenseits des Grabes. Wer sich jene Zukunft zu sichern und in den ewigen Hütten eine Wohnung zu erlangen weiß, der ist wahrhaft weise. Thoren sind die andern alle. Oder sind sie's nicht?

25.

Nach den Pyramiden, nach Memphis und Sakhara.

Wer immer das Land der Pharaonen besucht, wird an den ältesten und größten Baudenkmälern der Erde, an den Pyramiden, nicht vorüber gehen können. Schon von weitem erscheinen sie dem Ankommenden in nebelhaftes Grau der Ferne, beides des Raumes und der Zeit, gehüllt, und winken ihm zu sich herüber. Auch wir konnten diesem geheimnißvollen Winken nicht widerstehen, und ob ich auch schon früher beides die Höhe wie die Tiefe dieser Wunderbauten erstiegen hatte, so ging ich doch gern zum zweiten male, zu schauen, was so ruhig und unverwüstlich auf die kommenden und gehenden Geschlechter herabschaut, viertausend Jahre lang. Unsere milchweißen Esel mit rothgemalten Ohren standen mit Sonnenaufgang bereit uns aufzunehmen, und trugen uns etwas verdrießlich zur Stadt hinaus. Als wir aber erst den Nil überschritten hatten und sie das Ziel der Reise merken mochten, rannten sie im lustigen Galopp, ohne sich auch nur aufhalten zu lassen, auf den Dämmen der Fruchtfelder hin, bis sie uns am Saume der libyschen Wüste niedersetzten. Darauf wälzten sie sich mit großem Wohlbehagen im weichen Wüstensande und warteten unsrer Rückkehr mit unermüdlicher Geduld. Wir fanden Jungfrau Lybia sehr geschäftig, mit ihrer Streusandbüchse die Pyramiden und den Weg dazu immer mehr zu verschütten. Die älteste und größte Statue, die 148 Fuß lange und 62 Fuß hohe Sphinx, fanden wir schon sehr verwittert und ich meine, daß die letzten zehn Jahre viel dazu beigetragen haben. So scheint denn wenigstens dieser Wächter der Pyramiden dem Zahne der Zeit endlich doch erliegen zu wollen.

Wir bestiegen Cheops Pyramide in der üblichen Weise. Zwei Beduinen gingen einem jeden von uns voraus und zogen uns an den Armen, ein dritter ging hinten nach und schob. Ob das die allerbeste Weise ist, fange ich an zu bezweifeln und denke, man könnte wohl besser ganz allein hinauf. Das versuchte ich auch, und war bald meinen Plagern voraus. Sie aber schrieen so gewaltig und wußten so haarsträubende Geschichten von Hals- und Beinebrechen zu erzählen, daß ich mich für diesmal in mein Schicksal, d. h. in die Hände meiner drei Zerrer und Schieber übergab, doch mit dem Vorsatz, daß dies das letzte mal sein solle. Mehr wie einmal ging uns der Athem aus und wir mußten einige Minuten rasten, bis wir doch endlich die Spitze erreichten.

Auch oben wiederholte sich die alte Noth. Ob sich auch Egypten in vielen Stücken zum Besseren verändert hatte, darin war kein Fortschritt geschehen. Die Beduinen waren ganz die alten geblieben, und so plagten sie uns auch in derselben alten, unausstehlichen Weise und ließen uns kaum einige Minuten zu stiller ungestörter Betrachtung allein. Und doch, wo sollte es sich besser träumen lassen, als auf der Spitze dieses Riesenbaues von viertausend Jahren? Wo sind nun die mächtigen Erbauer dieser Werke? Ihre Leiber, so wohl verwahrt und verborgen, zieren jetzt die Museen Europas, oder sind aus ihren granitenen Sarkophagen hinausgeworfen und Staub geworden, gerade wie die Leiber derer, die einst ihre bedrückten Sclaven waren. Und in welchen Regionen mögen jetzt ihre Geister hausen? Wo auch sind die Reiche alle, die seit dem Dasein dieser Pyramiden entstanden sind? Die vier großen Weltreiche (und wie viel kleine dazu!) sind alle entstanden und vergangen, während die Pyramiden unverändert da standen und immer gleich ruhig, wie gewaltige Zeugen darein schauten. Wie viel Völker auch und Weltenstürmer haben sie auftauchen, einherbrausen und verschwinden sehen! Und wie viel Weise haben sie staunend und fragend und forschend angeschaut, von Herodot an bis auf unsere Tage, und immer haben die Pyramiden geschwiegen und die Frager ohne Antwort gelassen. Auf die einfache Frage: wer bist du? haben sie bis heut noch keinem Antwort gegeben, als ob sie an den verschiedenen Meinungen, womit diese Frage zu beantworten gesucht wird, sich ergötzen wollten. Nun aber, da diese Meinungen alle nicht recht zutreffen wollen, fangen sie doch an, das sonst so glatte Gesicht in tiefe Runzeln zu ziehen: die einzige Veränderung, welche die Zeit ihnen abgewinnen konnte.

Die Weisheit ihrer Erbauer, einst weit berühmt und selbst von der Schrift erwähnt, auch sie schweigt und offenbart sich uns nicht. Denn daß sie den Götzen dienten, ihren Götzen Menschengestalt gaben, auf diese Menschenleiber aber Köpfe von Kühen, Widdern, Hunden und Vögeln setzten, wissen wir zwar und sahen diese glatt polirten steinernen Götzen von Jahrtausenden noch heute vor unseren Augen; aber das ist doch nicht Weisheit. Und daß sie in ihren Geheimlehren diese Götzen als bloße Repräsentanten der Kräfte und Wirkungen der Natur erklärten, ist auch wohl bekannt; aber ist das die Weisheit? Warum doch erhoben sie ihre Herzen und Gedanken nicht lieber zum Herrn der Natur, statt an den Kräften der Natur hängen zu bleiben? Waren sie damit nicht den Thoren unsrer Tage gleich, die so emsig im Staube der Erde umherwühlen, daß sie zum Blick nach oben gar blöde Augen bekommen und über den „Naturgesetzen" des Herrn der Natur vergessen? Die rechte Weisheit ist kein Kind der Erde und wohnt weder in Felsen, noch in Höhlen. Sie kommt von oben herab, von dem Quell des Lichtes, dem Geber aller guten Gaben. So führt sie auch ihre Jünger nicht zur Natur und ihren Gesetzen, sondern zum HErrn der Geister wie der Natur mit allen ihren Gesetzen, Kräften und Wirkungen.

Noch lange nicht gesättigt vom Schauen und Betrachten zwangen uns unsere Wüstenkobolde zum Herabsteigen. Unten angekommen, gings alsbald an den beschwerlichen tiefen, finstern, geheimnißvollen Weg in das Innere der Pyramide. Da standen wir in dem hohen Königssaale am leeren granitenen Sarkophage, wie schon Tausende vor uns, und wußten eben nicht mehr wie sie. Daß die Pyramiden Königsgrüfte waren, wie egyptische Priester dem Herodot mittheilten, wird wohl immer noch am längsten Bestand haben. Was sie sonst noch waren, wird wohl noch lange verborgen bleiben.

Kraft unseres Fermans hätten wir vom Pascha ein Dampfboot erlangen können, um den Nil hinaufzufahren. Man versicherte uns, daß der Pascha uns mit Vergnügen eins seiner vielen müßigen Dampfschiffe zur Verfügung stellen würde, daß aber der nöthige Bakschisch (Trinkgeld) an Capitain, Bootleute ꝛc. uns doch ziemlich hoch zu stehen kommen würde. Wir aber konnten schon um deswillen von des Paschas Großmuth keinen Gebrauch machen, weil wir die Zeit nicht mehr hatten, den obern Nil zu besuchen. Gleichwohl wollten wir gern eine Nilfahrt machen. So mietheten wir uns denn eine Nilbarke nur für drei Tage, nach Sakhara und zurück. Diese Nilbarken sind gar hübsch und bequem eingerichtet. Sie haben einige Zimmer mit mehreren Schlafstellen, allerlei Möbel und sogar eine Auswahl französischer und englischer Werke, wie sie für Reisende passen. Für Reisende, denen die Zeit weniger kostbar ist, muß es ein wahrer Genuß sein, so frei und los von dem Getümmel und Gedränge gewöhnlicher Reisen auf dem Nil einherfahren zu können. Wir fuhren am Nachmittage von Cairo ab und wurden, so lange es Tag war, nicht müde, die schwindende Stadt und die Ufer des Nils zu betrachten. Noch vor Sonnenaufgang warfen wir Anker, um unsern Weg zu Esel fortzusetzen. Die Esel hier waren von der ärmsten Art, mit Sätteln ohne Steigbügel ꝛc., so daß erst Stricke herbeigeschafft werden mußten, die Steigbügel zu ersetzen. Endlich zogen wir aus, hübsch langsam, denn die armen Thiere hatten viel gegen unsre Eile einzuwenden. Nach einer Weile gelangten wir in ein Wäldchen, wo wir einige Reste von Granit-Sculpturen fanden und wo unser Dragoman uns den jetzigen Thron des ehemaligen Königs Ramses II. zeigte. Dieser König hatte gar viel zur Größe und Berühmtheit Egyptens beigetragen, hatte sich auch zu Memphis eine 40 Fuß hohe granitene Statue setzen lassen, die noch jetzt vorhanden ist, aber auf dem Angesicht in einer Vertiefung liegt und beim Austreten des Nils ganz mit Wasser bedeckt wird, bis die Sonne das Wasser auftrocknet. Dieses Loch ist also der jetzige Thron des ehemaligen großen Königs. Wir standen dicht daran, konnten aber von seiner Majestät keinen Blick erlangen, da das Wasser ihn ganz unsern Augen entzog.

In einem Palmenwäldchen nicht fern davon waren einige

Familien mit Dattelsammeln beschäftigt. In diesem Haine trafen wir auf mehrere größere und kleinere Schutthaufen, — das war der Rest von der mächtigen Königsstadt Memphis. Hier also wohnten einst jene gewaltigen Könige, welche die Pyramiden erbauten; wo sind ihre Paläste? Hier wohnte auch Joseph mit Asnath, Potiphera des Priesters zu On Tochter; welcher Schutthügel mag wohl seine Wohnung andeuten? Der vom Hirtenknaben, durch Sklaverei und Gefängniß hindurch, zum ersten Minister des Königs aufsteigen und es sein Leben lang bleiben konnte, kann nur ein großer Mann gewesen sein. Und dessen Seele so rein und empfänglich war für die Offenbarungen Gottes, kann nur ein heiliger Mann gewesen sein. Wie ist es in den viertehalb tausend Jahren so anders geworden in Memphis! Jahrhunderte lang eine herrliche Königsstadt, über anderthalb Jahrtausend ein mächtiges, staunenerregendes Ruinenfeld, und nun nur noch Sand- und Schutthügel! Im Mittelalter noch schreibt ein gelehrter Reisender: „Die beredteste Zunge möchte umsonst diese anstaunungswürdigen Ruinen zu schildern versuchen. Je mehr man sie betrachtet, desto höher steigt die Bewunderung. Jeder Blick versetzt in neues Entzücken." Und nun alles eitel Staub und Erde. Doch diese Schutthaufen mögen noch viel herrliche Ruinen verborgen halten.

Wir bestiegen wieder unsre Esel und ritten zum Nilthale hinaus an den Saum der Wüste, zu der Reihe der Pyramiden von Sakhara. Jungfrau Libya ist auch hier überaus freigebig mit ihrem Sandreichthum, verschüttet alles, was an ihren Füßen gebaut war und engt das Nilthal immer mehr ein. An einem der vielen Hügel losen Sandes machten wir Halt und stiegen in eine unansehnliche Vertiefung hinab, während der leichte Wüstensand uns nachrieselte. Aber wie erstaunt waren wir, unter dieser Sanddecke mächtige Felsenbauten zu finden! Diese jetzt unterirdischen Gemächer waren alle ganz leer, aber die Wände waren mit so außerordentlich wohlerhaltenen Malereien bedeckt, daß wir uns nicht genug darüber verwundern konnten. Wenn diese Farben erst eben aufgetragen gewesen wären, so hätten sie nicht frischer und schöner sein können. Freilich waren diese Gemächer durch den trocknen Wüstensand luftdicht verschlossen gewesen und sollen erst ganz kürzlich entdeckt und geöffnet worden sein; gleichwohl muß man diese Farbenmischung bewundern, die mehr Jahrhunderte frisch bleiben konnte, als die unsrige einzelne Jahre.

In diesen Wandgemälden ist das ganze egyptische Leben aufs anschaulichste dargestellt, so daß man dadurch von dem ganzen Thun und Treiben der alten Egypter eine bessere und richtigere Vorstellung bekommt, als wenn man lange Berichte därüber gelesen hätte. Man sieht es mit Augen, wie sie leben und weben, spinnen und wirken, fischen und jagen, kriegen und erobern, bauen und Burgen stürmend zerstören, wie sie zu Markte gehen, kaufen und verkaufen, und wie sie vom Markte heimkehren. Man sieht, wie sie ihre verschiedenen Gewerbe treiben, und wie das ganze Volk leibt und lebt. Wir aber fühlten uns so heimisch unter dieser bunten Gesellschaft, daß wir sie ungenirt zusehen ließen, wie wir unser Morgenbrot einnahmen.

Wir hatten nicht weit zu gehen, so waren wir wieder an einem Sandhügel und an einem unscheinbaren Loche angekommen. Wir stiegen ziemlich tief hinab und fanden hier zu unsrer Verwunderung ein ganzes Todtenreich mit Kreuz- und Querstraßen. Das war das Serapeum bei Sakhara, der Todtenstadt von Memphis. Ungeheure Sarkophage aus Granit, zum Theil fein polirt und mit Hieroglyphen bedeckt, zum Theil von schlichterer Arbeit standen vor uns und in den Quergassen zur Rechten und zur Linken. Manche waren aufgebrochen worden und leer, manche aber waren noch so fest verschlossen, daß man es kaum sehen konnte, wo der Deckel eingefügt war, so daß es allerdings nicht möglich ist, sie ohne Beschädigung zu öffnen.

Welche ungeheure Arbeit muß es gekostet haben, diese gewaltigen Granitblöcke auszuarbeiten, so fein zu poliren, über den Nil zu bringen (denn der Steinbruch, an sich sehr sehenswerth, ist auf dem andern Ufer des Nils) und endlich die Höhe hinauf bis an den Saum der Wüste, und dann hinunter in die Tiefe der Todtenstadt hinein. Wir haben kaum eine Vorstellung davon, wie solche Werke in damaliger Zeit ausgeführt werden konnten.

Und diese Riesensarkophage, was bergen sie? Nichts weniger als die Leiber jener Ochsen, Apis genannt, welche die Egypter göttlich verehrten. Ein solcher Ochse mußte schwarz sein, mit einem weißen Dreieck auf der Stirn, und mußte unter der Zunge einen käferartigen Knoten haben. War ein solches Thier gefunden, so war die Freude groß in ganz Egyptenland. Das Thier wurde dann nach allerlei Ceremonien in einen Tempel gebracht, der einige Kapellen und einen großen offenen Hof hatte, zur Bewegung des vierbeinigen Gottes. Hier nun ward der arme Ochse gar köstlich verpflegt, mußte aber dafür auch weissagen und zukünftiges vorherverkündigen, wozu er schwerlich von seinem Schöpfer bestimmt war. Die verständigen Abendländer pflegen zu meinen, daß ein Ochse wohl zum Symbol der Dummheit tauge, Weisheit aber nicht seine Gabe sei. Die phantasiereichen Morgenländer dachten anders darüber. Je nachdem das Thier öfters in die eine oder andere Kapelle ging, hatte es diese oder jene Vorbedeutung. Dazu theilte es auch den jungen Priestern, die es bedienten, von seinem Geiste mit, so daß sie auch weissagen konnten. Und so hatten denn die weisen Egypter einen Ochsen zum Lehrer und Propheten. Wenn aber dieser Ochse starb, so gabs eine allgemeine Landestrauer, die sich erst dann in Freude verkehrte, wenn wieder ein schwarzer Ochse mit den nöthigen Zeichen gefunden wurde. Die Egypter haben aber auch bei diesem Gräuel im kleinen angefangen. Sie verehrten einen Osiris, als den Gründer des Ackerbaues in Egypten, und daran mögen sie ganz recht gethan haben. Später aber ward Osiris zum Götzen. Und da zum Ackerbau Ochsen nöthig sind, so gaben die symbolseligen Egypter dem Götzen Osiris einen Ochsen zum Symbol bei, oder setzten ihm selbst gleich Ochsenhörner auf. Doch Osiris war längst todt, von seinem eignen Bruder erschlagen, so bildete man sich zuletzt ein, im Apis eine Incarnation (Verkörperung) des Osiris zu erblicken. Und daher scheute man sich nicht mehr, einen Ochsen, der da Stroh frißt, göttlich zu verehren und sich von ihm sagen zu lassen, was man selbst nicht wußte. So sind doch, die sich für weise hielten, gründlich zu Narren geworden.

Aber in einem Stücke waren die alten Egypter allerdings weiser, als viele „Männer des neunzehnten Jahrhunderts." Denn sie bedachten das Ende, und bedachten es ernstlich. Wenn von ihren Palästen auch kein Stein mehr auf dem andern ist, ihre Grabmonumente trotzen dem Zahne der Zeit und scheinen für die Ewigkeit gebaut. Ihre Leichen auch hielten sie in Ehren und wußten sie so wohl zu bewahren, daß wir sie heute noch zu Hunderten sehen und betrachten können. Und warum thaten sie so? Weil sie gewiß wußten, daß das Leben des Menschen mit dem Tode eben so wenig aufhört, als das des Embryos mit der Geburt. Die Existenz als Embryo hört mit der Geburt auf, aber eine unendlich höhere beginnt. Ebenso hört das irdische Leben des Menschen mit dem Tode auf, aber ein unendlich höheres Leben beginnt, um nie wieder aufzuhören. Auch von den alten Egyptern und ihren Monumenten können wir viel lernen, haben wir nur willige Herzen dazu.

26.
Der Reise letztes Stück.

Die Zeit Egypten zu verlassen war gekommen. Den Freunden in der Heimath mag Egypten in weiter Ferne erscheinen, uns fernen

Indiern erscheint es als der Vorhof Europas. In Egypten angelangt, halten wir die Reise von Indien für beendet. Was noch davon bevorsteht, gilt nur als eine Tour, die mehr Erquickung ist als Last. Wir waren auf umgekehrtem Wege. Die Touren der Erquickung hatten wir hinter uns, nun begann die eigentliche Reise. Von dieser aber ist fast nur zu sagen, daß sie eben geschehen ist; denn das öde Meer giebt, wenn es ohne Sturm und Gefahr hergeht, zu berichten gar wenig.

Die Wüste hatten wir bald hinter uns; denn wir fuhren nun auch hier mit Dampf. Auf unsrer ersten Reise durch diese Wüste hatten noch Kameele unsre Sachen und selbst unser Trinkwasser zu tragen, und wir fanden sie daher links und rechts auf unserm Zuge in Gerippen umherliegen. Denn viele fielen unter der Last, die man ihnen aufgelegt, und an dem Mangel des Futters und des Trankes, die man ihnen vorenthalten hatte. Nun hatte die Eisenbahn alle diese Lasten übernommen und den treuen Thieren das so vielfache Ausseufzen ihrer Seelen erspart. Auch die Wüste selbst hatte sich verwandelt, denn hier und da fanden wir selbst Blumen und Gemüse um die netten kleinen Stationshäuser. Denn wo nur Wasser ist, da fehlt es auch in der Wüste an Fruchtbarkeit nicht.

So erreichten wir Suez, das, ob auch nur ein armer Ort, doch zu reichen Erinnerungen veranlaßt. Denn hier umher wandelte Israel mit zagenden und murrenden Herzen, und ging dann nahebei trocknen Fußes durch das rothe Meer, in welchem der verfolgende Pharao mit seinem Heere umkam. Wer sollte nicht an diese „herrliche That" des HErrn gedenken, so nahe der Stätte des Wunders! Auch die Araber können es nicht vergessen, und haben die nächste Oase in der Wüste jenseit des rothen Meeres Ayun Musa, Quellen Mosis genannt. Diese Oase besuchte ich von Suez aus mit meinen Gefährten zu den Pyramiden. Wir schickten die nöthigen Esel früh im Boote über den Busen des Meeres, und fuhren ihnen nach). Diese Thiere waren ein treues Abbild der Wüste, viel kleiner, als die in Cairo, und sehr dürre.

Die Treiber versuchten indeß ihre Künste, und brachten die armen Thiere wirklich zum Traben. Sie darin zu erhalten, war schon schwerer. Eins derselben fiel sogar schon auf halbem Wege, und hatte durchaus nichts dagegen, daß sein barmherziger Reiter den übrigen Weg zu Fuße ging. Nach einem dreistündigen Ritte sahen wir indeß die Oase wie eine Wolke vor uns. Wir glaubten kaum, daß wir unserem Ziele so nahe wären.

Wir fanden die Oase in mehrere Gärten abgetheilt, die verschiedenen Besitzern gehören. Wir eilten in den ersten mit Rohr umzäumten Garten, und fanden vor seiner Lehmhütte einen alten Araber auf europäischem Stuhle sitzen und nachdenkend seine Pfeife rauchen. Er schien überrascht, aber nicht verlegen über unsern raschen Zutritt. Aufstehend begrüßte er uns, und bot uns seinen Stuhl zum Sitzen. Gern hätten wir eine Unterhaltung mit ihm angeknüpft; aber wir konnten kein Arabisch, er konnte kein Englisch, und einen Dolmetscher hatten wir nicht. Das that uns leid.

Wir eilten in seinem hübschen Garten umher, und sahen mehrere Quellen, aus welchen das Wasser überall im Garten umhergeleitet wird. Durch diese Bewässerung war alles in üppigem Wachsthum. Manche Gemüse werden hier gezogen, die in Suez gegessen werden. Ein nettes Sommerhaus lud uns zur Einkehr ein. Wir gingen hin und setzten uns. Hier lasen wir die betreffenden Stellen über der Kinder Israel Durchgang durch das rothe Meer, und über ihren Zug durch die Wüste. Wir hatten das Wasser gekostet, es hatte allerdings einen bitteren salzigen Beigeschmack, aber für Mara war es doch nicht bitter genug. Dazu paßte die Lage durchaus nicht für Mara. Dennoch wird diese Oase nicht umsonst den Namen der Mosis-Quellen führen. Ganz in der Nähe zog Israel durch das Meer. Darauf sangen sie dem HErrn ein Danklied, und

„Mirjam nahm eine Pauke in ihre Hand, und alle Weiber folgten ihr nach hinaus mit Pauken am Reigen;" 2c. das alles kann nicht wohl während des Zuges geschehen sein. So mußten sie denn irgendwo halten, und sich zur Danksagung vor dem HErrn versammeln. Nun das ist vielleicht die Stätte, so nahe ihrer wunderbaren Rettung und dem Untergange Pharaos.

Wir durcheilten hintereinander die ganze Oase mit ihren verschiedenen Besitzungen. Von einem der Lehmhäuser wurden wir durch das ängstliche Geschrei: Haram! Haram! (Verboten! verboten!) zurückgehalten. Der Besitzer lebte in Suez.

In den ersten Garten zurückgekehrt, fanden wir eine englische Gesellschaft des Schiffes vor, das uns nach Indien bringen sollte. Sie theilte freundlich ihr Brot und ihren Wein mit uns, was uns um so willkommener war, als unser mitgebrachter Proviant in keiner Weise dem Appetit entsprechen wollte, der sich bei uns eingestellt hatte. Erfreut und erquickt an Leib und Seele schieden wir von Ayun Musa, nicht ohne den Wunsch des Wiedersehens.

Bald verließen wir Suez und zogen ferner nach dem Süden zu. So lange wir im Meerbusen von Suez waren, sahen wir zu beiden Seiten die nackten steilen Felsenufer der Küste von Egypten und der sinaitischen Halbinsel; aber darüber hinaus hatten wir auch nichts als Wasser vor uns, und einen wolkenlosen Himmel über uns. Die Hitze wurde hier bedeutend, der Wind aus der Wüste her war ungekühlt.

Als wir dem Sinai gegenüber kamen, strengten wir unsere Sehkraft an und versuchten unsre Gläser, ob wir das Katharinenkloster auf dem Djebel Musa erblicken könnten. Unsre Bemühungen blieben unbelohnt, obschon wir nur etwa sechs bis sieben deutsche Meilen davon entfernt waren.

Bab el Mandeb, das „Thor des Verderbens" — passirten wir ohne Besorgniß. Es ist aber eine so schmale, gewundene, von schroffen

Felsen bedrohte Meerenge, daß sie für Segelschiffe noch heut der Schrecken genug haben mag. Ein gutgeführtes Dampfschiff kommt aber, namentlich bei ruhiger See, leicht hindurch, weil es viel sicherer gesteuert werden kann, als ein Segelschiff.

Vor Aden angekommen warfen wir Anker. Da das Schiff hier Kohlen einzuladen hatte, gingen sämmtliche Passagiere und wir mit ihnen ans Land. Bald wurden wir auch von einer großen Anzahl kleiner Boote umringt, deren schwarze, bis auf ein Tuch um die Lenden nackte Ruderer sich um die Ehre zankten und schlugen, einen weißen Fremdling an das Land bringen zu dürfen.

Adens Umgebung wäre romantisch zu nennen, wenn nicht die hohen zackigen Felsen sowohl als die Thäler ohne allen Pflanzenwuchs wären. So ist es ein todtes, ödes, abschreckendes Bild, wozu die schwarze Farbe der Felsen das Ihre beiträgt. Das „Lager", die eigentliche Festung Adens, ist drei englische Meilen von dem Landungsplatze entfernt.

Die meisten Reisenden waren dorthin schon aufgebrochen. Der Weg führte zuweilen am Meere, zuweilen zwischen steilen Felsen hin. Bald sahen wir die bedeutenden Festungsbauten der Engländer. Aden ist der Schlüssel des rothen Meeres, wie Korfu der des abriatischen.

Wir trafen mehrere Wachtposten in blauen Hosen, rothem Frack, weißer Mütze und schwarzem Angesicht. Alle diese Leute schienen sich in ihrer Tracht sehr zu gefallen, und machten gar wichtige Amtsmienen. Durch ein wohlverwahrtes Thor gelangten wir in die Felsenschlucht, „Camp", das Lager genannt, und die brittische Besatzung enthaltend. Eine Menge Rohrhütten, dahinter eine Anzahl weißer, morgenländischer Häuser, zwei Brunnen, eine prächtige Moschee und auch eine weiland im Bau gewesene, aber unvollendet gebliebene christliche Kirche, das war alles, was uns auffiel. Keine Bäume, kein Schatten, kein Gras oder dergleichen etwas.

Von den anwesenden Europäern sahen wir nichts; denn es war in den Mittagsstunden, und da hält sich jeder womöglich innerhalb seiner Mauern. Doch traf ich im armseligen Bazar einen Soldaten, der eine merkwürdige Probe englischer Humanität lieferte. Ich war erfreut unter diesen schwarzen auch ein weißes Gesicht zu sehen, und redete ihn freundlich an. Der Mann aber schien keine Notiz davon zu nehmen und antwortete nicht. Ich frug verwundert: Sprechen Sie denn nicht Englisch? Da entrang sich ein zögerndes Ja seinen geschlossenen Lippen. Darauf brummte er: Ich kannte Sie nicht, darum wollte ich nicht mit Ihnen reden. Das war doch über meine Erwartung.

Wir schieden gern von Aden, kehrten auf unser Schiff zurück, und fuhren weiter dem Osten zu.

Wir fanden die Luft im indischen Ocean nicht so heiß, als im rothen Meere. Die Fahrt aber war sehr einsam; kein Schiff irgend welcher Art ließ sich sehen.

Dafür hatten wir eine Begräbnißfeier auf dem Schiffe. Wir waren dabei auf halbem Wege zwischen Arabien und Indien. Ein junger Rechsgelehrter von England, auf dem Wege nach Madras, auf dem Schiffe mein nächster Tischgenosse, war gestorben. Abends um 6 Uhr wurde die dunkle Trauerflagge aufgesteckt, die Maschine angehalten, und langsamen Schrittes angezogen kam der Leichenzug. Unter dem Geheul des ausströmenden Dampfes begann die leise gelesene englische Grabesliturgie. Auf ein Zeichen sank der beschwerte Sarg in sein unermeßlich weites und tiefes Wassergrab. Ernst lag auf allen Gesichtern, aber keine Thräne floß dem freundlosen Jünglinge nach. Die Trauerflagge wurde eingezogen, die Maschine begann wieder ihr Werk; alles kehrte in seine Ordnung zurück, und des Jünglings war vergessen, wie man „eines Todten vergißt". Unsre Herzen aber bebten. Wir gedachten unsrer in Sachsen zurückgelassenen „Gottesgaben". Trübe Bilder traten

vor unsre Seele und wollten nicht weichen. Lange flossen unsre
Thränen; wer konnte sie stillen! Doch verhüllt seien die Bilder der
Trauer! In Gottes Barmherzigkeit, in seiner ewigen Vatergüte ist
Trostes die Fülle. Ihm sei Preis und Dank für Alles!

Nach einigen Tagen erblickten wir die Inselreihe der Maledi-
ven, die mit ihrem frischen Grün sich sehr vortheilhaft von Arabiens
Küsten und kleinen Inseln unterschieden. Bald darauf warfen wir
Anker vor Ceylon, und betraten nun das erste Mal indischen Boden.
Der Hafen von Galle bietet einen wunderschönen Anblick. Er ist
fast ganz mit Land umschlossen; hie und da erheben sich felsige Inseln mit üppigem Pflanzenwuchse auf dem Haupte. Die Küste ist
mit Kokospalmen wie eingesäumt, aus welchen hie und da die Häuser
der Besitzer durchschimmern. Gern hätten wir mehr von dieser
schönen Insel gesehen; aber unsre Zeit war gemessen, wir mußten
noch einmal auf das Schiff, um dem Norden zuzufahren.

Es war gegen Ende des November, als die Anker fielen
und zwei schnell aufeinanderfolgende Kanonenschüsse die Ankunft
unsers Schiffes vor Madras ankündigten. Die Sonne tauchte gerade
aus dem Meere empor und beleuchtete die Ufer des Landes, welchem
ich die Botschaft des Friedens verkündigen sollte. Freudiger Dank
für die gnädige Bewahrung meines treuen Gottes auf dieser Reise
von mehreren tausend englischen Meilen mischte sich mit dem Gebet
um den Aufgang der Sonne der Gerechtigkeit über dieses Land so
großer Todesschatten. Möchte sie bald aufgehen!

Madras hat keinen Hafen, und die Schiffe müssen in offner
See über eine Meile weit vom Ufer ankern. Aber sobald nur das
Schiff geankert war, kamen sehr schnell eine Reihe Boote auf uns
zu gefahren. Unser Dampfer führte die Post mit sich, die alle Monate zweimal von Europa nach Indien kommt; so ist denn immer
viel Verlangen nach seiner Ankunft. Sobald das Schiff seine Ankunft durch zwei Kanonenschüsse angezeigt hat, zeigen die Kanonen

der Festung dasselbe den Bewohnern von Madras an, und Vieler Herzen schlagen mit banger Freude den kommenden Briefen entgegen.

Neben den Boten zog eine andere Erscheinung unsre Aufmerksamkeit auf sich. Hier und da erschienen braune Menschengestalten wie auf uns zukommend, bald einzeln, bald bei zweien und dreien. Sie erschienen bald hoch auf den Wellen, bald tief unten und unserm Blicke entzogen; aber einen Kahn oder des etwas sahe man nicht. Sie erschienen wie auf dem Wasser stehend und mit den Wellen sich fortbewegend, und wir waren begierig das Geheimniß gelöst zu sehen. Endlich lösete es sich. Die Ankommenden waren Fischer auf einem Kattumaram. Ein Kattumaram (wörtlich „zusammengebundener Baum") ist aber ein gar seltenes Fahrzeug. Es besteht aus drei zusammengebundenen Baumstämmen, etwa 10—15 Fuß lang. Der mittlere Stamm ist ein wenig länger als die zu den Seiten, und oben sind sie ein wenig geebnet. Das ist der ganze Bau. Ein oder auch zwei bis drei Mann knieen oder stellen sich hinauf, und wissen es mit einem kleinen Ruder — es ist eigentlich ein ganz gleichseitiges Stück Bret — gar behend zu regieren. Dieses seltene Fahrzeug steigt und sinkt mit der Welle, wird von derselben überworfen, und nicht selten verschwinden Mann und Kattumaram in der Brandung des Ufers; und wenn sie Beide wieder emporkommen, so ist oft der Mann ein gut Stück von seinem Fahrzeug entfernt und dasselbe umgeworfen. Das hat aber auch durchaus nichts zu sagen. Das Fahrzeug enthält keinerlei Raum, der gefüllt werden könnte, und sein Führer weiß es schon wieder einzuholen. Er faßt es behende, wendet es wieder auf die rechte Seite, steigt hinauf und die Fahrt beginnt von neuem. Seine Kleider werden ihm dabei auch nicht naß, denn er hat keine an. Seine ganze Bedeckung besteht aus einer trichterartigen Mütze von Palmyrablättern und aus einem unentbehrlichen Streifen Zeuges, einer Hand breit und zwei Fuß lang. Sie sind rechte „Seeleute". Wie oft sah ich sie nachher vom Aufgang der Sonne bis zu ihrem Niedergang auf ihrem Kattumaram umherfahren, um den nöthigen Lebensunterhalt zu gewinnen. Ihr Fahrzeug ist wohl das einzige von allen, das nie leck werden und nie untergehen kann. Und wenn kein Boot die Brandung zu paffiren weiß, sie wagen es, und sind darum nützliche Leute.

Mehrere Boote vom Ufer hatten uns nun erreicht und das Verdeck des Schiffes füllte sich mit einer bunten Menge. Einzelne Europäer begrüßten ihre angekommenen Freunde, und einem Missionar wurde seine in England aufgewachsene Tochter vorgestellt. Beide kannten sich nicht. Der Vater zeigte viel Freude und Herzlichkeit über sein Kind; die zur Jungfrau herangewachsene Tochter aber war ziemlich steif und schien sich nicht darein finden zu können, daß dieser Mann ihr Vater sein sollte. Der Seufzer sei uns verziehen, der im Andenken an unsre zurückgebliebenen Gottesgaben sich hierbei hervordrängte. — Mancher unsrer Reisegefährten ward von Freunden begrüßt und abgeholt. Uns begrüßte Keiner; denn unsre Ankunft ward noch nicht erwartet. So hatten wir denn Muße, die angekommenen Eingebornen zu betrachten. Die braunen, nackten Gestalten der Bootsleute hatten durchaus nichts Anziehendes. Ihr Ansehen war rauh und ihre Manieren roh. Aber sie sind auch keine würdigen Repräsentanten ihres Volkes. Sie waren allzu eifrig ihre Dienste anzubieten und kämpften mit einander um die Ehre, einen der Europäer oder doch seine Sachen an das Land bringen zu dürfen. Doch war es nicht sowohl die Ehre, als das zu verdienende Geld, das sie zu solchem Eifer und Kampf antrieb. Die englischen Matrosen wehrten ihre Zudringlichkeit oft mit einem Schiffsseile ab: diese Behandlung that uns leid.

Außer diesen Bootsleuten kamen aber auch andere Eingeborne auf das Schiff und boten in ziemlichem Englisch bereitwillig ihre Dienste an. Man stelle sich einen Mann von mittlerer Größe vor; seine Farbe ist ein helleres oder dunkleres Braun, sein Auge ist rabenschwarz, dabei scharf und forschend; seine Gesichtszüge sind fein und mild: seine Oberlippe und die Backen sind mit starkem Haarwuchs versehen, aber sein Kopf ist rasirt. Auf dem Kopf prangt ein schneeweißer Turban von besonderer Gestalt; ein ebenso weißer Rock ohne Kragen bedeckt den Obertheil seines Körpers und ein langes Kleid hängt ihm vorn bis an die Füße herab, während es hinten beim Gehen seine Waden und selbst einen Theil der Lenden hervortreten läßt. Ein Paar Pantoffeln an den Füßen vollenden seine Tracht. Diese werden stets ausgezogen und einige Schritte zurückgelassen, wenn ein Mann von Stande angeredet wird: ein Zeichen der Höflichkeit, wie bei uns das Hauptentblößen. Im Ganzen ist die Erscheinung würdig, Haltung und Manieren edel. Aber auf der Stirn der Meisten steht mit grellen Farben das Götzenzeichen des Vischnu oder sie ist dick bestrichen mit der Asche des Siva. Diese Zeichen verfehlen nie, einen Seufzer aus der Brust des Friedensboten hervorzulocken. Nicht „Christi Blut und Gerechtigkeit" ist ihr Schmuck und Ehrenkleid; ein Zeichen der Götzen verunziert ihre Stirn. Nicht dem HErrn, der sie mit seinem Blut erkauft hat, dienen sie, vor todten Götzen fallen sie nieder und beten an der Menschen Hände Werk. O Hüter, ist die Nacht schier hin?

Einer nach dem Andern unsrer Schiffsgesellschaft war bereits, auf einem Stuhle sitzend, hinuntergelassen worden von dem Verdeck des Schiffes in das schwankende Boot tief unten; endlich kam die Reihe auch an uns. Die Boote sind tief und die Bohlen derselben nicht zusammengenagelt, sondern mit Stricken zusammengenäht, weil sie nur so, den Stößen der Brandung nachgebend, sicher sind. Unsre zehn braunen Ruderer begannen alsbald ihren Gesang, wie ihn nur solche Kehlen hervorbringen können. Singend ruderten sie kräftig fort, bis die drei Brandungswellen allen Athem wie alle Kraft in Anspruch nahmen. Auch wir hatten vollauf zu thun uns fest zu halten. Bei der letzten Welle stieß das Boot auf den Sand des Ufers und einige Männer sprangen sofort ins Wasser, um zu verhindern, daß die zurückweichende Welle es wieder mit sich fortreiße. Einige Andere brachten eilig einen Lehnstuhl an das Boot, das noch von den Wellen umbraust und geschwenkt wurde. Auf diesen Stuhl setzten sie meine Frau, und eilten mit ihr davon. Mich selbst nahmen zwei Mann auf ihre nackten Schultern und trugen mich so vollends auf das Trockene. Indiens Boden war betreten; wer könnte beschreiben, mit welchen Gefühlen! —

Wir mischen das Loblied für die glücklich vollbrachte Reise mit der Bitte um Weisheit, Kraft und Segen zum neuen Werke. Der HErr erhöre Beides!

Er lasse Sein Reich bald kommen, damit Sein Name geheiligt werde und Sein Wille geschehe überall auf Erden wie im Himmel.

Aus Indien.

1.

Kondistan und die Konds.

Auf den Bergzügen, die den Osten und Westen von Dekan und Südindien durchziehen, durch die Nilagiris sich vereinigen und dann in einem Zuge bis auf die äußerste Spitze von Cap Comorin auslaufen, wohnt ein von den Hindus verschiedenes Volk, oder vielmehr verschiedene Völklein. Sie gehören offenbar der Urbevölkerung Indiens an und haben sich vor der ihnen zu mächtig gewesenen brahmanischen Einwanderung lieber auf die Gebirge zurückgezogen, als sich derselben unterworfen. Diese Reste zerfallen in verschiedene Gruppen unter verschiedenen Namen. Einer Gruppe von ihnen, den Konds, gilt jetzt unsre Aufmerksamkeit. Sie bewohnen die Gebirge von Orissa und Ganjam, welche unter dem allgemeinen Namen der Maleias bekannt sind, aber noch viele besondere Namen tragen. Die höchsten sind über 4000 Fuß und die ganze Gegend ist romantisch und fruchtbar. Die Abhänge der Berge sind überall mit Wald bedeckt, davon die Konds hie und da etwas geklärt und in Feld verwandelt haben. Die weniger bewohnten Gegenden werden von Tigern und Bären durchzogen. Die Hauptproducte, die auf den Rücken von Lastochsen nach dem Tieflande versendet werden, sind Gelbwurz, Pfeilwurz, Senf, Pfeffer, Tamarinden, Honig und Wachs.

Doch nicht sowohl diese Berge mit ihren Schluchten und Höhen, mit ihren Wäldern und Feldern, Rosen und Dornen wollte ich beschreiben. Die Erde ist überall des HErrn, und im gewissen Sinne ist sie auch „vollkommen überall, wo der Mensch nicht hinkommt mit seiner Qual." Den Bewohnern dieser Berge gelten diese Zeilen.

Bis zum Jahre 1836 waren dieser Berge Bewohner so gut wie unbekannt. Selbst die Regierung wußte Nichts von ihnen. In diesem Jahre aber empörte sich der Raja von Gumsur gegen die britische Regierung, und geschlagen nahm er seine Flucht auf diese Berge. Man suchte ihn zu finden und fand zugleich, was man nicht gesucht und erwartet hatte. Ein Volk von besonderem Stamme, von besonderen Sitten und mit besonderen Sünden beladen.

Erst ein Blick auf das Volk selbst und seine Sprache, dann auf seine Religion und auf seine Greuel.

Das Volk ist kräftig und stark, der Kleidung hat es nur wenig. Ihre Dörfer bestehen aus zwei Reihen Häuser, 40—50 an der Zahl und alle gleich. Diese werden nie reparirt, sondern wenn das Material, Holz und Lehm, verdirbt, werden neue Häuser in derselben Weise gebaut. Die Bewohner sind fleißige Ackerbauer, haben aber fast keine Gewerbe, weil diese nicht ehrenhaft sind. Sie sind gutmüthig wie die rothen Indianer, und haben eine ebenso unüberwindliche Liebe zur Freiheit wie diese. Auch sind sie nicht weniger kriegerisch. Die Schleuder, Pfeil und Bogen und die Streitaxt lernen sie schon in früher Jugend handhaben; und über ihren Fehden wird nicht selten der Ackerbau ganz vergessen. Sie haben ein starkes Rechtsgefühl, aber nur, wenn es auf ihrer Seite ist, und machen sich darum durchaus kein Gewissen daraus, einzeln oder in Banden in andere Districte einzufallen und was ihnen gefällt mitzunehmen. Sie sind sehr gastfrei, und leiden lieber den größten Verlust, als daß sie das Recht der Gastfreundschaft verletzen. Dem Trunke sind sie sehr ergeben.

Die Frauen dürfen zwar nicht mit den Männern essen, aber sie üben einen großen Einfluß beides in friedlichen und kriegerischen Berathungen, und stehen darum doch in einiger Achtung. Die Frauen werden stets aus andern Horden gefreit, und haben das Recht, die Morgengabe zurückzuerstatten und den Mann zu verlassen. Und wenn sie sich dann einen Jüngling aus einer anderen Horde wählen, so ist dieser verbunden, ihre Hand anzunehmen.

Ihre Verfassung ist patriarchalisch, es verbinden sich aber gewöhnlich mehrere Familien und wählen ein Stammoberhaupt, und mehrere Stämme verbinden sich und wählen ein allgemeines Oberhaupt. Dieses richtet und schlichtet in gewöhnlichen Fällen, in besondern aber versammeln sich alle Männer und bilden so den obersten Rath.

Ihre Sprache zerfällt in verschiedene Dialecte, wie das mit allen ungeschriebenen Sprachen der Fall ist. Die Konds aber haben keine eigene Literatur, und erst seit sie den Europäern bekannt geworden sind, hat man ihre Sprache zu schreiben begonnen. Die meiste Aehnlichkeit hat sie mit den Dravidasprachen, doch ohne sanskritische Beimischung; und man hat behauptet, daß diese Sprache von allen der Tartarischen am nächsten stehe.

Die Religion der Konds ist von besonderer Art. Sie glauben an ein oberstes Wesen, den Ursprung alles Guten, den Schöpfer der Welt, der Götter und der Menschen. Dieses Wesen wird entweder Bura Pennu genannt, der Gott des Lichtes, oder Bella Pennu, der Gott der Sonne. Sowohl die Sonne selbst, als der Ort des Aufgangs derselben sind seine Residenzen. Ihre Tradition ist reich und allerdings verschieden, wie bei allen Völkern. Das Wesentlichste ist Folgendes:

Im Anfang schuf Bura Pennu sich eine Gefährtin, die Tari Pennu, die Göttin der Erde, den Ursprung des Bösen.

Bura Pennu schuf die Erde und ging mit Tari Pennu auf derselben spazieren. Aber Tari Pennu ermangelte der hingebenden Treue, denn sie wollte ihm nicht den Rücken kratzen auf seinen Befehl. Da beschloß der Schöpfer den Menschen zu schaffen, der ihm den schuldigen Respect erweisen sollte.

Er nahm eine Handvoll Erde und warf sie hinter sich, daß der

Mensch daraus werden sollte. Aber Tari Pennu ergriff die Erde voll Eifersucht und warf sie seitwärts, und so entsprangen daraus die Pflanzen und Kräuter der Erde. Er wiederholte den Versuch, und sie that wie vorhin und warf die Erde in's Meer; da entstanden die Fische und Seethiere daraus. Aus der dritten Handvoll Erde entsprangen die Thiere der Erde, aus der vierten die Vögel des Himmels. Endlich merkte Bura Pennu, was Tari Pennu gethan hatte, legte seine Hand auf ihr Haupt und schuf den Menschen.

Im Anfang war alle Schöpfung in voller Einigkeit und Seligkeit. Es war kein Böses in der Welt, und der Mensch hatte Gemeinschaft mit seinem Schöpfer und konnte gleich leicht durch Erde, Luft und Meer sich bewegen.

Aber Tari wurde neidisch darüber, und beschloß den Menschen zu verderben. Sie säete Böses in sein Herz, wie man Samen in das Land säet. Auch brachte sie Mißklang in die Schöpfung. Bura Pennu hielt den Lauf des Bösen in der Schöpfung auf, ließ aber dem Menschen die Freiheit, zwischen Gutem und Bösem zu wählen.

Nur wenige wählten das Gute, und zu diesem sprach Bura: „Seid Götter und lebet ewig. Schaut wann ihr wollt mein Angesicht und habt Gewalt über die Menschen, die nicht mehr in meiner besonderen Obhut sind." Denen, die Böses gewählt hatten, entzog Bura seine Gegenwart, und der Tod trat nun in ihre Mitte. Von nun an wurden die Schlangen giftig und die Thiere reißend und der Mensch konnte nicht mehr durch Meer und Luft sich bewegen. Bura aber und Tari geriethen in offenen Kampf mit einander, ihre Waffen waren Berge, Gestirne und Sturmwinde.

Bis hieher sind die Konds unter sich einig, von hier ab aber scheiden sie sich in zwei Theile in Betreff des Sieges und der Folgen dieses Kampfes.

Die Bura-Anbeter glauben, daß Bura siegte und als ein bleibendes Zeichen seines Sieges auf Tari's Geschlecht die Geburtsschmerzen gelegt hat. Ihr Zorn jedoch und böser Wille gegen die Menschen ist geblieben, nur daß sie ohne Bura nichts ausführen kann und von ihm nur zum Ausführen der Strafen gebraucht wird, die er über die Menschen verhängt.

Die Tari=Anbeter hingegen behaupten, daß Tari noch unüber= wunden mit Bura fortkämpft, mit verschiedenem Erfolge. Sie halten Bura auch für den Schöpfer der Welt und für die Quelle alles Guten, daher sie ihn bei feierlichen Gelegenheiten zuerst an= rufen. Aber sie meinen, daß Bura's Macht, durch die Götter über die Menschen geübt, nicht hinreicht, die Menschen zu schützen, wenn Tari Böses thun will. Darum muß man sich mit Tari schon selbst abzufinden suchen, da sie dadurch, daß sie das Gute von Bura nicht aufhält, Gutes thun kann, abgesehen von ihren besondern Gaben.

Um die Menschen auf Erden zu behüten und sie zur Seligkeit zu führen, schuf Bura Untergötter, die zugleich Macht haben über die Elemente.

Diese Untergötter sind nach Bura und Tari anzubeten, es sind ihrer aber zwei Classen. Die erste Classe enthält die Götter des Regens, der Erstlinge, der Fruchtbarkeit, der Jagd, des Krieges, der Grenzen. Die zweite Classe beherrscht die Natur, als Berg und Thal, Quellen und Ströme, Wald und Feld 2c.

Zur ersten Classe der Götter gehört Dinga Pennu, der Richter der Todten. Er wohnt über dem Meere auf einem glatten Felsen, Grippa Balli genannt, der Springfels. Um diesen Felsen fließt ein schwarzer und sehr tiefer Strom. Wenn die Seelen ihre Leiber verlassen, müssen sie hieher kommen und indem sie über den Strom auf den Felsen zu springen versuchen, erleiden sie oft mancherlei Schaden, sie verlieren ein Auge oder dergleichen, welche Mängel in der nächsten Geburt zu Tage treten. Auf diesem Felsen sitzt Dinga Tag und Nacht, beschäftigt, die ankommenden Seelen zu richten. Die

Gerechten gehen alsbald in die Gemeinschaft der Götter, die Ungerechten müssen nach mehreren Strafen auf dem Grippa Balli auf's Neue geboren werden.

Die Strafen, die Dinga in dieser einstweiligen Hölle austheilt und die in die nächste Geburt übergehen, sind: Epilepsie, Armuth, Mangel an männlichen Erben und allerlei Gebrechen des Leibes; eine besonders harte Strafe für die Konds.

Die gröbsten Laster sind: Verweigerung der Gastfreundschaft oder Verlassen des Gastes, Meineid, Lüge, (ausgenommen einen Gast zu retten) Verletzung eines alten Brauches, Blutschande, Feigheit, Verrath.

Jede dieser Sünden verwirkt wieder geboren zu werden, und sind mehrere derselben vorhanden, so ist diese Geburt mit Gebrechen begleitet.

Die größten Tugenden sind: im Kriege einen Feind zu erschlagen, im Kriege zu fallen, ein Priester zu sein 2c.

Ein jeder Mensch hat vier Seelen. Die erste Seele ist der Seligkeit und Gemeinschaft mit Bura fähig. Eine zweite Seele gehört dem Stamme an und wird immer wieder in demselben geboren, so daß bei jeder Geburt der Priester erklären muß, welches Glied der Familie zurückgekehrt sei. Eine dritte Seele hat die Strafen für die Sünden zu erleiden. Die vierte Seele stirbt mit dem Leibe.*)

Die Vorstellungen der Tarisecte in dieser Hinsicht sind ganz ähnlich, nur daß sie der Tari zuschreiben, was jene dem Bura.

Die Konds haben und bauen keinen Tempel und halten die Aufstellung von Götzenbildern für den sichersten Beweis von dem völligen Mangel an Gemeinschaft mit Gott. Sie haben jedoch ein Priesterthum und zwar ein doppeltes; d. h. Priester, die so leben

---

*) Auch die rothen Indianer in Amerika haben diese Ansicht von vier Seelen, deren eine mit dem Leibe stirbt.

wie andre Konds, und eine Art Mönche, die nicht nur nicht heirathen, sondern sich auch nicht waschen dürfen.

Die Bura-Anbeter opfern bei gewissen Gelegenheiten, wie bei der Aussaat und bei der Ernte etwa ein Schwein oder einen Büffel und reden Gott etwa folgender Weise an: „O Bura Pennu, o Tari Pennu, und alle Götter — sie werden mit Namen genannt — du, o Bura Pennu, hast uns geschaffen und uns den Hunger gegeben, darum uns Korn nöthig ist und daher Felder. Du hast uns Samen gegeben und uns geheißen Büffel zu brauchen, Pflüge zu machen und zu pflügen. Hättest du uns dies nicht gegeben, so hätten wir wohl auch von Wurzeln und Beeren leben können, aber in Armuth, und wir hätten deinen Dienst nicht ausrichten können. Gedenke daran (an das Verhältniß unsers Wohlstandes und deiner Ehre) und höre unsere Gebete! Des Morgens gehen wir früh auf unsre Felder Samen zu säen, bewahre uns vor Tigern und Schlangen und allem Bösen. Laß den Samen den Vögeln wie Erde erscheinen und wie Steine den Würmern. Laß die Felder so reichlich tragen, daß auf dem Felde so viel übrig bleibe und auf dem Wege so viel verschüttet werde, daß, wenn wir das nächste Jahr ausgehen, der Weg wie ein junges Kornfeld aussehe. Gedenke, daß die Vermehrung unsrer Güter die Vermehrung deiner Ehre ist und daß unser Mangel deinen Dienst beinträchtigt."

Die Verehrung der Tari Pennu ist aber nicht so harmlos. Ihr Hauptdienst besteht in Menschenopfern. Diese werden sowohl von dem Stamme als von einzelnen Personen bei allgemeinen und besondern Gelegenheiten dargebracht.

Die Opfer müssen gekauft sein oder die Kinder gekaufter Opfer. Zehn Tage vor dem Opfer waschen alle Theilnehmer ihre Kleider und rufen die Tari also an: „O Tari Pennu, du denkst vielleicht, daß wir dein vergessen haben, aber dem ist nicht so. Wir werden jetzt unsre Häuser verlassen und nicht achten unsre Feinde und die Götter über unsern Grenzen, oder die Zauberer, die sich in Tiger verwandeln. Wir gehen zu deinem Dienste. Und sollte uns etwas zustoßen, so wird man dir mißtrauen und sagen, du fragst nicht nach deinen Anbetern. Wir sind nicht zufrieden mit dem, was wir haben, wir hoffen, du wirst unsre Wünsche erfüllen. Vergiß unser nicht."

Die Opfer-Ceremonie dauert gewöhnlich drei Tage und wird unter einem großen Zulauf von Menschen jeden Alters und Geschlechts gehalten. Der erste Tag wird mit Trunk und Ausgelassenheit zugebracht. Am andern Morgen wird das Opfer herbeigeführt und von dem Priester an einen Pfahl gebunden. Es wird nun mit geschmolzener Butter begossen, mit Blumen bekränzt und wie göttlich verehrt. Am dritten Morgen erst beginnt die Opferung selbst und schließt am Mittage unter lautem Geschrei der Versammlung.

Unmittelbar vor der Opferung wird Tari also angeredet: "O Tari Pennu! Wir sind hier versammelt dir deine Speise zu bringen. Laß unsre Häuser so voll Kinder werden, daß unsre Stimmen vor den ihrigen nicht zu hören seien. Laß unsre Heerden so zahlreich werden, daß kein Gewürm leben kann unter ihren zertretenden Hufen. Laß unsre Schweine so zahlreich werden, daß unsre Gärten keinen Pflug weiter bedürfen, als ihre Rüssel. Laß die Steine unsrer Brunnen hohl werden von der Menge unsrer kupfernen Geschirre. Laß unsre Kinder es nur vom Hörensagen wissen, daß Tiger und Schlangen in unserm Lande gewesen sind. Laß uns nur eine Sorge haben, die Häuser größer zu bauen, um unsre Güter darein zu sammeln; dann wollen wir dir öfter so dienen. Wir wissen, daß du das haben willst. Gieb uns mehr Vermögen und wir werden dir mehr Opfer bringen!"

Nach diesem allgemeinen Gebete bittet Jeder für sich, der eine um ein gutes Weib, der andere, daß seine Waffen glücklich sein möchten ꝛc."

Hierauf erzählt der Priester die Entstehung des Gebrauchs und dann beschreibt er ausführlich die Darbringung des ersten Opfers. Mit der Entstehung dieses grausamen Brauches will ich den Leser nicht aufhalten. Es läuft darauf hinaus, daß Tari es zur Fruchtbarmachung des Feldes befohlen hat. Die Beschreibung der ersten Opferung aber ist so besonderer Art, daß ich sie verkürzt hierher setzen will.

Das Opfer weinte und fluchte; das Volk freute sich. Die Pflegeeltern aber des Opfers waren traurig und sprachen: „Die Welt freut sich, wir aber sind betrübt;" und frugen, warum doch dieser Gebrauch vorhanden sei? Tari antwortete durch den Priester: „Beschuldige nicht uns, sondern deine Eltern, die dich uns verkauft haben. Die Göttin der Erde fordert ein Opfer; es ist nöthig für die Welt. Uns plagen Tiger, Schlangen und Fieber; du wirst kein Uebel leiden; und wenn du der Welt Heil gegeben hast, wirst du ein Gott werden."

Das Opfer antwortete: „Habt ihr denn keine Feinde, keine bösen Kinder, keine Feiglinge, die in der Schlacht fliehen, keine Schuldner, um deretwillen ihr euer Land verkaufen müßt, um für sie zu bezahlen?"

Der Priester antwortete: „Du verstehst nicht unsre Weise. Wir haben dich nicht geraubt, und die du nennst, sind nicht geeignete Opfer. Sie taugen nur, um durch Epilepsie, Geschwüre und andre Krankheiten zu fallen. Solche Opfer taugen nicht. Deinetwegen haben wir uns selbst beraubt, um dich kaufen zu können. Wir gaben für dich unsre metallenen Geschirre und deine Eltern gaben dich willig hin, wie man willig Feuer giebt vom Heerde. Willst du tadeln, table sie!"

Das Opfer: „Habe ich den Kaufpreis getheilt? Habe ich dem Handel beigestimmt? Niemand erinnert sich des Mutterleibes noch des Geschmackes der Muttermilch: ich hielt euch für meine Eltern.

Habt ihr nicht Mitleid gehabt, wenn ich litt? O mein Vater, und ihr, und ihr, und ihr meine Väter, o tödtet mich nicht!"

Die Pflegeeltern: "O Kind, wir müssen dich tödten, vergieb es uns: du wirst ein Gott werden."

Das Opfer: "Warum müßt ihr mich tödten? Habe ich nicht mit euch gearbeitet, Bäume und Tabak gepflanzt und neue Häuser bauen helfen?"

Der Häuptling: "Du wirst bald vergottet werden und wir werden durch dein Schicksal gewinnen. Weißt du nicht, wie der Priester dir die wahrsagende Sichel brachte, als Viele krank waren, und sagte, die Göttin fordere ein Opfer?"

Das Opfer: "Ja, aber eure Mütter, eure Weiber und Kinder sagten mir, ihr würdet lieber euer Land verkaufen, um ein anderes Opfer zu erlangen, ihr würdet mich nicht opfern."

Der Häuptling: "Wir können dir nicht helfen. Deine Eltern vergaßen die Lust, dich zu lieben und neigten ihre Herzen auf unser Vieh und auf unsre Metallgefäße. Schilt sie; verfluche sie und wir wollen dir helfen. Wir wollen mit dir ihnen fluchen, daß alle ihre Kinder also umkommen sollen; daß sie in Jahresfrist den Preis verlieren sollen, um den sie dich verkauft haben; daß sie ein freud- und freundloses Alter haben sollen, ungeliebt und unversorgt; daß, wenn sie in ihrer leeren Hütte sterben, zwei Tage lang Niemand ihren Tod erfahren und die Träger dann die Nasen zuhalten müssen; daß ihre eignen Seelen in Opfer fahren, die in hartherzige Hände verkauft werden. Fluche ihnen so, und wir wollen mit dir fluchen."

Das Opfer zum Priester: "Und warum hast du mir mein Schicksal verborgen? Warum hast du mir's nicht gesagt, daß ich hätte vom Felsen springen können und sterben? — Mein Vater hat mich gezeugt, die Häuptlinge haben mich gekauft, mein Leben wird geopfert und sie werden dadurch gewinnen; aber du, o Priester, der du keine Theilnahme für mich hast, du sollst keinen Nutzen davon haben."

Der Priester: „Gott hat die Welt geschaffen und was darinnen ist; ich bin sein Diener und Vertreter. Gott hat dich gemacht, die Häuptlinge haben dich gekauft und ich opfere dich. Die Kraft deines Todes steht nicht bei dir, sondern bei mir."

Das Opfer: „Verflucht sei, der mich nicht erworben hat und doch der erste ist bei meinem Tode! Verflucht sei er und lebe nur durch das Elend Andrer! Der Elendeste unter den Elenden sei er und ein Narr in den Augen seiner Frau und Kinder! Ich rufe euch, deren Brod ich gegessen, euch, ihr Fremdlinge, und euch Alle, die ihr mein Fleisch zerstücken werdet: fluchet dem Priester!"

Der Priester: „Sterbendes Geschöpf, fluchst du mir? Ich werde dir keinen Platz geben unter den Göttern."

Das Opfer: „Sterbend werde ich ein Gott und du sollst dann sehen, wem du dienst! Nun thue deinen Willen an mir!"

Der Priester verwundet nun leicht das Opfer, worauf die Versammlung über dasselbe herfällt und das Fleisch in Stücken von seinem Leibe schneidet. Diese Stücke vergräbt dann ein jeder in seinen Acker und erwartet nun eine fruchtbare Ernte. Der Rest des Opfers wird mit einem Schaf zusammen verbrannt. Nun folgen noch einige Gebete, deren Inhalt den angeführten ähnlich ist und den Lohn für diese That in allen Gütern der Erde fordert. Zum Schluß wird ein Büffel geopfert, dessen Fleisch von allen Anwesenden verzehrt wird. Und somit schließt das grausige Schauspiel.

Wie häufig diese und noch andere, womöglich noch unnatürlichere Greuel bis ganz vor Kurzem stattfanden, werden wir weiter unten sehen. Hier noch die Bemerkung, daß auch unter den rothen Indianern Nord-Amerika's ganz ähnliche Menschenopfer stattfanden, indem man das Fleisch des noch lebenden Opfers in die Kornfelder vergrub, um eine reiche Ernte zu erlangen.

Dieses mit vielem Anderen beweist beider Völker Abkunft aus der Tartarei.

Wie ist doch unser Geschlecht so tief gefallen, daß es Menschenleben opfern kann, nicht um ein großes Unglück abzuwenden oder Gott für besondere Sünden zu versöhnen, wie wohl sonst geschehen, sondern um der Erde vergängliche Güter mehr zu bekommen! Fürwahr, Finsterniß bedecket das Erdreich und Dunkel die Völker. Im Schatten des Todes sitzen Alle, die von Gott, dem wahren Lichte und dem wahren Leben, entfremdet und entfernt sind! Hüter, ist die Nacht schier hin?

Die Menschenopfer der Konds, die so häufig stattfanden, daß bei einem fürstlichen Besuche im Jahre 1826 ihrer 25 auf einmal geopfert wurden, sind leider nicht die einzigen Greuel unter diesem Volke. Fast noch unnatürlicher und jedenfalls noch häufiger ist der Töchter-Mord. Zwar ist dieser nicht blos bei den Konds, sondern fast bei allen Bewohnern dieser Gebirge üblich, aber das mildert gewiß nicht die Sache, sondern macht sie nur noch grausiger. Und nicht nur die Tari-Secte, sondern auch die milderen Bura-Anbeter thun diese Greuel. In der Regel wird keine Tochter am Leben gelassen, nur wenn das erste Kind der Mutter eine Tochter ist, bleibt es am Leben, und von den andern nur die, mit welchen Häuptlinge von andern Stämmen Verbindungen anzuknüpfen wünschen. So hat man ganze Dörfer gefunden ohne ein einziges weibliches Kind.

Woher doch diese Sitte und wozu? Die Konds sagen: Es war immer so bei uns, und es ist nöthig. Die Weiber üben unter diesem Volke großen Einfluß im Kriege wie im Frieden, wie schon bemerkt wurde. Treubruch von ihrer Seite ist so wenig eine Schande, daß die Frau ihren Mann frei verlassen darf und einen andern wählen. Aber dann muß die Morgengabe zurückerstattet werden. Diese Morgengabe besteht in Vieh, Hausrath u. dergl., die der Stamm dem Jünglinge bezahlen hilft. Der Vater der Tochter behält diese Gaben nicht für sich, sondern theilt sie wieder unter seine Stammesgenossen aus. Denn aus dem eigenen Stamme darf Niemand ein Weib nehmen, wäre der Stamm auch noch so groß, das wäre Blutschande.*) Kehrt nun das Weib in ihr Vaterhaus zurück, so muß ihr Vater die Morgengabe zurückerstatten. Und weil er die vertheilt hat, so fordert er sie von denen wieder, welche sie empfingen. Das führt dann zu Zank und Streit und Krieg unter den beiden Stämmen, so daß die Konds das Sprüchwort haben: „Nur die reichen und mächtigen Häuptlinge, die sofort das Verlangte zurückerstatten können, ausgenommen, ist jede verheirathete Tochter ein Fluch." Und sie pflegen zu sagen: „Durch den Tod unserer Töchter wird das Leben unzähliger Männer gerettet, und wir leben in verhältnißmäßigem Frieden."

Das ist der vermeinte Nutzen des Töchtermordes. Aber die Konds haben auch noch einen ansehnlicheren Grund dafür. Sie sagen: „Als Bura Pennu uns seine letzten Befehle gab, sprach er: „„Sehet da, ich habe ein Weib geschaffen, und wie viel habe ich und die Welt dadurch gelitten! Ihr habt die Freiheit nur so viel Weiber zu erziehen, als ihr zu regieren vermöget.""

So ist denn das erste Gebet des Hausvaters der Konds um Reichthum und um reichbegabte Söhne. Und sie meinen dadurch, daß sie die Seelen der Töchter in das Todtenreich zurückschicken, nicht nur der Hoffnung für männlichen Samen Platz zu machen, sondern auch die Begabung der erhofften Söhne zu erhöhen.

Sobald die Regierung mit den Konds bekannt wurde und vernahm, welche Greuel unter ihnen herrschten, sann sie auf Mittel dem Unwesen zu steuern. Aber das war keineswegs so leicht. Nur ein geringer Theil dieser freien Söhne der Berge hatte die Macht der Regierung gesehen und fühlen gelernt, die andern Distrikte wußten

---

*) Dieselbe Sitte herrscht bei den Indianern Nordamerikas.

kaum etwas von der britischen Regierung und waren jedenfalls nicht geneigt sie viel zu respectiren. Dazu kam, daß die Districte fast gar keine Verbindung unter einander hatten, da sie der Wege entbehrten. So war denn jeder District gleichsam ein Reich für sich, das sich um die Welt ringsumher wenig kümmerte. Die Regierung aber wollte auch nicht gleich die äußersten Maßregeln ergreifen, sondern versuchte erst gelindere Mittel.

Zu dem Ende wurden Straßen angelegt, um die Söhne der Berge mit den Bewohnern des Tieflandes, die diese greulichen Sitten nicht hatten, mehr bekannt zu machen, als auch um nöthigenfalls militärische Operationen möglich zu machen. Ebenso wurden die verschiedenen Districte untereinander durch Straßen in Verbindung gesetzt. Während diese vorbereitenden Mittel in der Ausführung waren, war man gleichwohl nicht müßig, sondern suchte sofort, da wo man festen Fuß gefaßt hatte, zunächst die Menschenopfer zu unterdrücken.

Schon im Anfange des Jahres 1837, gleich nach beendigtem Kriege hatten die Truppen eine Anzahl Opfer gerettet. Im December desselben Jahres, um die gewöhnliche Zeit der Opferung, zog Capitain Campbell in den besiegten District von Gumsur, um deren Ausführung zu hindern. Er versammelte die Häuptlinge und sagte ihnen frei und offen, weswegen er gekommen sei und forderte die Auslieferung der Opfer. Nach einiger Mühe erhielt er nicht weniger als 105 Personen, die erkauft waren, um grausamer Weise geschlachtet zu werden. Die Häuptlinge mußten ihm hierauf schwören, keine Menschen mehr zu opfern. Auch nahm er zwei der Menschenhändler gefangen. Diese Leute pflegten nämlich Kinder zu stehlen, und sie dann den Konds als Opfer zu verkaufen.

Um diese Zeit besuchte Herr Bannermann, Collector von Ganjam, einen andern District und fand die Leute gerade beim Opferfeste. Er bemächtigte sich sofort des Opfers, erklärte den

Entschluß der Regierung diese Greuel hinfort nicht mehr zu dulden, und forderte die Herausgabe der übrigen Merias, wie sie die Opfer nannten, indem er ihnen das Thörichte und Abscheuliche dieser Handlung darzuthun suchte. Das Volk aber hatte sich bewaffnet und und erklärte ihm, daß sie der britischen Regierung weder Tribut noch Gehorsam schuldig wären, daß sie nur thäten, was ihre Vorfahren stets gethan ꝛc. und machten Miene ihm die Merias wieder zu entreißen. Es gelang ihm jedoch, sich rechtzeitig zurückzuziehen und neun Opfer zu retten.

Nördlich von Gumsur im Boad- und Duspalla-Districte wurden ähnliche Versuche gemacht. Die Häuptlinge von Duspalla unterzeichneten nach tagelanger Verhandlung ein Document, in welchem sie sich verpflichteten, von den Menschenopfern in Zukunft abzustehen, und denjenigen in schwere Strafe zu nehmen, der dagegen handeln würde. Auch übergaben sie 24 Merias. Die Häuptlinge von Boad aber wollten auf keinen Vertrag eingehen, und gaben auch ihre Opfer nicht heraus. Später gelang es zwar einer Truppenabtheilung acht Merias zu retten, aber siebenzehn andere, die sie noch zu haben erklärten, waren die Häuptlinge nicht zu bewegen herauszugeben.

Im Jahre 1844 wurden diese Districte wieder besucht. Man fand, daß diese Unsitte in etwas nachgelassen hatte, denn nur dreizehn Merias waren in dieser Zeit geopfert, während sonst deren Hunderte waren. Auch wurden wieder 37 Merias befreit.

In einer dritten Reihe von Districten, im Westen von hier, an den Ufern des Mahanadiflusses, wo ebenfalls diese Unsitte herrschte, wurden ähnliche Versuche gemacht. Aber viele andere Districte waren noch gar nicht besucht worden und die Autorität der Regierung war auch nicht über alle ausgedehnt. Man scheute sich sehr einen Aufstand dieser wilden Bergbewohner herbeizuführen, da ihr Land überhaupt den Europäern tödtliche Fieber brachte. Doch war man entschlossen mit den Bemühungen fortzufahren, das Volk von der Verkehrtheit und Abscheulichkeit der Menschenopfer zu überzeugen, und nur wo dieses nichts fruchtete, Gewalt anzuwenden.

Im Jahre 1842 trat Capitain Macpherson an die Stelle Campbell's. Dieser Offizier schlug einen neuen Weg ein in Behandlung dieser Sache. Er wollte insonderheit nur die Menschenhändler ernstlich gestraft haben, das Volk aber wollte er durch Güte zu gewinnen suchen. Er wollte willige Häuptlinge belohnt und zu Beamten gemacht haben; insonderheit aber hoffte er von einer unparteiischen Gerechtigkeitspflege viel Heil. Er meinte, das Volk sollte die bessere Pflege der Gerechtigkeit der britischen Regierung bald so achten, lieben und schätzen lernen, daß sie aus Dankbarkeit dafür willig von ihren Opfern abstehen würden. Aber diese Methode hatte auch ihre Schattenseiten, so gut sie gemeint war. Die Freiheit und eine alte Sitte, die noch dazu mit der Religion so eng zusammenhängt, giebt ein Volk nicht so leicht hin. Und dann ist auch Dankbarkeit nicht ein so gewöhnlich Ding. Wer darauf bauen wollte, würde sicherlich auf den Sand bauen, denn „Undank ist der Welt Lohn."

Doch Capitain Macpherson war ein Mann von großer Energie und Hingabe in seinem Amte. Er besuchte zunächst den District von Gumsur, und ließ sich das Versprechen erneuern, das die Häuptlinge dem Major Campbell gegeben hatten. Als er im nächsten Jahre wieder hinkam, waren nur 4 Personen geopfert worden, aber das Verlangen des Volkes zeigte sich deutlich in der Menge der Merias, die man angekauft hatte. Es waren nicht weniger als 124 im Werthe von 12,000 Rup. Diese Opfer wurden natürlich befreit und mit fortgenommen.

Im Jahre 1844 erneuerten die Häuptlinge wieder ihr Versprechen, und hatten doch nicht weniger als 142 Merias aufgekauft, die sie zu opfern im Begriff waren. Capitain Macpherson befreite auch diese und nahm sie mit sich fort. Unglücklicher Weise nahm er auf böse Verleumdung hin Sam Bisage, das gemeinsame Haupt der Malias von Gumsur gefangen, was nachher bittere Früchte trug.

Im nächsten Jahre besuchte er die Districte von Surabah und Pondacole, und da er dort in Folge des Mädchenmords einen großen Mangel an Frauen fand, so gab er 53 weibliche Merias, die er in Gumsur gerettet hatte, den Jünglingen zu Frauen. Er suchte ihnen begreiflich zu machen, daß diese 53 Personen besondere Schützlinge der Regierung seien, und daß sie sie darum gut halten möchten. Das mag auch wohl geschehen sein, aber alle Mädchen, die von diesen 53 Merias geboren wurden, fand man später geopfert.

Im Jahre 1846 besuchte Capitain Macpherson den District von Boad. Nach einigem Zögern wurden ihm wirklich 170 Merias ausgeliefert. Aber die Agenten der Gerechtigkeit, durch die Capitain Macpherson die Dankbarkeit des Volkes zu verdienen gemeint hatte, hatten sich so böse betragen, daß das Gerücht Glauben fand, die Regierung wolle nicht nur die Merias befreien, sondern auch für frühere Opferungen Rache nehmen und das Land ganz unterdrücken. Darauf hin sprang plötzlich Alles zu den Waffen. Die übergebenen Merias wurden mit Gewalt zurückgenommen und selbst das friedliche Gumsur mit andern Districten stand gegen die Regierung auf.

So mußte denn die Regierung wieder Truppen in diese Berge einrücken lassen. General Dyce bekam den Oberbefehl und nach vielem Blutvergießen ward der Friede und die Ordnung wiederhergestellt. Die Konds aber hatten durch diese Operation die Macht der Regierung kennen und respectiren gelernt, und das war eine gute Frucht der blutigen Saat. Capitain Macpherson aber zog sich jetzt von der Agentur unter den Konds zurück. Er hatte nun thatsächlich gelernt, daß Undank der Welt Lohn ist.

Nach wiederhergestellter Ordnung trat Obrist Campbell wieder in seine frühere Stellung. Er forderte sofort die dem Capitain Macpherson mit Gewalt genommenen Merias zurück und befreite noch andere, im Ganzen 235 Seelen. Und im nächsten Jahre befreite er in demselben District schon wieder 206 Opfer.

Obrist Campbell spricht sich über seine Wirksamkeit also aus: „Von Anfang an habe ich es den Konds offen und frei ausgesprochen, zu welchem Zwecke ich zu ihnen gekommen sei. Ich sagte ihnen, daß mich die Regierung einzig und allein um deßwillen unter sie gesandt habe, um ein für allemal den unmenschlichen und grausamen Mördereien, die sie jährlich verübten, ein Ende zu machen, und daß wenn es nöthig sein sollte, die Regierung Gewalt anwenden würde, um jedes Opfer aus ihren Händen zu befreien. Alle andern Gebräuche sollten sie frei behalten, denn die Regierung wolle ihre Freundin sein, so jemand Klage habe, der sollte sofort Gerechtigkeit finden; aber diese Merias-Opfer, diese unmenschliche Sitte, müsse ein für allemal aufhören."

„Täglich und fast stündlich waren diese wilden Bergbewohner in meinem Zelte, und ich ermüdete sie und mich selbst mit allen nur möglichen Gründen, um sie zu bewegen von dieser Sitte abzustehen, die so grausam und lasterhaft ist, in den Augen Gottes und der Menschen. Ich wies sie hin auf die Districte Saranguda und Degi, die so fruchtbar seien, obwohl nie Menschenopfer dargebracht würden. Ich wies sie auf ihr eignes Gesetz hin, das da fordert Leben für Leben, und forderte sie auf zu beweisen, das dieses Gesetz nicht auch gegen sie als Mörder der Merias zeuge. Ich gestand ihnen nicht einen Augenblick zu, ihren unmenschlichen Gebrauch als einen „„beklagenswerthen Irrthum"" anzusehen, sondern ich suchte ihnen hinlänglich klar zu machen, daß diese Unsitte ein abscheuliches Verbrechen sei."

„Ich habe keine geheimen Spionsmittel angewandt, sondern ich habe offen mit ihnen gehandelt und diese Sitte als ein Verbrechen bezeichnet, welches die Regierung länger dulden weder wolle noch könne. Ich erwähne das deswegen, weil der Erfolg erwiesen hat, daß eine freie und kühne Handlungsweise dem Leisetreten der vorigen Tage vorzuziehen ist."

„Wenn die gegenwärtige Generation und vielleicht ihre Kinder vergangen sein werden, wenn wir durch Schulen und andre Mittel der Bildung den Lauf ihrer Gedanken, Anschauungen und Gefühle werden geändert haben, dann hoffe ich werden sie im Stande sein, einzusehen, daß diese Sitten thöricht, nutzlos und sündig sind. In der Gegenwart aber müssen sie es lassen aus bloßer Nothwendigkeit, wenn sie nicht der obrigkeitlichen Strafe verfallen wollen, was sie weislich vermeiden werden."

„Ich habe den großen Vorgänger aller Civilisation, das Evangelium, nicht genannt, nicht darum, weil ich seinen Nutzen für diese wilden Stämme nicht einsehen sollte, sondern darum, weil es nicht Aufgabe der Regierung ist, derlei einzuführen. Ich habe jedoch die Hoffnung, daß zu seiner Zeit diese armen Wilden von Lehrern einer höheren Weisheit werden besucht werden, als die menschliche ist."

Auch auf die Mädchenmorde hatte Obrist Campbell ein wachsames Auge. Er machte öfter Besuche in den verschiedenen Districten, bedrohte die Häuptlinge, wo ein Mißverhältniß der Geschlechter unter den Kindern den Töchtermord anzeigte und belohnte diejenigen, wo das rechte Verhältniß das Aufhören dieser Unsitte nachwies. Und dazu ließ er alle diese Stämme fort und fort beobachten.

Nach fünfjährigen Bemühungen in dieser Weise zeigten sich denn auch die gesegneten Erfolge. Denn, um nur eins zu erwähnen, im Districte Surabah, das 70 Dörfer und 2150 Familien enthält, waren im Jahre 1848 nicht 50 Mädchen zu finden. Im Jahre 1853 aber wurden in demselben Districte 900 Mädchen gefunden, unter vier Jahren alt.

Der Merias aber, die in demselben Zeitraum gerettet wurden, sind nicht weniger als 2000 an der Zahl. Von diesen hat Obrist Campbell allein 1500 gerettet, Capitain Macpherson 400, und 100 wurden durch Bannermann und Andere befreit.

Und was ist aus diesen Merias geworden? Die Erwachsenen haben geheirathet und von der Regierung kleine Bauereien erhalten, andre sind ihren Eltern zurückgegeben worden, 150 starben, 80 entliefen, andre sind in Dienste getreten und mehr denn 200 sind in den Waisenschulen der Missionare, wo sie eine christliche Erziehung erhalten.

Einst waren diese Meria-Kinder der Kostschule zu Berhampore vor der Thüre, als eine Anzahl neuer Opfer ankam. Ihre Namen wurden verlesen, unter welchen auch der Name Dasia vorkam. Bei Nennung desselben sprang plötzlich ein kleiner Knabe, Namens Philipp, aus der Reihe der Schüler und rief: Dasia! Dasia! o mein Bruder! und damit fielen sich die Kinder um den Hals. — In ähnlicher Weise erkannten sich mehrere wieder, und die Kinder wußten manches zu erzählen von den Opfern, denen sie beigewohnt hatten. —

Diese edlen Bemühungen der Regierung, ein Volk aus der Barbarei, so viele Menschenleben vom Tode zu retten, wen sollten sie nicht freuen? Daß Gott der HErr der Wege so viele hat, auf welchen Er sein Reich kommen läßt zu den verschiedenen Völkern, wer sollte Ihn dafür nicht preisen? Daß Er insonderheit so väterlich gedenkt derer, die da noch nicht wissen, „rechts oder links", der armen Kinder — ihre Leiber nicht nur vom unzeitigen Tode, sondern ihre Seelen auch vom ewigen Tode zu retten sucht — wer sollte Ihn dafür nicht anbeten!

Du aber, geliebter Leser, der du hiermit aufs neue einen Blick in die Macht des Heidenthums gethan hast, danke Gott für das Licht, das Dir scheinet, und bitte Ihn, die helle volle Sonne der

Gerechtigkeit mit ewigem Heil unter ihren Flügeln doch recht bald auch diesem Volke aufgehen zu lassen. Schaurig ist ja gewiß der Heiden Macht, in welcher der „Mörder von Anfang" seine Lust zu morden, Leib und Seele, schier ungehindert ausüben darf. Bete, daß sein Reich zerstört, das selige Reich unsers ewigen Friedensfürsten aber erbauet werde überall. Nur in diesem Reiche ist Leben, Friede, und Freude. Es bleibe bei dir und komme zu Allen! Amen.

2.
Die Nilagiris oder blauen Berge in Indien.

Wenn in heißen Ländern sich Berge aus der Tiefebene plötzlich zu einer bedeutenden Höhe erheben, so nehmen sie, durch die Mischung der kältern und wärmern Atmosphäre, gern eine blaue Umhüllung an. Ist dann kein andrer Name für sie vorhanden, so werden sie zuweilen nach dem Augenschein „blaue Berge" genannt, wie z. B. auch die Südspitze von Afrika ihre Blubergs b. i. blauen Berge hat. In dem noch viel heißeren Südindien tritt das Blau der blau genannten Berge, der Nilagiris, noch deutlicher hervor. Schon einige Tage, ehe ich sie erreichte, sah ich aus meinem Ochsenwagen die in Blau gehüllte Berginsel vor mir liegen. Anfangs erschien sie wie ein Nebelgebilde ohne bestimmte Umrisse, nach und nach traten einzelne Gruppen näher hervor und des Nachts sahen viele Stellen in der halben Höhe wie erleuchtet aus. Das waren Waldfeuer, sagten mir meine Begleiter. Wie in einen blauen Schleier gehüllt, lag endlich die luftige Berginsel dicht vor mir und wir hielten vor dem letzten Ruhehause an ihrem Fuße. Ich meinte, die guten Berge sollten etwas von ihrer frischen Luft herabsenden in's Tiefland, dem armen Kranken zur Erquickung, aber sie behielten alles Gute für sich. Ja sie wehrten auch noch dem Luftzuge des Tieflandes, seinen Gang zu gehen, so daß wir eine Nacht zubrachten wie im Backofen.

Am andern Morgen um drei Uhr brachen wir auf. Eine Anzahl Ochsen stand bereit, unsre Reisekoffer 2c. sich auf den Rücken laden zu lassen und damit die Berge hinauf zu marschiren. Eine Anzahl Männer dagegen nahmen die Kisten mit dem Küchengeräth, mit Tellern, Tassen, Schüsseln, Windleuchtern und was sonst an dergleichen zerbrechlichen Dingen zur indischen Haushaltung gehört und auf Reisen mitgenommen werden muß. Je zwei banden eine Kiste in die Mitte einer Bambusstange, hoben die Enden derselben auf ihre Schultern und schritten damit voran. Nur was sich nicht zerbrechen ließ, ward den Ochsen anvertraut. Denn sie fallen zuweilen hin oder legen sich auch wohl absichtlich auf die Seite und zerdrücken dann, was sich von ihrer Ladung zerdrücken läßt. Wir selbst vertauschten unsern Ochsenwagen mit einem Mandschil. Das ist eine lange starke Bambusstange, in deren Mitte ein Stück Drillich, in Form einer Hängematte befestigt ist, 6 Fuß lang und $2\frac{1}{2}$ Fuß breit. Ueber derselben ist noch ein eben solches Stück Zeug angebracht zum Schutz gegen die Sonne. Das untere dient dem Reisenden zum Lager, denn sitzen kann man der über den Kopf und den ganzen Leib hingehenden Stange wegen darin nicht. An jedem Ende dieser längeren Stange sind je zwei kurze Querstangen befestigt, so daß 8—12 Mann ihre Schultern darunter stellen können. In einem solchen Mandschil trugen uns die Männer den 6 Meilen breiten fieberischen Dschungel am Fuße der Berge hindurch und dann begann das Steigen. In der tiefen Schlucht eines Bergstromes ging es hinauf. Mit vielen Kosten hat die englische Regierung an der Seite derselben eine Straße erbauen lassen. Auf der einen Seite dieser Straße steht dichter Wald oder starre schroffe Felsen in die Höhe, während auf der andern eine gewaltige Tiefe gähnt, in welcher sich der Bergstrom brausend und schäumend von Fels zu Fels stürzt. Es war ein neuer Anblick erhebender Art. Wie so anders war es hier, als in dem einförmigen flachen Tieflande! Was noch von Lebenskräften übrig war, fing sich wieder an zu regen. Noch mehr als wir staunten unsre Eingebornen aus dem Tamulenlande. Einer von ihnen hob seine Arme empor und rief wiederholt: „Welch ein Wunder Gottes! Welch ein Wunder Gottes! Das Wasser kommt von oben heruntergelaufen!" Es schien fast, als ob es der Mann natürlicher gefunden hätte, wenn das Wasser von unten hinauf gelaufen wäre. Aber er hatte es sein Leben lang aus der Tiefe der Brunnen heraufschöpfen sehen und selbst schöpfen müssen, darum war es ihm so staunenswerth, daß es hier von oben herab uns frei entgegen kam. Bei großer Schwüle, denn auch die Nacht war unerträglich heiß, waren wir schon vor Tage aufgebrochen. Nach und nach, als wir höher hinaufkamen, fühlten wir uns kühler, so daß wir bald sogar nach den wollenen Decken griffen und uns fest darein hüllten. Nach 6 bis 8 stündiger Tour erreichten wir die Station Kunnur, die erste Ansiedlung der Europäer auf den Bergen. Wir waren etwa 6000 Fuß hoch über dem Meere. Sobald wir das Rasthaus erreicht hatten, eilte ich zum Kamin an's Feuer, denn mir klapperten die Zähne. Welch ein Wechsel! Vor wenigen Stunden noch halb vergehend in der Hitze, jetzt klappernd vor Frost!

Hier besuchte mich Missionar Schaffter, den auch die Krankheit aus dem Tiefland in die Bergluft getrieben hatte. Schaffter war einer der ältesten Missionare Indiens und mit Rhenius, Dr. Bernhard Schmidt und Lechler zusammen nach Indien gekommen. In den Streit, den Rhenius mit der englisch-kirchlichen Missionsgesellschaft hatte, waren auch sie verwickelt. Nach Rhenius' Tode war es jedoch mit der Sonderstellung alsbald vorüber. Schaffter blieb bei der englisch-kirchlichen Missionsgesellschaft, aber er setzte es durch, daß seine deutsche Ordination anerkannt wurde. Sonst ordiniren die Engländer aus falscher Ueberhebung des bischöflichen Amtes alle Geistlichen, die schon ordinirt in ihre Verbindung treten, noch einmal. Schaffter war der einzige, der darin eine Ausnahme machte. Er war ein tüchtiger und treuer Diener seines Herrn.

Von Kunnur ging es dann am nächsten Tage noch gegen 2000

Fuß höher hinauf nach Utakamand. Das ist eine sehr ausgebreitete Europäer-Stadt mit ganz eigenthümlichem Charakter. Straßen giebt es eigentlich nicht, sondern an den Abhängen der vielen wellenförmigen Berge, über die sich die Stadt erstreckt, liegen die Häuser zwei-, drei-, vierfach übereinander. Zu jeglichem Hause führt ein besonderer Weg. Gewöhnlich lehnt sich die hintere Seite des Hauses an die höhere Seite des Berges, während vorn ein kleinerer oder größerer Halbkreis geebnet und mit Blumen und Sträuchern bepflanzt ist. Die Häuser, die in den Thälern liegen oder an weniger steilen Bergen, haben oft ausgedehnte und gar schöne Gärten. Fast alle Gewächse der heißen wie der gemäßigten Zonen wachsen hier üppig im Freien. Denn in den Mittagsstunden brennt die Sonne mit indischer Kraft, so daß sich Europäer ihr auch hier nicht aussetzen dürfen. Die Morgen und Abende dagegen sind wundervoll kühl und angenehm, so daß man fast das ganze Jahr hindurch, namentlich des Morgens, ein Kaminfeuer unterhält. Zum eigentlichen Frost aber und zum Schnee kommt es nie. Was den aus dem Tieflande plötzlich hierher versetzten Europäer, namentlich den kranken, so besonders frieren macht, das ist die sehr verdünnte Atmosphäre. Diese hat bei häufigen Winden etwas so durchdringendes, daß einem oft wirklich, so zu sagen, das Herz im Leibe friert. Wenn aber die Lebensgeister des Kranken sich wieder ein wenig erholt haben und die Haut an die Luft gewöhnt ist, so ist die Bergesfrische gar angenehm und stärkend. Das Tiefland nimmt die schönsten rothen Wangen in wenigen Wochen hin, und macht alles bleich und fahl. Die Berge dagegen bringen in Jahresfrist die rothen Wangen wieder. Freilich geht es damit unten bald wieder wie mit manchen Pflanzen, die man von oben herunter zu versetzen gesucht hat: sie welken und sterben ab, da ihnen die nöthige Frische fehlt.

Aus allen Theilen Südindiens, ja selbst aus Bengalen kommen Kranke hierher und suchen Wiederherstellung der verlornen Kräfte.

Andre haben sich ganz hierher zurückgezogen und verzehren ihre Pension hier statt in England. Darum haben die Engländer auch zwei Kirchen auf diesen Bergen erbaut, und auch die Katholiken haben eine. Man kann sich kaum eine schönere Lage und Einrichtung denken, als man hier bei den Katholiken findet. Oben auf dem Berge liegt die Kirche und die Wohnung der Priester, der ganze Abhang des Berges dagegen bis zum Fuße hin ist mit den Wohnungen ihrer eingebornen Christen bedeckt: so daß die Priester jedes Haus derselben sehen können, so oft sie hinunterblicken, die Christen aber alle hinaufschauen müssen zu ihrem Gotteshause, als zu dem Berge, von welchem ihnen Hülfe kommt. So oft ich dort vorbei kam, freute ich mich dieses schönen Anblicks. Aber oft hörte ich, daß es nur im Aeußern so schön ist; daß die Gemeinde eine gar böse sei, sagten mir Katholiken selbst. Es ist eben damit wie fast mit allem in der römischen Kirche. Viel äußerer Schein, wenig innerer Gehalt. Viele gute christliche Ordnungen, wenig gutes christliches Wesen. Ein Reichthum an äußeren Formen, eine Armuth an innerem Leben. Viel Menschenfurcht und Priestergehorsam, wenig Gottesfurcht und neuer Gehorsam des Glaubens. Die Priester selbst haben viel Klugheit dieser Welt, aber wenig Weisheit zum ewigen Leben, deren Anfang die Furcht Gottes ist. O lehre wieder Rom, und bedenke wovon du gefallen bist!

Die englische Hauptkirche liegt auch schön an der Seite eines Berges. Es ist ein sehr anständiges geräumiges Gebäude und füllt sich an den Sonntagen ganz mit anbetenden Christen. Ueberhaupt ist's sehr hübsch auf den „blauen Bergen". Es giebt da viel Erquickung leiblicher und geistlicher Art. Aber Hütten bauen zum Bleiben? Nein! Es ist ein Paradies im Vergleich zum sengenden Tieflande, aber es ist ein Paradies mit der Schlange darin. Rings um die Kirche liegen die Garben des Schnitters, der Tod heißt. Es ist noch eine andre Ruhe vorhanden dem Volke

Gottes. „Schickt das Herze da hinein, wo ihr ewig wünscht zu sein!"

Die Berge, die Utakamand rings umgeben, sind kuppelförmig und zum Theil, an den Abhängen, bewaldet. Die Wälder, welche freilich keine deutschen Holzarten enthalten, sind gar anmuthig und schön. Mancher muntere Sänger läßt sich darin hören und zuweilen rauschen gewaltige schwarze Affen an einem vorüber. Sie springen von Baum zu Baum mit großer Kraft und Gewandheit und erfüllen die Einsamkeit mit gar nicht sehr angenehmen Tönen. Seltner wird nun schon das Elennthier, da so häufig Jagd darauf gemacht wird. Leoparden und Tiger aber wissen sich noch zu halten. Während meiner Anwesenheit wurden auf einer Stelle, die ich nachher einigemal passirte, zwei Menschen, ein Mann und eine Frau, beim Grassammeln von Tigern gefressen.

Der höchste, aber nicht schönste Berg bei Utakamand ist der Dobabetta, 8640 Fuß hoch. Auf dem Gipfel desselben liegt das „Sternenhaus", wie die Eingebornen das Observatorium nennen. Der Blick auf das tamulische Tiefland ist von hier recht hübsch, gleicht aber in keiner Weise der herrlichen Aussicht, die man von manchen viel niedrigeren Bergen in Deutschland haben kann, wo man Städte und Dörfer weit hin übersieht und die Schattirung bebauter Felder das Auge erquickt. Ein viel interessanterer Berg, wenn auch um etwas weniger hoch, als der Dobabetta, ist der Snowton. Wie ein gewaltiger Zuckerhut liegt er da, und der Weg führt in vielen steilen Zickzacks hinauf. Es kostet viel, seine Spitze zu erreichen, aber oben angekommen, kann man sich nicht sobald von ihm trennen. Neben einer herrlichen Aussicht auf die Berge selbst hat man nach zwei Seiten hin einen Blick in's Tiefland. Zwar sieht man auch hier nicht, wie von deutschen Bergen, Städte und Dörfer mit einander abwechseln, aber von einer kühlen Höhe auf das Gluthland zu seinen Füßen 8000 Fuß hinabschauen zu können, hat doch immer einen eigenthümlichen Reiz. Wenn wir einst von den Höhen jener Berge, von welchen uns Hülfe kam, auf die Erde blicken werden, „in's dunkle Thal, das uns zu Füßen liegt," dann wird es noch eine ganz andre Freude sein, voll Ruhe und voll Sicherheit, wie sie nur auf jenen Bergen zu haben ist. Aber etwas Verwandtes mit dem Blick von kühler Höhe in's leidenvolle Gluthland hinab wird es doch sein.

Die interessanteste Bergesspitze der ganzen Nilagiris ist aber der Mukati Pik, 7900 Fuß hoch. Er liegt 17 englische Meilen von Utakamand nach dem Westen zu. Ich hatte diese eigenthümlich geformte Spitze, die nach einer Seite hin ganz senkrecht abfällt, so oft gesehen und aus der Ferne bewundert, daß ich mich endlich entschloß, sie auch zu besuchen und zu besteigen. Auf dem ganzen langen Wege hin kam ich nicht durch ein einziges Dorf, wiewohl ich einige verlassene Todava-Mands (Dörfer) zur Seite liegen sah. Die Ebenen fand ich alle mit hohem Gras bewachsen und von ansehnlichen Flüssen durchzogen; da ist Raum genug für noch viele Ansiedelungen der Europäer. Das Reitpferd konnte bald nicht mehr höher und mußte unten zurückbleiben. Mit zwei Begleitern erreichte ich die steile Spitze. Hier erklärte sich das eigenthümliche Aussehen derselben: ein Bergsturz hatte stattgefunden, wie er auf den Nilagiris nicht selten ist, und hatte die eine Hälfte des so schon steilen Berges gespalten und in die Tiefe hinabgeworfen. Wohl 2000 Fuß tief lagen die gesunkenen Felsblöcke in einem engen tiefen Thale, und die stehengebliebene Hälfte des Felsens war scharf wie mit einem Messer abgeschnitten. Ich leide nicht an Schwindel, aber hier mußte ich mich doch hinsetzen oder vielmehr hinlagern, um sicher in die Tiefe hinunter schauen zu können. Kein Wunder, daß dieser Berg und diese Schlucht auch in einer interessanten Sage der Bergbewohner eine Rolle spielt, die wir später noch kennen lernen werden.

Von dieser Höhe aus kann man das Tiefland nach drei Seiten

hin sehen, und bei besonders klarem Wetter soll man sogar den
Meeresspiegel bei Calicut an der Westküste Indiens erkennen. Den
sah ich jedoch nicht. Was ich aber zuerst erblickte, erfüllte mich mit
Staunen. Ich sah die ganze weite Fläche des Tieflandes wie mit
Schnee bedeckt, worin der Wind kleinere und größere Vertiefungen
gebildet hatte. Es war eine angenehme Ueberraschung, wiewohl
eine Täuschung. Der scheinbare Schnee war nichts anderes als
weiße lichte Wolken, dicht an einander gedrängt, die vielleicht um
5000 Fuß über dem Tieflande schwebten und, in die Berg-Aus-
läufer eingeengt, unbeweglich waren, während ich noch 3000 Fuß
höher stand und auf sie hinabschaute. Noch oft habe ich nachher
diesen köstlichen Anblick gehabt, von oben herab auf die Wolken in
der Tiefe schauen zu können. Es ist uns dabei, als ob der Himmel
uns näher wäre, oder wir dem Himmel. Die Erde liegt zu unsern
Füßen und auf ihr die Wohnungen der Menschen. Wie sehen sie
so klein aus, von Oben gesehen, und wie groß dünken sich oft, die
darinnen wohnen! Wie viel Erdenweh bergen oft vier kleine Wände!
Und wie viele sind der Wohnungen, die zu Hütten Gottes geworden
sind durch sein Wort und seine Gnade? — Etwa nach einer Stunde
erhob sich der Wind, die Wolken fingen an sich zu bewegen, lösten
sich auf und stoben auseinander. Da lag nun das Tiefland vor
mir in mancherlei Schattirungen. Nur Wohnstätten der Menschen
sah ich hier nicht.

Wie schön wäre es doch, wenn das Land der Tamulen hier
oben läge. Es müßte sich noch einmal so gut den Heiden predigen
lassen, wo die hehren Werke Gottes das Herz so sehr emporheben.
Und inmitten dieser Berge Gottes müßten die Götzen, das Werk
der Menschenhände, besonders nichtig erscheinen. Die Menschen
selbst aber, die müßten sich hier viel eher schämen, todte Götzen anzubeten, wo der lebendige Gott so viele Wunder seiner Allmacht
hingestellt und zusammengehäuft hat. So denkt der Mensch und —

16*

irrt sich. Denn die Bewohner dieser herrlichen Berge sind so zähe Götzendiener oder doch so die Finsterniß liebende Heiden, wie irgend welche im einförmigen, erschlaffenden Tieflande. Hart wie ihre Berge sind ihre Herzen. Und wie sich dem steinichten Gebirgsboden nur mit vieler Mühe sein Vermögen abgewinnen läßt, so schwer ist es auch, auf dem versteinerten Herzensboden die Früchte des Evangeliums erwachsen zu sehen. Ein Blick auf die Bewohner dieser Berge wird das Nähere zeigen.

Die ältesten Bewohner der blauen Berge sind die Todawas. Sie sind auch die höchsten Bewohner derselben, indem die übrigen sich etwas tiefer herunterhalten und ihre Dörfer an die Abhänge der Berge setzen. Und wie das älteste und höchste, so sind sie auch von allen das seltsamste Volk. Kaum 1000 Seelen an der Zahl, haben sie eine eigene Sprache, eine eigene Religion, besondere Beschäftigungen, Lebensweisen und Sitten, und ein von allen sonstigen Bewohnern Indiens verschiedenes Aussehen. Es sind große kräftige Gestalten von heller Hautfarbe und etwas gelocktem, rabenschwarzem Haar. Ohne Kopfbedeckung wie ohne Schuhe gehen sie in jedem Wetter einher, den Unterkörper wie den Oberkörper in ein ungenähtes Stück groben baumwollenen Zeuges gehüllt. Bei weiteren Wegen haben sie einen langen Stock, richtiger eine Keule in der Hand, womit sie leicht über rauschende Bergbäche springen oder, wenn nöthig, einen Büffel mit einem Schlage erlegen, und welchen sie, wenn sie sterben, mit ihrem Leichnam verbrennen lassen, damit sie ihn auch in jener Welt gleich zur Hand haben möchten. Ebenso sind die Todawa-Frauen gewaltige Gestalten mit offenem Angesicht, reichem schwarzen Haar und schweren Messingringen an den Armen. Ihr Benehmen einem Fremden gegenüber ist durchaus frei, zuweilen auch etwas dreist und zudringlich mit ihrem einzigen Anliegen: yenam! yenam! (d. i. Gabe, Almosen), aber frech und unanständig habe ich sie nicht gefunden.

Dieses eigenthümliche Volk beschäftigt sich einzig mit dem Weiden seiner zahlreichen Büffelheerden. Doch sind sie nicht eigentliche Nomaden mit unstäter Lebensweise, sie wohnen vielmehr an festen Plätzen, in kleinen Dörfern, Wands genannt, die meist nur aus fünf, sechs Hütten von eigenthümlicher Bauart bestehen, aber immer eine Art Heiligthum in geringer Entfernung haben. Die Hütten sind in Gestalt eines Halbkreises gebaut, in der Mitte eben hoch genug für einen Mann darin zu stehen, während die Länge auch nur etwa 10 Fuß beträgt. Die eine Hälfte ist etwas erhöht und dient zum Lager, während die andere tiefere zum Kochen :c. benutzt wird. Der Eingang ist äußerst unbequem und nur eben so weit, um hindurch kriechen zu können. Ein vorgeschobenes Brett dient als Thür; ist es vorgeschoben, so ist der innere Raum finster, denn Fenster oder dergleichen hat die Hütte nicht. Doch ist eine solche Hütte eigentlich nur eine Zuflucht in der Nacht und bei schlechtem Wetter, sonst wird das Freie vorgezogen. Manche dieser Tobawa-Wands haben eine köstliche Lage und bieten eine wunderschöne Aussicht, aber in ihrer nächsten Umgebung findet das Auge wenig Erfreuliches. Denn der Boden umher bleibt völlig unbenutzt liegen; da giebt's kein Säen auf Hoffnung, und also auch keine Freude der Ernte. Es ist ein wilder und heidnischer Anblick.

Die Büffel der Tobawas, ihr einziger Reichthum und Stolz, sind gar unbändige Thiere. Sie gehören zwar zu derselben Race, wie im Tieflande, aber dort sind sie sehr träge und dumm. Sie gehen dort etwa aus Faulheit einem Fußgänger nicht aus dem Wege und sind auch nicht besonders empfindlich gegen seinen Stock, aber ihn anzugreifen denken sie nie. Auf den Bergen dagegen ist man zuweilen in wirklicher Lebensgefahr vor diesen Unholden. Sie nehmen keine Belehrung an und scheuen keine Drohung, und halten dazu fest zusammen. Ihrer eine gute Zahl sah mich einmal mit einem Begleiter meines Weges gehen. Wir waren in ziemlicher Entfernung von ihnen und dachten nichts Böses. Dieser Gesellschaft aber schien unser Wandel nicht zu gefallen, sie kamen näher und näher, uns genau anzusehen, und bildeten zuletzt einen verdächtigen Halbkreis um uns herum. Mein Begleiter hatte während ihrer Annäherung sie zu belehren gesucht und ihnen auch mit seinem kräftigen Stabe gedroht. Aber sie achteten der keines, sondern traten immer noch einige Schritt näher an uns heran. Endlich, als mein Begleiter das Wilde ihres Auges sah (und er kannte es genau, denn er hatte schon oft sein Heil in der Flucht suchen müssen) sagte er: Nun ist es Zeit, wir müssen laufen, ehe diese ganze Horde auf uns losstürzt und wir verloren sind. Aber ich durfte nicht viel Vertrauen in meine Fersen setzen und hätte eine vielleicht längere Flucht nicht leisten können. Ich versuchte daher erst noch einen Angriff. Ich näherte mich dem wildesten Thiere um einige Schritte und sandte ihm etliche eckige Steine aus voller Kraft in die Seite. Nun aber ward sein Aussehen erst recht wüthend und es schien sich ohne Verzug auf mich losstürzen zu wollen. Ich war in wirklicher Gefahr und auch ernstlich besorgt. Aber ich hatte der Steine einen ganzen Arm voll und richtete sie so schnell und so kräftig, als ich vermochte, alle auf einen Punkt. Das half. Das Thier machte eine Wendung und trat etwas zurück. Sogleich folgte die ganze Heerde seinem Beispiel. Einige Steine hinterdrein brachten sie vollends in die Flucht und wir konnten ungehindert unseres Weges weiterziehen. Wie ernst aber ein solches Begegnen werden kann, zeigt ein Fall mit einem Engländer, der zu Pferde nahe bei einem Wohnhause von einer Schaar solcher Unholde angegriffen und so gefährlich verwundet wurde, daß er nur durch schnell herbeieilende Hülfe ihren Hörnern entkam.

Um diese Büffelheerden bewegt sich, wie gesagt, das ganze Leben der Tobawas, und selbst ihre Religion, so viel sie davon haben, bewegt sich um die Büffel. Das Melken derselben und namentlich das Buttern ist ein heiliges Geschäft und darf nur durch besonders dazu eingeweihte Personen geschehen. Diese Einweihung war früher ernster Natur, jetzt ist's nur noch ein leeres Spiel. Der Anfang geschah damit, daß der Einzuweihende alle seine Kleider abwarf und damit gleichsam sein früheres weltliches Leben. Völlig bloß lebt er nun im tiefsten Walddickigt, bestreicht seinen Leib mit einem Pflanzensaft, badet dann und genießt zu Abend etwas geröstetes Mehl. Nach acht solchen Weihetagen ist er zum Amte geschickt und heißt nun Palal, d. h. Milchmann. Er trägt fortan ein schwarzes grobes Gewand um seine Lenden und hat mit der Welt völlig gebrochen. Niemand darf es wagen, ihn anzureden. Er selbst lebt schweigend, von seiner Familie, von seiner Gattin und Kindern geschieden. Er soll durch nichts Irdisches gestört werden und sich nur mit der Gottheit beschäftigen. Der arme Mann, was mögen da für Gedanken in seinen leeren Kopf kommen! Oft werden solche Leute sehr stumpf und dumm, zuweilen aber auch sehr verschmitzte und pfiffige Gauner, die da vorgeben, von der Gottheit besessen zu sein und sich dabei wie wilde Thiere geberden, wodurch sie alles, was Todawa heißt, in großen Schrecken versetzen. Diese Gottheit aber wohnt eigentlich in einer Kuhschelle, oder wird doch durch eine solche dargestellt. Die ist dann besonders heilig und wird in den Todawa-Heiligthümern aufbewahrt. Der Gott selbst wird der Schellengott genannt. Ist der Priester endlich seiner Einsamkeit, seines Melkens und Butterns müde, so kann er sein Amt verlassen und wieder zu seiner Familie zurückkehren. Während seines Amtes aber steht ihm ein Gehülfe zur Seite, Kawilal, der Wächter genannt.

Das Gebet der Todawas ist ein sehr einfaches. Sie legen den Daumen der rechten Hand auf die Nasenspitze, berühren mit den ausgespreizten Fingern die Stirn und sprechen: „Möge alles wohl gehen!" Das ist ihr Gebet. In das Blaue hinein, ohne Anrede, ohne Vorstellung einer Persönlichkeit wird ihr Wunsch den Lüften anvertraut. Gott und sich selbst nicht erkennend, wandeln sie im Finstern und wünschen, daß alles wohl gehen möge, ohne auch nur recht zu denken, was. „HErr, lehre uns beten!" Wie nöthig war diese Bitte der Jünger. Wer es gelernt hat, der übe es doch recht, auch für die armen Tobawas, die selbst nicht beten können.

Aber nicht dieses Leben allein, auch jenes noch dreht sich bei den Tobawas um die Büffelheerde als um seinen Mittelpunkt. Wie könnte das auch anders sein. Mehr oder weniger ist es ja bei allen Heiden der Fall, daß sie das zukünftige Leben nur eine andre, verbesserte Auflage dieses Lebens sein lassen. So nimmt denn, wie der Indianer sein Jagdgewehr, um dort wieder jagen zu können, so der Tobawa im Tode seine Büffel mit, um sie dort wieder zu weiden und von ihrer Milch sich zu nähren. „Begleite den Geist des Verstorbenen in das große Land!" so heißt der Befehl, der jedem Büffel besonders ertheilt wird, wenn er unter den Keulen der Tobawas meist auf einen Schlag zusammensinkt, um seinem Herrn zu folgen. Dann wird die Leiche auf den Scheiterhaufen gelegt und angezündet. Das Fleisch der Büffel aber wird von den Kohatas, einem andern Gebirgsstamm, verzehrt. Doch damit ist der Verstorbene noch nicht vergessen: nach Jahresfrist wird noch eine größere Todtenfeier gehalten und noch mehr Büffel dem Geschiedenen nachgesandt. Schmausen und Wehklagen wechselt bei dieser wunderlichen Feier mit einander ab. Stirn an Stirn gelehnt, sitzen die ernsten Männer zwei und zwei bei einander und jammern dem Verstorbenen nach: „Wie ist jetzt dein Befinden, o Bruder? „Leidest du am Fieber?" „Gedeihen deine Büffel?" „O warum hast du uns so bald verlassen?" 2c. Heulend stimmen die Weiber in diese Todtenklage mit ein. Ihre Geberden zeugen von dem allertiefsten Schmerze, ihr ganzer Leib zittert vor Trauer der Seele. Und doch können sie wenige Minuten darauf sich wieder mit einander unterhalten, als ob gar nichts geschehen wäre. Man hat darum gemeint, die ganze

Trauer sei nur eine äußere Ceremonie und etwas Gemachtes, was jedoch keineswegs der Fall ist. Jenes Volk, wie die Asiaten überhaupt, hat eben eine andre Art, als wir. Die innere Empfindung erfordert bei ihnen äußere Formen, die dieser Empfindung entsprechen, dann freilich auch gern noch darüber hinaus gehen, um sie zu unterstützen. So ist es bei der Freude, wie bei dem Schmerze. Aber leer und nur äußerlich gemacht sind die Formen darum nicht. Die Frau, die um eines wiedergefundenen Groschens willen die Nachbarinnen zusammen rufen und sie zur Theilnahme an ihrer Freude auffordern konnte, freute sich wirklich, wie sehr auch die Form ihrer Freude über das Maß hinaus geht, das uns natürlich und gewöhnlich ist. Mit der Trauer ist es ebenso. Wir verschließen sie in unser Herz, und ist sie recht groß, so wird das Herz von ihr zusammengepreßt und ist außer Stande, sie Andern mitzutheilen. Der Asiate geht damit sogleich nach außen und thut es aller Welt kund, welcher Art und wie groß sein Schmerz sei.

Die Tobawas sterben aus, trotzdem daß der Töchtermord, der früher unter ihnen stattfand, nun wohl nicht mehr vorkommt. Doch mit Sicherheit wird man letzteres kaum sagen können. Vielmännerei besteht noch unter ihnen, und zwar dem Rechte nach. Wenn einer unter mehreren Brüdern heirathet, so wird die Geheirathete das Weib aller Brüder. Dasselbe gilt, wenn auch alle Brüder bereits verheirathet sind. Und zwar reicht dieses unnatürliche Recht noch weiter, als die Praxis, die doch etwas mehr in die Bahn der Natur einlenkt. Aber ein eigentliches Verhältniß zwischen Vätern und Kindern findet darum doch kaum statt. Denn die Kinder gehören den Brüdern allen, das älteste dem ältesten, das zweite dem zweiten ɾc. Da ist denn auch der Töchtermord leicht erklärlich. Der sein sollende Vater wollte einen Sohn haben — die Tochter wirft er von sich.

Die Mütter indeß lieben ihre Kinder nicht weniger, als andre Eltern. Bei einem Besuche ihrer Mands mit meiner Familie kam eine junge Frau und bat, unser Kindlein, das nur wenige Monate alt war, in ihre Arme nehmen zu dürfen. Die Mutter hatte natürliches Bangen, doch gewährte ich der fremden Frau die Bitte. Sie nahm das Kind, hielt es mit großer Zärtlichkeit und wandte ihren Blick nicht eine Sekunde lang von ihm. Zuletzt perlten große Thränen aus ihren Augen, sie fing bitterlich an zu weinen, gab das Kindlein seiner Mutter wieder und eilte schnell davon, um ungestört weinen zu können. Ich forschte nach der Ursache dieses seltsamen Betragens und erfuhr, daß diese Frau vor kurzem ein Töchterlein in dem Alter des unsrigen verloren hatte. Vielleicht war es mit Willen ihres Mannes geschehen. Wer kann im Einzelnen nachsehen, ob das äußere Verbot des Töchtermordes, den sie je und je geübt, nun auch immer gehalten werde. Der Männer scheinen bei ihnen jedenfalls mehr zu sein, als der Frauen, der Kinder aber sind sehr wenig vorhanden.

Die Frau ist dem Tobawa fast wie eine Last, wie ein nothwendiges Uebel. Sie entschuldigten ihren Mädchenmord damit, daß sie vorgaben, so viele Frauen nicht ernähren zu können. So sind ja freilich, die sie ernähren, nur wie Sklavinnen, wie sie denn auch durch einen bestimmten Kaufpreis erworben werden. Die Hochzeit ist keine hohe Zeit zu nennen, wiewohl es ohne Schmausereien nicht abgeht. Am bestimmten Tage wird die Frau in die Hütte ihres künftigen Eheherrn gebracht. Sie muß sich vor ihnen zur Erde niederwerfen auf ihr Angesicht. Darauf setzen ihr ihre Eheherren zuerst den rechten und dann den linken Fuß auf ihren Kopf: das ist so der tobawaische Brautkuß. Nun ist sie Ehefrau und muß sich als solche auch sofort bewähren. Es wird ihr befohlen, Wasser zum Kochen zu holen, und sie eilt demzufolge hinaus und hat somit ihren Ehestand angetreten. Arme Tobawafrauen! Möchten christliche Ehefrauen den Dank nie vergessen, den sie Gott schulden. Denn ihre Stellung haben sie allein durch's Evangelium erlangt.

Zum Christenthum hat sich von den Tabowas bisher noch nicht einer bekehrt. Gehört haben sie zwar die Botschaft vom Heiland schon zum öftern, da die auf den blauen Bergen arbeitenden Baseler Missionare sich auch dieses armen Hirtenvölkleins angenommen haben. Aber der einzige Erfolg der Predigt ist bis jetzt gewesen, daß zwei Tobawa-Knaben gewagt haben, in die Schule zu kommen; sonst müssen die Missionare über sie klagen als über ein „besonders stumpfes Geschlecht." Möge der Hammer, der Felsen zerschmeißt, bald auch diese harten Tobawa-Herzen erweichen und sie zu einem guten Lande umschaffen, in dem der Same des Lebenswortes Wurzel schlage!

Viel zahlreicher als die Tobawas, sind die Badagas. Das sind die eigentlichen Bewohner, die Ackerbauer der blauen Berge. Sie wohnen in etwa 300 Dörfern und mögen an 15,000 Seelen zählen. Die Badagas, auch Badagar oder Wadagar d. i. Leute des Nordens, sind vor einigen hundert Jahren von der nördlich gelegenen Hochebene Meisore's auf diese Berge gekommen. Ihre Sprache ist ein etwas verdorbener Dialect des Kanaresischen, wird auch mit dem kanaresischen Alphabet geschrieben, dem sie jedoch etliche eigne Zeichen beigefügt haben.

Die Badagas haben größere Dörfer und bessere Häuser als die Tobawas. Sie bauen ihre Häuser auch nicht jedes einzeln, wie diese, sondern am liebsten in einer langen Straße so dicht zusammen und dabei so gleichförmig, daß es wie ein langes Haus aussieht. Auch gehen Sie etwas besser gekleidet und tragen einen weißen Turban auf dem Kopfe. Dennoch erkennen sie die Tobawas als die eigentlichen Herren der Berge und Besitzer des Bodens an und zahlen ihnen daher eine Steuer von ihrer Ernte. Eine feste Pacht ist das nicht, aber es ist so ein Herkommen. Zur Erntezeit stellen sich die Tobawas regelmäßig ein und fordern ihren Tribut und die Badagas entrichten ihn stets, obwohl sie in der Regel dagegen murren. Sie fürchten sich vor den Tobawas, und ihr Aberglaube hält diese Furcht lebendig. Früher mögen die Tobawas viel zahlreicher gewesen sein, und die Furcht der später hinaufkommenden Fremdlinge von schwächerer Bauart wird einen guten Grund gehabt haben..

Die Religion der Babagas ist ein verdorbener Brahmanismus. Sie haben alle Götter des Tieflandes oder erkennen sie doch an, dienen aber insonderheit dem Siva in Form des Lingadienstes. Vor dem Lingam stehend und mit ihm zusammengehörend wird „Bassappa" gedacht, der heilige Stier, als Sinnbild der zeugenden Naturkraft. Sonst verschmähen sie es auch nicht, ihre eignen Vorfahren, einen besonders tüchtigen Jäger, eine hervorragende Frau, ja auch ein altes Messer ꝛc. in religiöser Weise zu verehren. So haben sie die niedrigste und unreinste Stufe der brahmanischen Religion mit ihren eignen, zum Theil kindischen Ideen vermischt. Hohes und Tiefes ist nicht in ihrer Religion und auch nicht in ihrem Gemüth: hart, wie ihr steiniger Gebirgsboden, sind ihre Herzen, und störrig, wie ihre Büffel, ist ihr Verstand. Und das wird noch gefördert durch ihre Kastenideen, die sie auch aus dem Tieflande mit heraufgebracht und in ihrer Weise verwerthet haben. In nicht weniger als 18 Kasten sind diese 15,000 Seelen zerklüftet, und keine derselben darf in die andere hinein heirathen, meistens auch nicht mit der andern essen, wenn es damit auch immerhin nicht so streng gehalten wird, als im Tieflande. Manche dieser Kasten haben einen ziemlich ausgeprägten Charakter. Die höchste Klasse, die Wodearu sind so stolz, daß sie auch einen Europäer nicht grüßen mögen. Auch zur Arbeit sind sie zu stolz, aber nicht zum Betteln. Letzteres hat in Indien überhaupt einen andern Sinn als in Deutschland. Den Brahminen gehört nach Manu, dem Gesetzgeber Indiens, aller Besitz des Landes, wenigstens dem Rechte, wenn auch nicht der Wirklichkeit nach. Wenn also ein Brahmine bettelt, so bettelt er eigentlich nicht (in unserm

Sinne), sondern fordert sich nur — so zu sagen — seine Zinsen ein, d. h. er bittet sich einen kleinen Theil von dem aus, das ihm eigentlich ganz gehört. So sehen die Brahminen das Almosennehmen an und setzen es daher als ein „gutes Werk" gleich hinter das Almosengeben. Die Wodearu aber spielen eben die Brahminen der Berge. Minder stolz und schweigsam, ja eher geschwätzig ist die zweite Kaste, die der Kongaru. Die dritte Kaste theilt sich in zwei Theile, von denen der eine Fleisch ißt, der andere aber Fleischessen für eine große Sünde hält. Die vierte Kaste erst, die Kanakaru, läßt sich herab, schreiben und lesen zu lernen. Sie sind die Schreiber und Rechner, die Aerzte und Beschwörer ihres Volkes und haben darum einen sehr bedeutenden Einfluß. Andere Kasten zeichnen sich durch ihre Schlauheit aus, wieder andere durch ihren Schmutz, und endlich auch eine durch ihren Geiz.

Wie verworren auch die religiösen Begriffe der Babagas sind, so hat doch ihr Gewissen manche Eindrücke von dem Verderben gehabt, das die Sünde über die Menschen bringt. Jetzt freilich ist auch dieses nur noch eine todte Ueberlieferung. Sie meinen, daß jeder abgeschiedene Geist an einer Feuersäule vorübergehen und dieselbe umarmen muß. Hat er nun Sünden an sich, so erfaßt ihn das Feuer und versengt ihn, worauf er dann in die Hölle versinkt und von dem „Drachen mit dem Rabenmaul" genagt wird. Dazu kommen noch besondere Strafen für besondere Sünden. Wer aber keine Sünde an sich hat, den versengt auch die Feuersäule nicht. Er kommt dann zur Fadenbrücke, und drüben liegt das Land der Seligen. Hat er gute Werke gethan, so helfen diese ihm über die Fadenbrücke hinweg; sonst kann er sie nicht passiren. Kommt er aber hinüber, so betritt er ein Land, das goldne Mauern hat und silberne Säulen, dessen „Kornähren eine Elle lang und so dick sind wie ein irdenes Trinkgefäß." Dort wandeln dann die Seligen in den Auen der Glückseligkeit mit feinen Kleidern um ihre Hüften, „sie wandeln in den Wegen Gottes mit den ihnen von Gott gegebenen Füßen und essen die ihnen von Gott gegebene Speise."

Ein ziemlich abschreckendes Bild von der Sünde und ihren Folgen haben sich die Babagas in folgender Sage entworfen.

Es war ein reicher Mann, der bestellte sein Land mit zwölf Paar Ochsen, und seine Büffel und sonstigen Schätze waren nicht zu zählen. Er hatte aber zwei Töchter, die waren gottlos. Die Götter sahen herab und hatten noch nie so große Sünden gesehen, wie bei diesen Töchtern. Sie wurden entrüstet und straften den Vater seiner Kinder wegen, so daß er in einer Woche sein ganzes Vermögen verlor. Der Mann ging zum Wahrsager und sprach: was habe ich gethan, daß mich die Götter so strafen? Weil deine Töchter so gottlos sind, war die Antwort. Aber was soll ich denn thun? Thue sie von dir, rieth der Wahrsager. Darauf ging der Mann nach Hause und verstieß seine Töchter. Diese zogen ihres Weges und traten bei einem reichen Mann in Dienst. Aber in kurzer Zeit war auch dieser Reiche arm geworden, und die Wahrsager sagten ihm: das ist die Schuld der beiden Schwestern, die sind böse. Darum jagte er sie fort. Von Hunger geplagt, kamen sie nun zu einen Banianengarten, gingen hinein und wollten essen. Aber die Bäume vertrockneten bei ihrem Hinzunahen und die Gärtner warfen Steine auf sie und trieben sie davon. Hierauf betraten sie einen Kokosnußgarten, aber auch da vertrockneten die Bäume. Darob wurden die Schwestern sehr betrübt, fingen an zu weinen und vergossen so viel Thränen, daß ein Sperling sich hätte darin baden können. Verzweifelnd beschlossen sie, in die Höhle eines Tigers zu gehen und sich so um's Leben zu bringen. Aber die Tiger flohen vor ihnen und ließen sie leben. O weh! sprachen die Schwestern und reizten einen Bär, sie zu zerreißen. Aber auch der Bär floh vor ihnen. O daß wir doch sterben könnten! riefen die Schwestern und verschluckten Opium, um sich zu vergiften. Aber es tödtete sie nicht. Darauf stürzten sie sich in den Strom, aber der Strom zertheilte sich, und sie blieben auf dem Trocknen liegen. Sie zündeten ein großes Feuer an und warfen sich hinein, aber das reine Feuer verbrannte die Unreinen nicht. Sie suchten den Tod, aber der Tod floh vor ihnen.

So gehen wir lebendig in den Himmel, sprachen die Schwestern. Sie warfen alles von sich, nahmen einen Stab in die Hand und gingen nach dem Mukati Pik, von wo aus nach der Meinung der Badagas die Seelen in den Himmel gelangen. Sie erstiegen einen Berg, den ein Ochse nicht hätte ersteigen können, ohne rücklings hinunter zu fallen, dann stiegen sie in eine Kluft hinab, wo des Büffels Fuß keinen Halt gefunden hätte. Einen Schäfer, dem sie begegneten, fragten sie nach dem Wege zum Himmel. Aber die Schafe flohen in ihrer Nähe, und der Schäfer wurde zornig und wollte ihnen keine Antwort geben. Da ward ihnen bange und sie riefen: o wehe! um der Sünde willen unserer Jugend können wir den Weg zum Himmel nicht finden. Hierauf trafen sie einen Büßer mit einem Tigerfelle bekleidet, der sie um ein Almosen ansprach. „Wir haben nichts zu geben, erwiderten sie, wir kamen hierher, um zu sterben. Sage uns, was ist jene Feuersäule dort?" Um der Gottlosen willen ist sie errichtet, war die Antwort des Mannes. Die müssen sie umarmen und werden versengt und in die Hölle geworfen; dort kommt der Riese mit dem Rabenmaul und quält und frißt sie. „Wer sind die, o Bruder, die dort Wasser tragen in der Ebene und das Opiumfeld begießen?" Das sind diejenigen, die sich mit Opium vergiftet haben. „Wer sind die, o Bruder, die am Fuße des schwarzen Horlabaumes gleich unbändigen Kälbern mit Stricken umschlungen hängen?" Das sind diejenigen, die sich selbst erhängt haben. „Und die dort im Thale, welche in einer Grube sitzen und nach Rauch schnappen, wer sind die? Das sind diejenigen, die Wittwen bedrückt, geborgtes Gut verschwendet und den Armen Hindernisse in den Weg gelegt haben. „Und jenes schreiende Kind über und über mit Moskitos bedeckt, wer ist das o Bruder? Das ist das Kind derjenigen, die nur an eigne Kinder denkend, fremde Kinder in ihrer Noth gelassen und sie hungernd von ihren Thüren weggetrieben haben. „Und wer sind, die dort rothe Erde aufgraben und essen?" Die Geizigen sind's, die den Gast darbend von sich ließen und dem Bettler nichts gaben. „Rechts zwei Häuser, links zwei Häuser, in der Mitte zwei Häuser offen, was ist das, o Bruder?" Rechts zwei Häuser: der Sünde Häuser; links zwei Häuser: des Lasters Häuser; in der Mitte zwei Häuser offen: der Tugend Häuser sind's. „Und wo sind die Männer unsrer Jugend, o Bruder?" Hört ihr Weiber Bali, eure Sünden sind offenbar geworden. Weichet von mir!

Darauf näherten sich die Schwestern der Feuersäule. Sie sahen auch die Fadenbrücke und den aufgerissenen Schlund des Drachen. Fünf Engel kamen, ergriffen sie heftig, zogen sie hin zur Feuersäule und hießen sie dieselbe umarmen. Auf der andern Seite der Fadenbrücke stand der Gott mit seiner Gefährtin und sprach: Kommt her zu mir! Haben wir denn einen Teich voll Wassers im Leibe, daß wir durch dies Feuer zu gehen im Stande wären, so dachten sie und zögerten.

Da kamen zwei Jungfrauen in weißen Gewändern. Die waren hell wie die Sonne und lieblich wie der Mond. Zwei Spangen zierten die rechten Arme und köstliches Geschmeide die linken. Mit goldenen Ketten waren ihre Hälse geschmückt, und grüne Schirme beschatteten ihre Häupter. So kamen sie einher, wandelnd wie auf Milch und Butter, und traten hin zur Feuersäule. Sie umarmten sie und blieben unverletzt. Sie betraten die Fadenbrücke und kamen glücklich hinüber. Sie naheten sich dem Gott und fielen ihm zu Füßen, und der Gott hob sie auf und stellte sie zu seiner Seite. — „O ihr Götter, riefen die Schwestern, wer sind diese Jungfrauen?" Sie sind Kinder gerechter Eltern und haben die Sünde nicht gekostet. Wer rein ist von Sünden, kommt hierher in die Nähe seines Gottes.

„Sie sind hindurchgekommen, wir wollen es auch wagen!" riefen die Schwestern und naheten sich der Feuersäule. Aber die Feuersäule ergriff und versengte sie, und die fünf Engel ergriffen sie und warfen sie in die Hölle, und der Riese mit dem Rabenmaul quälte sie, und der Drache der Hölle fraß sie. Und nach sieben Tagen wurden sie in Oel getaucht und wie Holzblöcke verbrannt. Und dann nahm der höllische Drache die älteste Schwester und verwandelte sie in einen Wolfsmilchstrauch, die Seele der jüngern Schwester aber nahm er und warf sie in ein Schwein.

So lautet die Sage. Ernst genug ist sie und von Hoffnung hat sie auch keine Spur. Aber das ist es eben, was ihr die Schneide stumpft. Weil dem Sünder gar keine Hoffnung gegeben ist und nichts zu seinem Herzen spricht, geht er mit stumpfem Sinn seines Weges und erschrickt selbst vor der Hölle nicht. So haben auch die Babagas keine Furcht, weder vor dieser Hölle noch vor dem Riesen mit dem Rabenmaul, sondern leben in allerlei bösen Sünden stumpf dahin.

Die ehelichen Bande sind, wie sich erwarten läßt, sehr locker unter den Babagas. „Lebe, lebe; gehe hin und hole Wasser!" ruft der Mann der zu seinen Füßen liegenden Frau zu, die er so eben aus ihrer Eltern Hause geholt hat, indem er ihr den Fuß auf den Kopf setzt. So ist der Ehebund geschlossen. Gewöhnlich bringt die Frau ihrem Mann einen Büffel zur Mitgift mit, der dann zurückerstattet werden muß, wenn die Frau wieder entlassen wird. Leider kommt letzteres nicht selten vor. Ziemlich häufig ist auch bei ihnen der Frauenraub. Wenn jemand die Person nicht bekommen kann, auf die er seinen Sinn gesetzt hat, so bingt er eine Anzahl Männer und raubt sie sich bei Nacht und Nebel. Zuweilen geschieht das mit Vorwissen der betreffenden Frau. Aber auch oft ganz wider ihren Willen. Sie wird dann streng überwacht, so daß sie nicht wieder entkommen kann. Nicht selten greifen solche Frauen dann nach dem Opium — das sie selbst bauen — und vergiften sich.

Eine eigenthümliche Sitte haben die Badagas bei feierlichen Begräbnissen. Es war das Begräbniß einer Größe unter ihnen, das ich mit ansah. Schon von fern ward ich ein Gerüst einige Stock hoch gewahr, das in Gestalt einer Pyramide erbaut und mit allerlei buntem Zeuge behangen war. Unten in diesem Gerüst stand die Leiche. Ein großer Haufen von Männern und Weibern war versammelt; man gruppirte sich frei und unterhielt sich über allerlei, während eine Anzahl der Männer um das Gerüste her, in welchem die Leiche stand, den Todtentanz tanzte. Es war ein eigenthümlicher Anblick: bald gaben sie sich die Hände, im Kreise um das Gerüst, bald hoben sie eine Hand hoch in die Höhe, und bald wieder neigten sie den Oberkörper zur Erde. Die Bewegung der Füße war ziemlich gleichförmig, kein Springen. Ihre Stimmen aber erhoben sie wieder und wieder in einzelnen hohen und tiefen Tönen. Es lag ein außerordentlicher Schmerz, eine tiefe Wehmuth in diesen Schreitönen. Der Tanz ward heftiger, die Gefühle aufgeregter. — Endlich hörte er auf. Die Männer zerstreuten sich, jeder redete mit seinem Nachbar, als ob nichts geschehen wäre. Wie verschieden sind doch diese Asiaten von uns! Nun kamen einzelne, auch eine alte Frau mit einer Sichel in der Hand, ich weiß nicht, ob sie die Frau oder Mutter des Verstorbenen war, und gingen um die Leiche. Die Frau ward von zweien herbeigeführt und stöhnte und seufzte ganz außerordentlich. Dann redete sie die Leiche in kurzen Sätzen an und ihre ganze Seele lag in jedem Worte, in jeder Bewegung. Jeden Augenblick fürchtete ich, die Frau würde zusammensinken vor Schmerz und Ueberreizung ihrer Gefühle. Es dauerte lange, ehe sie den Gang um das Gerüst vollendete. Endlich war sie an der Stelle angekommen, von der sie ausgegangen war. Sie schwieg, warf einen langen Blick auf den Leichnam, auf die Umstehenden, auch auf mich, und ging dann still davon. Bald darauf sah ich sie mit andern in der ruhigsten Weise sprechen.

Nach einigen Stunden, es war am Vormittag, fingen die Männer an nach der Sonne zu sehen, und als ihnen die rechte Zeit gekommen war, nahmen sie die Leiche aus dem Gerüste heraus und trugen sie einige hundert Schritt weit zu einer bestimmten Stätte. Dort ward ein Kalb in Bereitschaft gehalten. Viele der Männer hatten Aexte in den Händen, und der ganze Vorgang war etwas eilig. Kaum konnte ich ihnen nachkommen, als sie schon mit dem Sündenregister angefangen hatten, welches sie bei diesen Begräbnissen herzusagen pflegen. Ein alter Mann stand auf der einen Seite, die übrigen Männer auf der andern. Der Alte antiphonirte, die Uebrigen respondirten. Die langen Antiphonen und die kurzen Responsorien klangen fast wie eine Litanei. Der Inhalt war etwa folgender:

Aus der Welt des Sterbens geht die Reise in die große Welt. Hier ist Bassawa (der Stier, Büffel). Möge der Verstorbene auch tausend Sünden begangen haben: unter des Büffels Fuß sollen sie fallen. Seiner Urgroßmutter Sünden, seines Urgroßvaters Sünden, seiner Großmutter Sünden, seines Großvaters Sünden, seiner Mutter Sünden, seiner Familie Sünden: unter des Büffels Fuß sollen sie fallen.

Der Alte: Er hat Brüder aus Neid entzweit. Die Menge: Sünde!
Er hat Grenzsteine versetzt: — Sünde!
Er hat Fremden einen falschen Weg gewiesen: — Sünde!
Er hat seinen Schwestern die Zähne gewiesen: — Sünde!
Er hat eine Schlange getödtet: — Sünde!
Er hat eine Eidechse getödtet: — Sünde!
Er hat seinen Nachbar um seinen guten Büffel beneidet: — Sünde!
Er hat mit einem Ochsen gepflügt, der zu jung zur Arbeit war: — Sünde!
Er hat nach eines andern Weibe geschaut: — Sünde!
Er hat die eignen Leute verstoßen und Fremde an ihrer Statt aufgenommen: — Sünde!
Er hat den Armen kein Almosen gegeben: — Sünde!
Er hat sein Kleid, das an den Dornen hängen blieb, im Zorne weggerissen: — Sünde!
Er hat auf einer Bank gesessen, während sein Schwiegervater auf dem Boden saß: — Sünde!

17*

Er hat vor der Sonne ausgespien: — Sünde!

Er hat den fließenden Bach ohne Gruß berührt: — Sünde!

Des Todtenhauses Thür öffne sich! Der Tugend Wohnung thue sich auf! Das Sündenhaus sei verschlossen! Die Feuersäule werde kalt! Die Fadenbrücke stehe fest! Die Herrlichkeit nahe sich! Der Hölle Mund schließe sich!

Er hat seiner Eltern Fuß umfaßt: — Tugend!

Er hat vor den Priestern sich tief gebückt: — Tugend!

Er hat der Sonne die Hände entgegengefaltet: — Tugend!

Er hat dem Monde Verehrung gebracht! — Tugend.

Er hat eine Leichenpyramide neunstöckig erbaut: — Tugend!

Er hat den Armen einen ellenlangen Sack mit Getreide gegeben: — Tugend:

Er hat ihnen wie Regenwasser so viel Schmalz gebracht: — Tugend:

Und ob es auch tausend dreihundert Sünden wären, die er begangen hat: unter des Büffels Fuß sollen sie fallen. Sie sollen fallen! sollen fallen! Sie sind gefallen! sind gefallen! gefallen!

Darauf ward das Büffelkalb gelöst und unter großem Geschrei hinweg! hinweg! davon gejagt. Wieder ergriffen nun die Männer die Leiche und trugen sie hastig ein Stück weiter fort an das Ufer eines kleinen Flusses, wo sie verbrannt wurde. Bei der Todtenklage und dem Tanz um die hohe Leichenpyramide her hatten die Männer, wie mir schien, keine Eile; es traten längere Pausen dazwischen. Aber sobald sie die Leiche aus dem Gerüst herausgenommen hatten, schienen sie sehr zu eilen. Die an sich doch sehr ernste Handlung einer Art von Todtengericht, das sie über der Leiche hielten, indem sie des Verstorbenen Sünden und Tugenden, oder was sie dafür hielten, herzählten, war auch ganz ohne alle Feierlichkeit. Der Alte plapperte in großer Hast die auswendig gelernten Formeln her, die übrigen Männer schrieen eben so hastig als gedankenlos ihr: „Sünde!" oder ihr „Tugend!" drein, und die Sache war abgemacht. Es ist freilich bei den Badagas nicht allein so: auch unter Christen kann man leider viel gedankenloses Herplappern herrlicher Formulare hören. Viel Lippenwerk überall. Der Herr schenke uns reine Herzen und einen neuen gewissen Geist!

Die Stumpfheit der Babagas macht sich auch bei der Predigt des Evangeliums bemerkbar. Auf sie insonderheit, als auf die Hauptbevölkerung der blauen Berge, hatte die Basler Mission, von einem hochgestellten englischen Beamten dazu aufgefordert, ihr Augenmerk gerichtet. Aber volle elf Jahre lang arbeiteten die Missionare vergeblich, obgleich sie nicht einzeln standen, sondern immer zwei bis drei beisammen waren. Auch haben sie sich mit vieler Liebe und Hingebung dieses Volkes angenommen und sind namentlich den Einzelnen, die einige Hoffnung zu machen schienen, getreulich nachgegangen. Aber erst nach elf Jahre langer Aussaat wagte es ein Einziger, die Taufe zu verlangen, die er im Anfang des Jahres 1858 erhielt. Und was sich im Tieflande so oft wiederholt, das zeigte sich auch auf diesen Bergen: der arme Christ, Abraham genannt (als Heide hieß er Halea), durfte sein eignes Haus nicht mehr betreten, seine Frau und Kinder nicht mehr sehen, mußte Monate lang wie ein Unreiner ausgestoßen sein und allein leben, obwohl er sonst ein angesehener Mann in seinem Dorfe war. Und als endlich nach drei Monaten er es wagen durfte, wieder in sein Dorf zurückzukehren und seine Frau es sich gefallen ließ, wieder mit ihm zu leben, da verließen alle seine Nachbarn ihre Wohnungen und zogen lieber in ein andres Dorf, als mit ihm zusammen zu wohnen. So galt der einzig Reine in seinem Dorfe, weil durch Christi Blut von dem Schmutz der Sünde gereinigt, für unrein. Und die wirklich Unreinen im Geiste und im Leben, die hielten sich so rein, daß sie mit einem getauften Christen nicht einmal mehr in einem Dorfe zusammen leben zu können meinten. O wie groß ist doch die Verblendung, die Satanas durch die Sünde in die Welt gebracht hat!

Alle übrigen Babagas aber, auch diejenigen, die oft versprochen hatten Christen zu werden, sobald nur einer den Anfang gemacht haben würde, zogen sich nun scheu zurück und begegneten den Missionaren nicht mehr freundlich wie zuvor. Selbst die Schulen, die vor kurzem erst errichtet worden waren, wurden leer, indem die Eltern aus Furcht, ihre Kinder möchten auch Christen werden, dieselben zurückhielten.

In drei Monaten jedoch ward ein zweiter Familienvater getauft, und nach 1½ Jahren folgten auch die übrigen Glieder der Familie nach, so daß im September 1859 die Badaga-Gemeinde aus 12 Seelen bestand. Diese Zahl ist dann nicht weiter gewachsen. Die beiden Familien sind christlich geworden, die übrigen blieben Heiden. Die Verfolgung hat aufgehört, und alles geht seinen alten Gang fort. Es geht auch hier wieder anders, als nach Menschengedanken. Man hatte gehofft, daß wenn nach so langer treuer Aussaat des Wortes einmal die Erntezeit käme, es auch eine reiche Ernte sein werde. Und siehe da, nun besteht die Ernte nur aus zwölf Seelen. Nach zwölfjähriger Arbeit zwölf Seelen getauft, und dann wieder ein Stillstand! Offenbar paßt unsre Zeit, die so viel zu rechnen pflegt und so viel auf Eisenbahnen lebt, nicht zu solchen Exempeln. Aber Gott rechnet mit andern Zahlen. Und wir, wir werden, indem wir auf Sein Werk schauen, durch Stillesein und Hoffen stark werden.

Nach neueren Nachrichten ist die Zahl der Getauften um etliche Seelen gewachsen. „Die Zeit scheint gekommen, heißt es in einem späteren Jahresberichte der Baseler Missionsgesellschaft, wo die alten Badaga-Missionare nicht mehr blos säen, sondern auch ernten dürfen. Denn obwohl die Bekehrung dieser Bergstämme nicht mit raschen Schritten vorwärts geht, so geht sie nun eben doch vor unsern Augen an und fort." Gott verleihe in Gnaden, daß sich diese Hoffnung mehr und mehr erfülle!

Die übrigen Bewohner der blauen Berge, die Kohatas und die Kurumbas, sind von viel geringerem Belange. Doch gehören sie nothwendig mit zu den Bewohnern der Berge und sind zum Theil ganz unentbehrliche Leute. Beide führen ein Doppelamt, womit sie den Badagas dienen und sich ihren Unterhalt erwerben. Sie sind zunächst die Musiker der Berge, die den Badagas bei ihren Festen aufspielen. Es gehören freilich gute Nerven dazu und ein eigenthümlicher Geschmack, diesen Heidenlärm, den sie vollführen, als Musik hinzunehmen. Aber die Badagas scheinen beides zu besitzen und würden unsre Musik vielleicht eben so geschmacklos finden, wie wir die ihrige. Dann aber sind die Kohatas auch die Handwerker der Berge und versorgen die Badagas mit dem nöthigen Ackergeräth und was sie sonst alles nöthig haben. Sie bekommen dafür einen Theil des Ernteertrags und haben dazu die Freiheit, gefallenes Vieh zu verzehren, was sie sehr gern thun. Reinlich können sie bei diesem Geschmack kaum sein, und sie sind in der That so unrein, daß selbst die Badagas meinen, sie unreinlich schelten zu dürfen. Sie mögen auch immerhin ein gewisses Recht dazu haben. Denn von den Badagas hörte ich, daß sie sich wenigstens alle Jahr zweimal waschen, während die Kohatas vielleicht nur alle zwei Jahre einmal dies Geschäft verrichten. Die Kurumbas sind neben dem, daß sie den Kohatas beim Musikmachen helfen, noch besonders die Zauberer der Berge und stehen als solche in bedeutendem Respect. Sie sind es, die den ersten Samen ausstreuen und auch zuerst die Sichel anlegen. Und wenn inzwischen das Gewürm die Saaten bedroht, so muß der Kurumba erscheinen und dasselbe verjagen. Er erhebt dabei ein gräuliches Geschrei, das die Badagas für kräftiger zu halten scheinen, als ihr eignes. Die Kurumbas wohnen natürlich in ihren eignen Dörfern, die aus sehr schlechten Hütten bestehen und in ungesunden Niederungen der Berge liegen. Die Kohatas haben auch ihre eignen Dörfer, die jedoch höher und zum Theil recht hübsch gelegen sind und auch leidlich gute Häuser enthalten. Dem Christenthum stehen beide Stämme noch sehr fern, und auch die neun Schulen der Berge, die im Ganzen nur 60 bis 70 Schüler enthalten, werden von ihren Kindern nicht besucht. Der deutsche

Schulzwang, auf den Bergen angewandt, würde sie vielleicht auf andern Boden versetzen: aus eigner Wahl begehren sie ein Gut nicht, das sie nicht zu schätzen verstehen.

Schön ist's auf den blauen Bergen. Aber wie viel schöner wär's, wenn sie von einer christlichen Bevölkerung bewohnt wären! Bei dem tausend Jahre sind wie ein Tag, wolle bald in die tausendjährige Nacht dieser Berge das Licht scheinen heißen, das keiner Finsterniß mehr weicht!

3.

Sturm und Ueberschwemmung.

> „Und es wird den Leuten bange sein auf Erden und werden zagen, und das Meer und die Wasserwogen werden brausen. Und die Menschen werden verschmachten vor Furcht und vor Warten der Dinge, die da kommen sollen auf Erden."

So lehrt uns jährlich das Evangelium am zweiten Sonntage des Advents, und so geschah es in unsern Tagen am bengalischen Meerbusen. In der Mitte des October pflegt an dieser Küste der Monsun einzutreten, und wir durch die vorhergegangene Hitze ausgedörrten Europäer sehnen uns oft schmerzlich danach. Starker Nordwind, Donner und Blitz und lautes Brausen der See pflegen ihn einzuführen. Doch in den letzten Jahren hält selbst der Monsun seine Zeit nicht mehr, kommt oft um 10 Tage später, ist sehr launenhaft und macht den besten Wetterpropheten ihr Amt sauer.

In Calcutta aber hielt er dieses Jahr seine Zeit, nur brachte er statt des Segens für Viele nichts als Verderben und Tod. Der ihn begleitende Sturm stellte sich mit solcher Heftigkeit ein, daß die Schiffe theils versenkt, theils aufs Land getrieben oder sonst beschädigt wurden, einige hundert an der Zahl. Die größten Dampfer waren in der Gewalt dieses Sturmes ganz so hülflos wie die kleinsten Fahrzeuge. Anker und Taue brachen, und in wilder Wuth warf er alles über einen Haufen. In der kurzen Frist von fünf Stunden waren viele Reiche sehr arm geworden, einige tausend Menschen konnten selbst das letzte, ihr eignes Leben, nicht erretten, über 196,000 Häuser und Hütten der Stadt und Umgebung waren entweder zerstört oder beschädigt. Ganze Dörfer verschwanden, ohne auch nur eine Spur zurückzulassen.

Um diese Zeit schmachteten wir hier in Cubbalore noch vor Hitze und sehnten uns nach Regen, den wir in mehreren Monaten nicht gesehen hatten. Am achten Tage nach dem Ausbruch in Calcutta kam denn auch unsere Zeit. Langsam und still stellte sich der Regen ein, ohne Sturm und Tosen. Aber tiefer im Lande war der Ausbruch um so heftiger. Ein hier geborener Europäer erzählte mir, er habe nie etwas Aehnliches erlebt. Die Gewitter erschütterten die Erde, und nach jedem Schlage ergoß sich ein förmlicher Wolkenbruch, wie selbst unser Indien sie nicht zu haben pflegt. Daher geschah es denn auch, daß schon am dritten Tage unser Gedullam in aller Frühe mit solchem Tosen angebraust kam, wie nie zuvor, und Wellen aufwarf, denen des Meeres vergleichbar. Bald sahen wir auch allerlei Hausrath darauf einherschwimmen und merkten, daß er seine Ufer schon verlassen hatte. Um 10 Uhr Morgens etwa wandte er sich nach uns zu und stürzte sich mit Heftigkeit auf unser Haus. Eine eben vollendete Lehmwand, die unser Gehöft einschloß, hatte er bald eingerissen und drang nun unaufhaltsam auf unsere Wohnung selbst los. Wie gut war es, daß das Haus sieben Stufen erhöht ist, sonst hätte er sofort davon Besitz genommen und uns vertrieben. So aber suchte die heftige Strömung sich einen andern Ausweg und riß die Mauer ein, die Wohnhaus und Waisenhaus mit einander verbindet. Darauf nahm sie uns einen Vorrath von Kalk und eine große Katechumenenhütte mit fort, und füllte bald auch die Waisenschule dermaßen, daß sich die Kinderschaar in unser Haus retten mußte. Bis an den Leib im Wasser watend, brachten uns Boten eine schriftliche Einladung vom hiesigen Richter, in seinem zweistöckigen Hause Zuflucht zu suchen, aber wie sollten wir hinkommen? Ich erstieg wiederholt das flache Dach unsres Hauses, um zu sehen, ob die hohe lange Brücke über den Gedullam noch nicht gewichen sei, denn sie half nun nur das Wasser dämmen, und ich wünschte ihr daher recht sehr eiligen Fortschritt.

Etwa um 2 Uhr Nachmittags sah ich es von Norden her mir sehr verdächtig entgegenblinken. Das war der Pennar, der nun auch seine Ufer verließ und sein Wasser mit dem Gedullam vereinigte. Nun wurde die Sache sehr ernst. So weit das Auge vom Dach des Hauses aus reichte, sah ich bald nur Himmel und Wasser, und die Strömung, die jetzt von zwei Seiten auf uns eindrang, ward immer heftiger. Einen Ausweg nach Süden oder Norden hatten wir nicht mehr, denn auf beiden Seiten waren die jetzt so wüthenden Ströme. Nur der Westen, woher die Fluth kam, und der Osten mit den Häusern der Engländer (ein bis zwei englische Meilen entfernt) blieb uns offen. Dazu drohte auch die Nacht hereinzubrechen, und die Fluth blieb im Steigen. Um zu sehen, ob noch ein Ausweg möglich sei, ließ ich mir mein Pferd gesattelt vor die Stufen des Hauses führen, knietief im Wasser. Laut protestirte mein Pferdeknecht gegen einen Ritt in dieser reißenden Fluth, dringend bat auch meine Frau, mich der Strömung von unten und dem ebenso strömenden Regenguß von oben nicht auszusetzen. Aber auf mir lag die Verantwortung für das Leben aller Waisen und vieler Andrer, die in meinem Hause Zuflucht gesucht hatten. Langsam ritt ich der Fluth entgegen, nach dem Westen. Doch je weiter ich kam, je tiefer schien das Wasser zu werden, nirgends auch nur eine trockne Stelle sichtbar. Da wandte ich um und zog nach Osten, ob ich die Häuser der Engländer noch erreichen könnte. Auf der gewöhnlichen Straße war nicht fortzukommen, so führte man mich auf Umwegen dahin zu. Aber auch hier schien das Wasser immer tiefer zu werden und reichte bis an den Sattel des Pferdes. Ueberall sah ich die Eingebornen brusttief darin aus ihren Wohnungen forteilen, mit ihrer wenigen Habe auf dem Kopf. Verwundert frug man mich, wo ich doch hin wollte. Und sie hatten recht mit dieser Frage. Nach zweistündigem Ritt mußte ich froh sein, das Haus wieder zu erreichen, denn stellenweise war das Wasser selbst über dem Rücken des Pferdes zusammengeschlagen, so daß sich das Pferd zum Schwimmen streckte.

Um dieselbe Zeit hatte auch der Collector (oberste englische Beamte) mit dem Ingenieur einen Ritt versucht. Der Ingenieur, ein guter Schwimmer, war vorausgeritten. Da versank er plötzlich in tiefes Wasser, weil eine kleine Brücke weggerissen war, was ja unter dem Wasser nicht bemerkt werden konnte. Das Pferd bäumte sich und er fiel herab. Er suchte sich noch an der Mähne des Pferdes zu halten, umsonst. Der heftige Strom riß ihn nach dem Flusse — und dem Meere zu. Seine Schwimmkunst und große Kraft aber kam ihm wenig zu statten, da sein Obergewand sich losgemacht und um seine Füße gewickelt hatte, so daß er sie nicht brauchen konnte. Mit Mühe erreichte er endlich einiges Gesträuch und suchte sich daran festzuhalten. Aber auch das umsonst: es brach vor der Gewalt der Strömung. In der höchsten Gefahr des Ertrinkens, als der hülflos dabei stehende Collector ihn schon mehr als einmal verloren gegeben hatte, wurde er eben noch von herbeigeeilter Polizei gerettet.

Der ich gar nicht zu schwimmen vermag, war glücklich der Gefahr entgangen und im Hause angelangt, in welchem nun auch mein Pferd eine Stätte bekommen mußte, da Stallungen, Küche, Nebengebäude, alles tief im Wasser lag. So weit waren wir alle geborgen. Aber was sollte geschehen, wenn die Fluth uns aus dem Hause trieb? Auf dem flachen Dache konnten wir allerdings eine Zuflucht finden, aber in diesem heftigen Regengusse? Und war es gewiß, daß nicht das Haus selbst der immer heftiger anbringenden Fluth weichen würde? Ich eilte wieder hinauf auf das Dach und schaute nach der Brücke. Wie ein schwarzer Strich zog sie sich immer noch über die brausende Fluth, dem Auge eben noch erkennbar, denn es dunkelte schon. Lange weilte ich oben allein und redete mit dem Einzigen, der noch helfen konnte. Ich gedachte vor Ihm nicht nur des Häufleins meiner Waisen und Andrer in meinem Hause, sondern auch der Hunderte und Tausende, die das nächste Tageslicht nicht mehr sehen würden, wenn der Fluth nicht Einhalt geschähe.

Getröstet und still geworden ging ich wieder hinunter, ordnete an was zu ordnen war, und versammelte alles zum Abendsegen. Wir sangen: „Christus der ist mein Leben, Sterben ist mein Gewinn ꝛc.", dann lasen wir Psalmen, ein Kapitel aus dem neuen Testamente und beteten — ganz so, wie wir jeden Abend zu beschließen pflegen. Darauf brachte ich jedermann zur Ruhe, um allein zu sein. Nun maß ich das Wasser und berechnete, wie lange es noch dauern würde, bis es unsern Schlaf störte. Um Mitternacht mußte es im Hause sein, wenn es so fort stiege. Sobald das geschehen war, wollte ich die Thüren des Hauses ausheben, sie auf vorhandene Bambusstangen binden und so ein Floß herstellen, auf welchem wir wenn es Licht geworden sein würde, eine Fahrt zum nächsten zweistöckigen Hause (1 $\frac{1}{4}$ englische Meilen) versuchen wollten. Nun warf auch ich mich müde aufs Lager, doch unausgekleidet, und stand immer wieder auf, nach dem Stande des Wassers zu sehen. Wie geheimnißvoll klang bei tiefer nächtlicher Stille das Plätschern der Fluth an den Stufen des Hauses! Doch sie sollte die nächste Stufe nicht mehr erreichen. Immer wieder ging ich mit dem Licht in der Hand hinaus und sah genau nach. Die Wellen plätscherten fort, stiegen aber nicht mehr. Um Mitternacht meinte ich, sie seien gefallen, und um 2 Uhr war ich's gewiß, daß die Fluth im Abnehmen sei. Gott sei Dank! rief ich und wartete nun auf meinem Lager ruhig den Morgen ab. Ein dicker Schlamm und hier und da eine Pfütze war alles, was da noch von der grausen Fluth übrig war, und wir konnten unsre Kirche wieder erreichen, in welcher wir beim Aufgang der Sonne unsre frohen Lieder sangen, wie bei jedem Sonnenaufgang. Der HErr hatte unser Flehen erhört: während wir unsern Abendsegen hielten, fielen 6 Bogen der Brücke ein, und gaben somit der Fluth mehr Raum zum Abfluß ins Meer. Wir hatten wohl über 100 Rupies Verlust, aber kein Leben war verloren, und auch in der Stadt waren nur zwei Personen ertrunken — auf offener Straße — wiewohl viele Straßen statt der frühern Häuser nur noch Ruinen zeigten.

Aber auf einem andern Punkte unserer Küste, in der weiter nordwärts gelegenen Stadt Masulipatam und ihrer Umgebung, sollte das Wetter bald darauf eine desto grausere Verwüstung anrichten. Dort mußten sie noch 10 Tage länger auf den Ausbruch des Monsuns warten, der erst am 1. November seine Erscheinung ankündigte. Er begann sogleich mit einem starken und immer stärker werdenden Nordost, während wir zu unserm Glück Nordwest hatten. Nur einen Tag hatten sie Regen und Sturm, der Bäume umriß und Häuser entdachte. Dann kam die schrecklichste Nacht! Das Meer und die Wasserwogen brausten, und bange und immer banger wurde den Menschen. Da erscholl plötzlich, um 10 Uhr Abends, das Geschrei: „die See! die See!" Und die reichlichen Phosphorfunken in der Fluth überzeugten bald jedermann, daß das Geschrei schreckliche Wahrheit sei. Niemand sah, niemand hörte, was weiter geschah: denn die fast greifbare Finsterniß hielt jedermanns Augen, und das Brausen der über die Stadt hereingebrochenen Meereswogen übertäubte jedes Angstgeschrei.

Am Morgen ging die Sonne auf zur rechten Zeit, als ob nichts geschehen wäre, und es war sehr still rings umher. Aber von der Stadt war nur der fünfte Theil noch stehen geblieben, und ein Drittheil der Einwohner war nicht mehr. In den Straßen allein lagen 15,000 Leiber der Menschen und sehr viel Vieh. So groß war das

Unglück, daß es selbst den Ueberlebenden unglaublich erschien. Der dortige Collector berichtete an den Gouverneur von Madras anfänglich nur von 5000, dann von 10,000 Leichen in der Stadt, und zuletzt kam der Bericht der Sanitätscommission, nach welchem in der Stadt allein nicht weniger als 15,000 Leichen gefunden wurden. Wie groß der Verlust auf dem Lande war, kann man daraus entnehmen, daß die Sanitätscommission nachdem sie 27 Dörfer besucht, welche zusammen 10,320 Einwohner hatten, von diesen nur noch 4,893 Seelen, also weniger als die Hälfte antraf. — Die größere Hälfte war zum Theil unter den eingestürzten Häusern begraben, theils auch sonst todt umherliegend gefunden worden. Nicht wenige sind zugleich mit ihren Hütten spurlos verschwunden — von der See verschlungen. Die Ausdehnung der Küste, welche von der Ueberschwemmung getroffen wurde, beträgt 80 (engl.) Meilen in der Länge, und 9, ja an einer Stelle selbst 17 Meilen weit in das Land hinein brausten die Wogen, so daß nicht weniger als 780 Quadrat-Meilen von der See bedeckt worden sind. Unter den Ertrunkenen waren neben mehreren Soldaten, Polizei- und anderen Beamten auch 30 Mädchen einer Waisenschule des dortigen Missionars. Die Schule stand wohl noch, aber die Fluth war durchhin gefahren und hatte auch jede Seele mit fort genommen. Einsam stand der Missionar am andern Morgen und suchte vergeblich, die er sonst zu lehren pflegte. Wer will die Angst und das Wehgeschrei beschreiben, womit diese mehr denn 20,000 Menschen die Nacht erfüllten, bis ihr letzter Seufzer floh!

Die aber den Morgen erlebten, hatten nicht Zeit zum Besinnen. Alle Lebensmittel waren verdorben, alle Brunnen waren mit Seewasser erfüllt, und aus den Tausenden der Leichen drohte die Pest zu entstehen, wenn sie nicht schnell unter die Erde gebracht würden. So rief denn die dortige Behörde alle Ueberlebenden in mehreren Abtheilungen zu dieser Arbeit auf. Drei Tage lang war jedermann ein Todtengräber, bis Hülfe von außen kam. Der Gouverneur von Madras schickte sogleich ein Dampfschiff ab, das mit allerlei Lebensmitteln, mit Aerzten und Arzneien, mit einer Sanitätscommission und mit Zelten für 2500 Menschen beladen war, und das den Befehl hatte, alle obdachlosen Europäer und Halbeuropäer, die es wünschten, nach Madras zu bringen. Von allen Seiten aber beeiferte man sich, durch Geldunterstützung den Ueberlebenden ihren Zustand erträglich zu machen.

Mit diesem Unglück der Stadt und Umgegend von Masulipatam verglichen, war unsre Heimsuchung doch nur eine väterliche Erinnerung. Hätten wir statt Westwind Ostwind gehabt, so würde auch unser Schicksal ein ganz andres gewesen sein. So aber müssen wir bekennen: „Der HErr züchtiget uns wohl, aber er übergiebt uns dem Tode nicht." Ihm sei Lob und Preis für alles!

4.

Die letzte der Satties.

Der Nerbudafluß wird von den Bewohnern seiner Ufer für noch heiliger gehalten, als der Ganges selbst. Denn, sagen sie, während das Gangeswasser nur heiligt, wenn man es trinkt oder darin badet, heiligt das Nerbudawasser schon, wenn man es blos ansieht. Kein Wunder also, daß mehrere Tausende dieser Anwohner des heiligen Flusses einmal eine Petition an das Gouvernement nach Calcutta sandten, in welcher sie alles Gute der Regierung anerkannten, und nur darum dringend baten, daß in dem heiligen Nerbudathale (von den Europäern) kein Rindfleisch gegessen werden möchte, weil dadurch ihre Gegend gar zu sehr entheiligt würde. In andern Gegenden, selbst im Gangesthale, meinten sie, hätte das nicht so viel auf sich, weil die an sich weniger heilig wären; aber das so äußerst heilige Nerbudathal könnte das durchaus nicht vertragen.

An den Ufern dieses Flusses pflegten sich die Wittwen der Umgegend mit den Leichen ihrer Männer zu verbrennen, indem sie zum letzten Mal in dem Flusse badeten und dann mit den nassen Kleidern sich sofort dem Feuer übergaben. Die es vermochten, bauten gewöhnlich hübsche kleine Tempelchen auf der Stelle, wo sich eine Wittwe verbrannt hatte, so daß die Gegend damit reichlich versehen war. Der Wunsch, sein Andenken so verewigt zu sehen, wird natürlich bei vielen dazu beigetragen haben, den Entschluß zum freiwilligen Feuertode zu reifen. Doch scheinen im Ganzen die Gründe dazu viel tiefer gelegen zu haben, wie sie denn auch mit der ganzen religiösen Anschauungsweise dieses Volkes eng zusammen hängen. Einen lebendigen Beweis davon liefert die letzte der Satties in dieser Gegend.

Im Jahre 1828 machte der Obrist Sleemann in jenen Gegenden bekannt, daß hinfort keine Wittwenverbrennung weiter stattfinden dürfte, und daß wer auch nur „eine Unze Holz" dazu beitrüge, bestraft werden sollte. Im nächsten Jahre schon baten ihn die angesehensten und einflußreichsten Brahminen jener Gegend, einer alten Frau zu erlauben, sich mit ihres Mannes Leiche zu verbrennen, der eben an den Ufern des Nerbuda verschieden war. Obrist S. verschärfte seinen Befehl, drohte mit harten Strafen und stellte Posten umher, die es auf jede Weise verhindern sollten. Am folgenden Tage wurde also die Leiche allein verbrannt, und die Tausend der Zuschauer zerstreuten sich in ihre Wohnungen. Die Wittwe aber blieb am Ufer des Flusses sitzen ohne Speise und ohne Trank, und begehrte nichts als den Feuertod. Ihre nächsten Verwandten, die der Sitte gemäß nichts essen durften, bis sie entweder verbrannt oder in ihre Wohnung zurückgekehrt war, umringten sie und baten sie doch nach Hause zu kommen und unter ihnen zu leben. Die Uebrigen gingen hin, umringten das Haus des Obristen, und baten ihn, sie doch verbrennen zu lassen. Der Obrist blieb unbewegt, und so auch die Wittwe. Von Dienstag, wo ihr Mann starb, blieb sie bis Donnerstag unbeweglich auf einem Steine im Flußbette des Nerbuda sitzen, des Tages den heftigen Sonnenstrahlen, des Nachts der dortigen Kühle ausgesetzt, ohne Speise und ohne Trank. Am Donnerstage zerbrach sie ihre Armbänder, wodurch sie der Landessitte gemäß lebendig todt wurde und aus der Kaste schied. Nun war es unmöglich für sie in ihre Familie zurückzukehren, und sie hatte somit den stärksten Beweis gegeben, daß sie nicht mehr leben wolle. Ihre Kinder saßen noch um sie herum, aber alle ihre Bitten fanden taube Ohren, und der Obrist war überzeugt, daß sie sich zu Tode hungern würde, wenn ihr Wunsch nicht gewährt werden sollte. Am Sonnabend früh ritt der Obrist zur Stätte und fand die Wittwe auf ihrem Steine sitzen, schon den fünften Tag ohne Speise und Trank. Ohne aufzustehen, sprach sie: „Ich bin entschlossen meine Asche mit der meines geschiedenen Gemahls zu vereinigen und werde geduldig Ihre Erlaubniß dazu abwarten, in der Gewißheit, daß Gott mein Leben so lange fristen wird, wiewohl ich weder essen noch trinken darf." Die aufgehende Sonne anblickend, sagte sie: „Mein Geist ist fünf Tage lang mit meinem Gemahl nahe jener Sonne gewesen, nichts als meine irdische Gestalt ist noch übrig, und ich weiß, Sie werden zu seiner Zeit die Erlaubniß geben, daß sich dieselbe mit der Asche des Gatten dort auf jener Stätte vereinigen darf; denn es liegt ja nicht in Ihrer Natur, muthwillig die Leiden eines alten Weibes zu verlängern." Der Obrist sprach: „Gewiß nicht, und ich bin hergekommen, Dich zu bitten von diesem eitlen Begehr abzustehen, zu Deiner Familie zurückzukehren und die Deinigen von dem Verdacht zu befreien, als ob sie Deine Mörder wären." „Ich fürchte nicht," sprach sie, „daß irgend jemand so von ihnen denken wird. Sie haben alle, wie gute Kinder, alles was in ihren Kräften stand, gethan, um mich zu erhalten, und wenn ich unter ihnen geblieben wäre, so weiß ich wohl, daß sie mich geliebt und geehrt hätten; aber meine Pflichten gegen sie haben ein Ende. Ich befehle sie alle in Ihre Sorge, und ich gehe hin meinen Ehemann Omed Sing Opudea zu begleiten, mit dessen Asche ich die meinige schon dreimal auf dem Scheiterhaufen vereinigt habe." (Sie sprach nach ihrem Religionswahne von einer wiederholten frühern Existenz in diesem Erdenleben.)

Das war das erste Mal, daß sie in ihrem langen Leben den Namen ihres Mannes genannt hatte. Denn Indiens Frauen bringen diesen Namen nie über ihre Lippen, und darin sind sie alle sich gleich, Brahminen oder Pariahs, arm, oder reich, jung oder alt. Der Name des Gatten darf nie genannt werden, und sie kommen in die größte Verlegenheit, wenn etwa ein Europäer, der das nicht weiß, oder nicht wissen will, sie darnach fragt. Sie drehen ihren Kopf in großer Noth links oder rechts und suchen gleichsam Hilfe, und wenn etwa ein Beistehender diesen Namen für sie nennt, so fällt ihnen ein Stein vom Herzen. Auch unsere Christenfrauen sind über diese Eigenthümlichkeit noch nicht alle ganz hinweg.

Als die Alte den Namen ihres Mannes so geflissentlich nannte, war jedermann überzeugt, daß sie zu sterben unwiderruflich beschlossen habe. Sie fuhr fort und sprach: „Meine Seele ist schon bei Omed Sing Opudea, und meine Asche wird sich hier mit der seinigen vereinen." Und wieder die Sonne anblickend, sagte sie: „Dort sehe ich schon meine Seele mit ihm zusammen, unter dem bräutlichen Prachthimmel."

Der Ton und Ausdruck dieser Worte bewegten den Officier nicht wenig. Er versuchte Ernst und Güte mit gleicher Erfolglosigkeit. Er sagte, ihre Kinder würden zur Verantwortung gezogen werden, daß sie sie nicht von diesem Schritt abgehalten hätten; die Denkmale ihrer Vorfahren dürften zerstört werden, und sicherlich sollte auch nicht ein Stein die Stätte bezeichnen, wo sie verbrannt wäre, wenn sie nicht umkehrte. Dagegen, wenn sie davon abstände, sollte ihr eine anständige Wohnung unter diesen Tempeln errichtet und für ihren Unterhalt reichlich gesorgt werden, auch sollten ihre Kinder (— mit denen sie ja nach dem Bruche der Kaste nicht mehr leben durfte) täglich sie zu besuchen kommen, und er selbst, der Obrist wollte ein Gleiches thun. Sie lächelte sanft, reckte ihre Arme aus und sprach: „Mein Puls hat längst zu schlagen aufgehört, — mein Geist ist entflohen; — nichts ist von mir übrig, als ein wenig Erde, und die begehre ich mit der Asche meines Mannes zu vereinigen. — Ich werde nichts leiden im Feuer, und wollen Sie sich davon überzeugen, so befehlen Sie Feuer zu bringen, und Sie werden diesen Arm verbrennen sehen, ohne Schmerzen für mich." Einige fühlten nach ihrem Puls und fanden ihn nicht mehr wahrnehmbar, und alle waren überzeugt, daß sie fast nichts mehr leiden könne. Ihr Ende gab den Beweis dazu.

Da der Obrist sahe, daß er nichts auszurichten vermochte, schickte er nach den Häuptern der Familie und nahm ihnen das schriftliche Versprechen ab, daß hinfort keine Wittwe mehr verbrannt werden sollte, und darauf gab er die Erlaubniß zu dieser letzten Satti. Die Alte vernahm die Kunde mit Freuden. Es war um 12 Uhr Mittags. Um 3 Uhr war der Scheiterhaufen fertig. Die Alte stieg in den Fluß sich zu baden, forderte dann ein Betelblatt und aß es, darauf stand sie auf und, einen Arm auf der Schulter ihres ältesten Sohnes, den andern auf der Schulter ihres Neffen, schritt sie zum Feuer. Als sie aufstand, wurde der Holzstoß angezündet und war bald in lichten Flammen. Der Holzstoß war über einer Vertiefung errichtet worden, etwa 8 Fuß ins Geviert und 4 Fuß tief, in welcher ihr Mann verbrannt worden war. Sie kam langsamen Schrittes zum Feuer, stand still, hob die Augen in die Höhe und rief: „Warum hat man mich fünf Tage lang von dir abgehalten, mein Gemahl?" Hierauf ging sie allein einmal um das Feuer, murmelte ein Gebet, warf einige Blumen in die Gluth, und stieg dann langsam mitten in die Flammen, setzte sich, lehnte sich nach hinten, und ohne einen Schrei oder ein Zeichen des Schmerzes war sie bald in Asche verwandelt. —

Das war die letzte Satti (Wittwen-Verbrennung) am Nerbuda, und was lehrt sie uns? Wenn Heiden für einen todten eitlen Wahn zum Opfer in den Feuertod zu gehen sich durchaus nicht abhalten lassen, wie viel mehr sollten wir denn für den lebendigen wahrhaftigen Gott zum lebendigen und ihm wohlgefälligen Opfer uns selbst darzubringen, willig und bereit sein! Röm. 12, 1. 2.

5.

Der dreifache Weg und die einzige Brücke zu Gott.

Aber Sie müssen uns nicht für solche Thoren halten, antwortete mir ein Brahmine, der den Ruf der Gelehrsamkeit hatte, und darum von einem andern Brahminen besonders herbeigerufen worden war; Sie müssen uns nicht für solche Thoren halten, die da meinen, daß diese Steine, die Sie Götzen nennen, wirklich Leben haben. Wir wissens ja recht gut, daß dies todte Materie ist, und wenn Sie sagen, die Götzen haben Augen und sehen nicht, Ohren und hören nicht 2c., so ist das wohl wahr, aber doch auch wieder nicht wahr. Denn Sie sagen doch mit uns, daß der einige, ewige Gott überall gegenwärtig, alles erfüllend sei. So werden Sie also keinen Ort, keinen Punkt in der Schöpfung angeben können, von dem gesagt werden könnte, daß Gott da nicht sei. Wenn nun dem so ist, so können Sie ja auch nicht sagen, daß Gott nicht in diesem Steine sei. Wenn wir nun, die wir gern Gott dienen möchten, aber ihn doch nicht erreichen können, einen Stein nehmen und ihm irgend eine Form geben, und wenn wir dann Gott anflehen, er möchte sich den Dienst, welchen wir diesem so geformten Steine erweisen, als ihm selbst erwiesen wohlgefallen lassen, so werden Sie nicht sagen können, daß dies noch ein Stein sei, wie andere Steine. Wir aber glauben, daß Gott unsere Gebete und Segensformeln erhört hat und in diesem Steine besonders seine Allgegen=

wart bekundet. So dienen wir denn nicht mehr dem Steine, sondern dem einigen ewigen Gotte, unter der Gestalt des Steines, den wir dazu besonders geheiligt haben. Diese Art Gott zu dienen, ist allerdings die niedrigste Art, aber für das gemeine Volk auch nicht anders möglich. Denn das gemeine Volk wird immer an der Sichtbarkeit hängen bleiben, und wenn man ihm nichts Sichtbares vorhält, worunter es Gott verehren soll, so wird es eben Gott ganz vergessen und ihm gar nicht dienen.

Unsere Religion aber zeigt uns einen dreifachen Weg Gott zu dienen. Dieses nun, was Sie als Götzendienst verwerfen, ist die unterste Stufe des Gottesdienstes. Eine höhere Stufe ist es schon, gute Werke zu thun, z. B. Brahminen oder auch andere Arme zu speisen, überhaupt nie zu essen, ehe man vorher nicht Almosen gegeben, einen oder mehrere Arme gespeist hat. Wie auch schon unsere Kinderfibel uns lehrt: „Erst wenn du Almosen gegeben hast, dann iß du selbst." Und wie ein anderer unserer Poeten gesagt hat: „Alles Familienleben und alle Mühen des Haushalts haben nur den einen Zweck: Gäste aufzunehmen und Almosen zu spenden." Ferner gehört dahin, die Erbauung und Unterhaltung von Rasthäusern für Reisende, das Pflanzen schattiger Bäume für Menschen und Vieh, das Darreichen von frischem Wasser an Vorüberreisende bei großer Hitze ꝛc. ꝛc. Dieses ist die zweite Stufe unseres Gottesdienstes und viel höher als die erste; aber die höchste Stufe ist sie noch nicht.

Die höchste Stufe unseres Gottesdienstes ist das Versinken in Gott durch Contemplation, das Abziehen der Sinne von allem Irdischen, so daß Geld und Gut, Weib und Kind, Ruhm und Ehr keinen Reiz mehr für den Menschen haben. Sein äußeres Auge ist dann für die Außenwelt geschlossen, aber sein inneres Auge geöffnet, so daß er Gottes Wesen schaut, seine Allmacht, seine Weisheit, seine Unendlichkeit bewundert, alles andere dagegen vergißt. Wer auf dieser höchsten Stufe Gott dient, der bedarf der niederen nicht es sei denn, daß er durch die niedern Stufen zu dieser höchsten emporsteige.

Dies ist der dreifache Weg unserer Religion, und ein jeder kann nun einen derselben besonders zu dem Seinigen machen oder auch von allen dreien so viel üben als er kann; denn diese drei Wege unterstützen einander.

So redete der gelehrte Brahmine längere Zeit fort und die Rede floß ihm nur so vom Munde. Dazu citirte er Sprüche der Schastras, daß es eine Lust war, ihm zuzuhören; wie denn auch alle Umstehenden nicht nur die Ohren, sondern auch buchstäblich die Mäuler aufsperrten, um alle seine Worte in sich aufzunehmen.

Meine Antwort darauf war etwa folgende: Sie haben in Ihrer Rede manches Wahre und Gute ausgesagt, und das freut mich aufrichtig. Vieles aber wird doch mit der Wahrheit nicht bestehen können. Was z. B. die unterste Stufe ihres Gottesdienstes betrifft, so werden Sie, der Sie wissen, daß Gott ein Geist ist, doch nicht im Ernste behaupten wollen, daß man durch Verehrung und Anbetung irgend einer todten Materie dem ewigen Geiste dienen könnte. Wenn z. B. mein Diener etwa höhern Lohn von mir zu erhalten wünschte, würde er dann den rechten Weg einschlagen, wenn er meinen Stock hier, der mir recht lieb ist, hernähme, vor ihm Salam machte, und ihm sein Anliegen vortrüge? Schwerlich! Wenn Sie also im Ernste glauben, daß Gott überall allgegenwärtig ist, daß Er, der uns das Auge geschaffen hat, alles sieht, der uns das Ohr gegeben, auch alles hört: warum wenden Sie sich nicht mit Ihrer Verehrung und mit ihren Gebeten direct an Gott, den Gegenwärtigen, der Alles sieht und alles hört, statt sich an einen todten Stein zu wenden, der doch einmal weder sehen noch hören kann, und dessen Wesen doch immer todte Materie bleiben wird, welche Form Sie ihm auch geben und welcherlei Segenssprüche Sie auch über ihm aussprechen mögen? Daß sie sich aber so von dem ewigen Geiste wegwenden und dem todten Stoff Anbetung zollen, das ist nicht nur eine große Thorheit, sondern auch eine große Sünde. Denn dem ewigen Gotte, der Alles und auch Sie geschaffen hat, der Ihnen Leben, Gesundheit, Vernunft und alles gegeben hat, dem schulden Sie doch Anbetung und Dankbarkeit! Diese aber zahlen Sie ihm nicht, sondern zahlen sie dem, dem sie gar nichts schulden, der todten Materie. Hier liegt also offenbar eine Verrückung des von Gott gegebenen guten Verstandes und eine Verführung der Seele vor. Woher diese Verführung? Woher sonst als von den bösen Geistern, die in der Luft herrschen, und von denen Ihnen Ihre eignen Schriften sagen, daß sie den Menschen auf alle Weise Schaden und Böses zuzufügen suchen. Es hilft aber nichts, diesen bösen Geistern einen Eienar und andere Obersten zu setzen, und diese zu bitten, den bösen Einfluß der übrigen bösen Geister abzuhalten. Denn das ist's ja gerade, was diese bösen Geister bezwecken, die Menschen von Gott, dem Quell alles Guten, abzuhalten. Wem der Mensch außer Gott dient, ist gleichgiltig, die bösen Geister haben ihren Zweck erreicht, wenn sie die Menschen von der Vereinigung mit Gott im Geiste und in der Wahrheit abgehalten haben; denn sie sind gewiß, daß außer Gott nur Elend und ewiger Tod für den Menschen übrig bleibt. Ihr Götzendienst ist und bleibt also ein Dienst des Geschöpfes und nicht des Schöpfers, und ist so fern davon, ein Dienst des ewigen Gottes zu sein, daß er vielmehr ein Dienst der bösen Geister ist, die den Menschen von Gott, dem Quell alles Lebens und alles Heils, aller Freude und aller Seligkeit abzuhalten suchen.

Was aber die zweite Stufe ihres Gottesdienstes betrifft, so ist es ja gewiß recht gut, die Armen zu speisen, die Nackenden zu kleiden, die Reisenden zu beherbergen ꝛc. Aber wenn dies nicht mit reinem Herzen geschieht, nicht in der reinen Liebe zum Nächsten, wenn sich vielleicht gar Hochmuth und Selbstbespiegelung hineinmischt, so müssen Sie selbst sagen, daß alle Tugend hin und verloren ift. Aber auch wenn es am beften zugeht, fo ift es doch nur ein Dienft, den Menfchen erwiefen, und kann auch von Leuten gefchehen, die Sie felbft Atheiften nennen würden. Es können alfo diefe Werke an fich, wie gut und löblich fie auch find, ein eigentlicher Gottesdienft gar nicht genannt werden.

Ihre dritte Stufe des Gottesdienftes, die Verleugnung der Welt, das Sichlosmachen von aller Sichtbarkeit und das Sichverfenken in den ewigen Geift, um ihn gleichfam im Geifte anbetend und verwundert zu fchauen, ift allerdings eine hohe Stufe des Gottesdienftes. — Aber wie foll der endliche Menfch den unendlichen Geift betrachten, wenn er nichts weiter von ihm weiß, als was feine eigenen Gedanken ihm fagen? Ift dabei Irrthum und Fehlgreifen nicht ganz unvermeidlich? Und kann, was fo im Ungewiffen gefchieht, ohne Gott und feinen Willen wirklich zu kennen, in Wahrheit ein Dienft Gottes genannt werden? Denn Gott kann man doch ebenfowenig als irgend einem Könige und Herren damit dienen, daß man feinen eignen Willen thut, fondern damit dient man ihm, daß man feinen eignen Willen dem Willen des Herrn unterwirft, das thut, was er geboten hat, und das läßt, was er verboten hat.

Doch fagen Sie mir aufrichtig: kennen Sie einen Menfchen, der auf diefen drei Wegen es dahin gebracht hat, ohne Sünde und Schuld zu fein?

Ich kenne wohl keinen, aber es mag irgendwo in der Welt zwei oder einen folchen geben.

Und was könnte uns das helfen, wenn es auch zwei oder einen folchen gäbe. Sagen Sie mir daher lieber, ich bitte, ob Sie es foweit gebracht haben, ohne Sünde zu fein? Ob Haß und Neid und böfe Luft Ihnen gänzlich fern find?

O nein, das kann ich von mir durchaus nicht fagen, denn vielerlei ift noch in mir.

Wie also gedenken Sie, durch Sünde verunreinigt, vor dem heiligen Gott zu bestehen?

Ich muß eben bitten, daß er mir meine Sünde vergeben möchte.

Würden Sie den Richter loben, der die Diebe ungestraft und den Mörder ungehangen ließe?

Nein, denn die Gerechtigkeit erfordert, daß solche gestraft werden.

So halten Sie also die Gerechtigkeit für etwas Gutes?

O ja, wie sollte es auch sonst in der Welt zugehen, ohne Gerechtigkeit.

Wir waren doch vorhin einig, daß Gott die Quelle alles Guten sei; woher hat also der Mensch die Gerechtigkeit?

Natürlich von Gott, von dem wir alles haben, was gut ist.

Haben wir also die Gerechtigkeit von Gott, wird nicht auch Gott gerecht sein?

O gewiß. Er ist das allervollkommste Wesen, und so muß auch seine Gerechtigkeit viel vollkommner und höher sein, als die unsrige.

Ganz recht. Und darum wird er auch alle Sünden an den Menschen strafen müssen, ob er auch an dem Strafen selbst kein Wohlgefallen hat, eben vermöge seiner ewigen Gerechtigkeit. Denn wollte er den Menschen ihre Sünden ungestraft hingehen lassen, so würde er eben einem Richter gleichen, der Mörder und Diebe u. dgl. ungestraft läßt. Dazu ist doch nur in der Vereinigung mit Gott Seligkeit zu finden; wie kann aber mit Gott, dem Heiligen und Gerechten, sich vereinigen, was unrein und ungerecht ist?

Das ist allerdings unmöglich.

Nachdem wir also die Gerechtigkeit Gottes erkannt haben, darf ich Sie noch einmal fragen, wie gedenken Sie vor Gott zu bestehen?

Ich muß allerdings bekennen, daß wenn ich jetzt sterben sollte, so wäre ich ohne Hoffnung der Seligkeit.

So verläßt Sie also ihre Religion gerade da, wo Sie dieselbe am allernöthigsten haben. Denn die Religion soll uns doch mit Gott verbinden, die Ihre aber tritt da ohnmächtig zurück, wo diese Verbindung unmittelbar beginnen soll. Sie läßt den Sünder durch die Sünde von Gott geschieden, erweist sich also zur Zeit der höchsten Noth als ohnmächtig und nutzlos.

Aber was sagt denn Ihre Religion darüber? Gern will ich hören, was das Christenthum über diesen schweren Punkt sagt.

So hören Sie! Gott, das ewige Gut, wohnt in einem Lichte, da kein Sünder hinzu kann. Denn dieses Licht, das dem Gerechten Heil und Leben ist, wird dem Sünder zum verzehrenden Feuer. Gottes ewige Gerechtigkeit umgiebt ihn wie ein tiefer, breiter, reißender Strom. In diesem Strom versinkt alles was Sünder heißt, und alle Werke der Menschen werden nie ein Fahrzeug zusammenbringen, welches nicht sofort von diesem Strom in Stücken gerissen und verschlungen würde. So ist denn Gott hoch über alle Gedanken und Werke der Menschen erhaben, heilig und gerecht, in ewiger Seligkeit thronend. Tief im Elend aber steht der Mensch, innen und außen von Sünde befleckt. Und zwischen dem Menschen in seinem Elend und zwischen Gott in seiner Herrlichkeit ist diese tiefe, unübersteigliche Kluft, dieser reißende Strom der Gerechtigkeit Gottes. Das ist die Lage aller Sterblichen, aller Sünder. Und das ist ein Zustand zum Verzagen.

Nun aber hören Sie weiter. Gott ist das allervollkommenste Wesen, Er ist also ebenso barmherzig als gerecht. Und nach seiner ewigen Barmherzigkeit sucht er den Sünder zu retten. Bei dieser Rettung aber darf seine ewige Gerechtigkeit in keiner Weise verletzt werden. So fand denn seine ewige Weisheit ein Mittel, diesen Strom der Gerechtigkeit zu überbrücken. Und welch eine Brücke ist das?

Die ewige Weisheit macht den Plan, die ewige Liebe führt ihn aus. Gott sandte seinen eingebornen Sohn in diese Welt uns zum Heiland. Jesus Christus, mit seiner Gottheit in der Ewigkeit, in der ewigen Seligkeit fußend, mit seiner wahrhaften Menschheit in Mitten des Elends der Menschen auf Erden fußend, ist die Brücke!

Gottes ewige Gerechtigkeit aber durfte in keiner Weise verletzt werden. Darum nahm Jesus Christus unsere menschliche Natur an, trat in das Menschengeschlecht ein, als ein Sohn des Menschen, um so in seiner Person die Sünden aller Menschen auf sich zu nehmen und die Strafen dafür selbst zu erleiden. So gab der ewige Gottessohn, als wahrhaftiger Sohn des Menschen, sein Blut und sein Leben dahin zur Genugthuung für unsere Sünden. Er starb am Kreuz den Tod des Verbrechers für alle Uebertreter des Gesetzes Gottes. Er erstand vom Tode am dritten Tage zum Zeichen, daß er als Gottmensch den Tod für uns zerstört hat. Er fuhr auf gen Himmel und nahm wieder ein den Thron seiner Herrlichkeit, doch nun nicht nur als wahrhaftiger Gott, sondern auch als wahrhaftiger Mensch: und so ist er unsre Brücke geworden. Wer nun diesen einigen und einzig möglichen Mittler zwischen Gott und Menschen annimmt und im Glauben sich an ihn hält, der gelangt durch Ihn sicher über den Strom der Gerechtigkeit Gottes hinüber; denn er hat mit Christo, dem Tilger der Sünden, seiner Sünden Tilgung und Vergebung erlangt.

So ist Jesus Christus der einzige Heiland der Welt, der einzige Weg zu Gott. Alle andern Wege der Menschen, wie auch Ihre eigne Religion, führen nur bis zum Strom der Gerechtigkeit Gottes, welcher Gott und Mensch trennt; hinüber führt kein Weg der Menschen und kann keiner führen. Christus ist der einzige Weg, der hinüberführt, die einzige Brücke, welche Zeit und Ewigkeit verbindet, die einzige Himmelsleiter, auf welcher die Engel, die Gnade Gottes, zu uns herniedersteigen, und durch welche wir hinaufsteigen können zu Gott.

So sind denn auch diejenigen allein, die Jesum Christum, von Gott gekommen, mit Freuden und im Glauben ergreifen, die einzigen Weisen. Und Thoren sind Alle, die diesen einzigen Weg zu Gott verschmähen. Denn welchen Weg sie auch sonst einschlagen mögen, über den Strom der Gerechtigkeit Gottes kommen sie nicht hinüber, und so müssen sie ewig von Gott getrennt bleiben und somit vom ewigen Gute, von aller Freude, Leben und Seligkeit; so daß ihnen nichts bleibt als Finsterniß, Tod und Herzeleid, und der nagende Wurm, daß sie hätten zu Gott kommen können, wenn sie den einzigen Weg, die einzige Brücke nicht verschmäht hätten.

Wie festgebannt saßen die Brahminen und hörten staunend und schweigend zu. Und, was ganz außerordentlich war, sie schwiegen auch, als ich zu reden aufgehört hatte.

Das ist allerdings ein Weg zu Gott, der nicht getadelt werden kann, sagte endlich der das Wort führende Brahmine. Und nach einigen weiteren Reden über die Nothwendigkeit, auch zu thun, was wir für recht und gut anerkennen müssen, endigte unsre Zusammenkunft. Möchte sie nicht vergeblich gewesen sein!

6.

Nach Nallalam.

Vor einiger Zeit kamen einige Männer aus Nallalam, 38 Meilen weit von Cubbalore, zu mir und sprachen ihren Wunsch aus, Christen zu werden. Nach den nöthigen Verhandlungen, in welchen ich sie ernstlich ermahnte, nur ein Ziel vor Augen zu haben, nur ihr Seelenheil suchen zu wollen, ohne alle Hintergedanken, ließen sie ihre und ihrer Angehörigen Namen aufschreiben, einige siebenzig Seelen, und gingen dann der Mehrzahl nach wieder heim, während einige gleich zum Unterricht hier blieben. Wie ich vermuthete, war dabei allerdings auch noch etwas andres im Spiele, nämlich der Wunsch nach Erwerb eines Stück wüsten Regierungslandes, das ohne alle Schwierigkeit ihnen gegeben werden würde, wenn nicht ihre neidischen Grundbesitzer es auf alle Weise zu hintertreiben suchten. Dies hatten sie mir offen gestanden, aber auch gesagt, daß unabhängig von jenem Wunsche sie doch Christen werden wollten, auch wenn es mit dem Lande nichts werden sollte. So begann denn meine Verbindung mit den Leuten. Als die hier zurückgebliebenen getauft zurückkehrten, hatten sie und alle andern mit ihnen viel von den dortigen Heiden, einen alten wüthigen Ortsrichter an der Spitze, zu leiden, und sie baten mich daher oft, daß ich selbst doch einmal hinkommen möchte. So machte ich mich denn auf, nach Nallalam zu gehen, und will nun hier einfach abschreiben, was sich in meinem Tagebuche darüber findet.

14. October. Weckte früh um 3 Uhr meine Leute, da mich das heftige Kopfweh, das mich gestern den ganzen Tag zurückhielt, um 2 Uhr verlassen hatte. Um 4 Uhr brachen wir auf und mußten des vielen Wassers im Pennar wegen einen weiten Umweg machen, um die neue Brücke über den Fluß benutzen zu können. Um 9 Uhr etwa kamen wir nach Tukanampakam, wohin ich einen Leser und mein Pferd vorausgeschickt hatte. Dort hörte ich, daß des Hilfskatecheten Frau wieder seit 6 Wochen abwesend — bei ihren Verwandten in Tanjore — sei und sich weigere, zu ihrem Manne zurückzukehren. Ich schrieb deshalb an unsern Bruder Ouchterlony und bat um seine Vermittlung. Inzwischen versammelten sich die Christen zum Gottesdienst, zu welchem sich auch einige Heiden als Zuhörer einfanden, mit welchen ich nachher noch besonders sprach. Einer der Christen, der sehr unordentlich gewandelt hatte — er kann das Saufen nicht lassen — sagte mir, er könne gar nichts fassen, er wisse auch nicht, was Trauer oder Freude sei u. s. w. So will ich auch nicht weiter mit dir reden, erwiderte ich, will aber den übrigen sagen, wie tief mich dein Wandel bekümmert, der du nun ein alter Mann bist, der nicht mehr lange zu leben hat, und doch von der Sünde nicht lassen und die ewige Freude nicht ernstlich suchen willst. Ein anderer klagte mir, daß er gar hülflos sei und sich so trostlos fühle, da er in seinem nahenden Alter immer noch alle schwere Arbeit allein thun müsse, ohne Sohn, ihm zu helfen. Ich sagte ihm: Gott hat dir eben keinen Sohn gegeben, wie mir auch nicht, Er wird dich aber um beswillen in deinem Alter doch nicht verlassen. — Nachmittags brachen wir dann wieder auf.

15. October. Bikravandi. Die Ochsen wollten gestern Abend nicht mehr weiter, so hielten wir in Villanur an, wo ein schöner Sattiram ist. Bald kamen auch einige Brahminen herzu. Sie nannten das Getrommel ꝛc. des Götzendienstes, worüber ich mit ihnen sprach, ein Spiel der Welt, das ganz unnütz sei, zu welchem

sie aber doch gehen müßten, weil sie sonst für gottlos ausgeschrien werden würden. Wir selbst thäten ja ganz das nämliche, meinten sie, denn sie hielten mich für römisch, schienen sich aber zu freuen, als sie hörten, daß ich das auch verwürfe. Apo sari, sagten sie: dann ist's recht. Da sie aber doch noch dabei blieben, auch so Gott dienen zu können, fragte ich sie weiter: Wenn ihr einen Sohn habt, der in einer andern Stadt lebt und dem ihr genaue Aufträge gegeben habt, die er ausrichten soll, wird derselbe dann euch wirklich dienen, wenn er alle eure Aufträge hinter den Rücken wirft, sich aber ein Bild, das seinen Vater vorstellen soll, von Erde oder Stein macht und das täglich mit Oel beschmiert?

Nein, erwiederten sie lachend, damit würde er uns gar nicht dienen.

Und doch thut ihr gerade dasselbe. Der Schöpfer Himmels und der Erden, von dem auch ihr Leben und Odem empfangen habt, hat euch sehr deutliche Befehle gegeben, und damit ihr sie ja nicht vergessen möchtet, hat er sie sogar in eure Herzen hineingeschrieben, daß ihr nämlich nicht unkeusch sein, nicht stehlen, nicht lügen, nicht betrügen sollt rc. Aber das alles werft ihr hinter den Rücken und geht dafür hin, macht euch irgend ein Bild nach eurem Gefallen und beschmiert dasselbe täglich mit Oel, macht einen wilden Lärm dazu und denkt dann, ihr habt Gott gedient.

Sie gaben zu, daß das alles freilich richtig sei; aber sie hätten es so von ihren Vätern geerbt, was könnten sie thun?

Haben eure Väter auch wohl so gute Straßen und Brücken gehabt, als ihr jetzt?

O nein.

Nun, warum geht ihr denn nicht neben den Straßen und Brücken, da doch eure Väter auch nicht so gereist sind? Was also eure Väter aus Unwissenheit gethan oder nicht gethan haben, kann euch nicht zur Regel bienen, denn sonst müßten auch die Kaller heut noch von Raub leben, weil ihre Väter davon gelebt.

Aber wenn wir auf eine Höhe steigen wollen, sagten sie, so müssen wir doch von unten anfangen, wir können doch nicht die höchste Stufe erlangen, ohne die niederen betreten zu haben. Und der Götzendienst ist eben die niedere Stufe, Gott zu dienen, von der man nachher höher steigen kann.

Dies thut ihr aber nie, entgegnete ich, sondern bleibt bis an den Tod auf der untersten Stufe des Götzendienstes stehen. Wenn man höher hinauf will, muß man doch die unterste Stufe verlassen. Wäre nun auch der Götzendienst wirklich die untere Stufe, so wäre es doch jetzt hohe Zeit für euch, endlich über dieselbe hinauszugehen. Thut es nur, so wird euch Gott schon mehr Licht schenken und euch höher führen.

Da meine müden Leute zweimal vergeblich nach Milch ausgegangen waren, so sagte ich zu den Brahminen: Euer Ort hat so einen schönen Sattiram, aber auch nicht einen Tropfen Milch für einen Reisenden. Darauf stand sogleich einer von ihnen auf und fragte: Erlauben Sie mir, daß ich Milch holen darf? Ja wohl, sagte ich, und er ging. Wirst Du auch wiederkommen? riefen ihm die andern nach. Wenn ich Milch kriege, sonst nicht, rief er zurück. Nach einer Weile fingen die übrigen an: Es wäre uns sehr angenehm, weiter mit Ihnen zu reden, wenn Sie nur bis morgen bleiben wollten. Als ich aber erwiderte, daß ich noch in der Nacht weiter müsse, gingen sie alle fort mit den Worten: so wollen wir doch sehen, ob wir keine Milch für Sie finden können. Meine Leute meinten, das sei nur so eine höfliche Weise fortzukommen, und ich begann meinen Thee ohne Milch zu trinken. Aber sie kamen wirklich alle wieder, und zwei brachten in ihren kleinen runden Messinggefäßen Milch. Ich hatte an der Hälfte genug, aber sie bestanden darauf, daß ich den ganzen Vorrath annehmen mußte.

Nun wollten meine Leute auch gern Wasser haben für sich zum Trinken und Kochen, und auch für Pferd und Ochsen: denn für mich selbst führte ich das nöthige Wasser mit mir. Ein schöner Brunnen stand auch gerade vor uns, aber sie durften aus diesem Brahminen-Brunnen nicht schöpfen. Als die Männer ihre Noth merkten, ging der eine hin und schöpfte Wasser, erst für die Leute in ihre Gefäße, und dann auch für Pferd und Ochsen in gemauerte Tröge, alles ohne Geräusch und mit Freundlichkeit. Darauf kamen sie wieder alle zu mir und sagten: Fehlt Ihnen nun noch irgend etwas, so bitten wir, es uns zu sagen. Ich antwortete, ich hätte alles nöthige bei mir und dankte ihnen sehr für die Milch. Sie lehnten den Dank sehr höflich ab und versicherten noch einmal, wie gern sie weiter mit mir reden möchten, wenn ich nur bis morgen bleiben könnte. Ich sagte, daß auch ich sie sehr gerne wiedersehen und mich nach ihnen erkundigen würde, wenn ich wieder hier durchkäme. Darauf verabschiedeten sie sich sehr freundlich.

Schon um Mitternacht weckte ich meine Diener, da die Leute im nahen Brahminenhause so viel Lärm machten, — ob um die mitternächtigen Rakschasas (böse Dämonen) zu vertreiben? Als wir fanden, daß es erst Mitternacht war, legten wir uns wieder zur Ruhe. Ich schlief im Wagen und die Nacht war sehr heiß und lufttodt. Aber plötzlich fühlte ich eine Erkältung auf der Brust, die mir mein altes Brustleiden ziemlich in Erinnerung brachte und für die Weiterreise besorgt machte. Um zwei Uhr weckte ich meine Leute auf's neue und wir brachen auf. So kamen wir schon früh nach Vikravandi, wo wir einen Morgengottesdienst mit Gesang hielten und mit den wenigen Leuten sprachen. Nachmittags zogen wir weiter und gelangten Abends nach Chennur. Ich ritt noch nach dem Ort, wohin ich meinen Leser vorausgeschickt hatte, und kam in eine verfallene Straße, wo einige Brahminen sogleich aufstanden und fragten, wo ich hin wolle. Ich will euren Ort sehen und finde, daß er hier zu Ende ist, sagte ich; waren hier früher nicht mehr Häuser?

Viel mehr, aber sie sind eingefallen, weil ihre Bewohner fortgezogen sind schon vor langer Zeit. Dies war einst eine lange Brahminenstraße.

Und wie viel seid ihr jetzt?

Wir sind nur diese vier Häuser noch.

Und was thut ihr?

Wir zwei bauen das Land, dieser ist der Maniakaren und jener der Munsifdar.

Und was ist das dort für ein Tempel?

Das ist ein Tempel der Mariammen.

Der Mariammen? Ist denn das nicht ein Dämon?

Freilich, aber die dummen Sudras verehren ihn, wir haben nichts damit zu schaffen.

Warum belehrt ihr sie denn nicht?

O das sind eben Heiden, die sind viel zu dumm, auch nur zu hören. (Anjanigel — Unweise — nennen sich die Tamülen selbst und Njanigel — Weise — nennen sie solche, die der Welt entsagen, dem Besitz, der Freude und dem Leid, und sich mit ihrem Geiste in Gott betrachtend versenken.)

Inzwischen hatten sich die Bewohner aus ihren Hütten herzugemacht, wohl 60 Männer und Kinder. So wandte ich mich an sie und sagte: Hört, diese Brahminen behaupten, daß ihr so dumm seid, jenen Dämon Mariammen zu verehren; warum hört ihr denn nicht auf die Belehrung, die sie euch geben?

Die Leute sahen einander verlegen an, denn sie wollten wohl nicht gerade heraus sagen, daß sich die Sache doch etwas anders verhalte. So erwiderte ich den Brahminen: Ich denke, sie folgen nur eurem Beispiel. Ihr salbet einen Stein, und so salben sie einen andern.

Nein, rief der älteste der Brahminen, wir thun das nicht. Wir wissen, daß es ein Parabaravastu giebt (Parabaren = Gott, Parabaravastu = göttliches Wesen), und das ehren wir im Gemüth, wir treiben keinen Götzendienst.

Aber ihr geht nach Tiruvanamaley?

Ja, aber nur um einzukaufen, was uns noth thut, nur des Jahrmarkts wegen.

Das gefiel mir von dem Alten und ich sprach es ihnen aus. Ein junger Brahmine meinte: Diese Sudras denken, wenn sie der Mariammen nicht dienen, so werden sie alle sterben.

Ja wohl, riefen einige Sudras bekräftigend.

Versucht's doch nur ein Jahr, sagte ich.

Wir haben's schon versucht, antworteten sie, aber da hat's das ganze Jahr nicht geregnet.

Das geschah um eurer Sünden willen. Dem Gott, der euch geschaffen, euch Leib und Seele gegeben und so viele Jahre erhalten hat, dem dient ihr nicht, dem dankt ihr nicht, den betet ihr nicht an; dafür nehmt ihr euch einen Stein von der Straße, stellt den zum Götzen auf und dient ihm; so verdient ihr mit Recht die Strafe.

Um nicht gestraft zu werden, dienen wir eben der Mariammen, die sonst sehr böse ist.

Hört eine Geschichte. Ein Grasschneider nahm sein Messer und ging in den Wald, Gras zu schneiden. Da kam ein Tiger und wollte ihn fressen. Der Grasschneider warf sich schnell auf seine Kniee, pries des Tigers Tugenden und bat ihn sehr, seiner doch zu schonen. Aber der Tiger fand diese Position auf den Knieen ganz recht, sprang auf ihn zu und fraß ihn auf. Hätte der Mann sich mit seinem Messer zur Wehre gesetzt, so hätte er sich wohl noch retten können, so aber ging er durch seine eigne Thorheit verloren. Und ihr denkt von dem Dämon verschont zu werden, wenn ihr ihn bittet? Darf man auch mit den Bösen Freundschaft machen? Widerstehet dem Teufel, so fliehet er von euch!

Ja, sagte der alte Brahmine, das ist wahr.

Da er ein Buch in des Lesers Hand sah, so fragte er: Was ist das für ein Buch?

Lies den 51. Psalm, sprach ich zum Leser. Das aber schien ihnen zu hoch. So ließ ich den 1. Psalm lesen und fand, wie begierig sie alles in sich aufnahmen und priesen. Namentlich das von der Betrachtung der Schrift — sie wiederholten jedes Wort mit Bedacht — und das von der Spreu, die der Wind verweht. Auch ein großer Haufen Spreu verschwindet, wenn der Wind hineinbläst, bestätigten sie. Ich mußte ihnen das Büchlein lassen, und sie baten um noch mehr. Da ich weiter keine bei mir hatte, so suchten sie mich später im Bungalow auf, wo ich ihren Wunsch befriedigen konnte.

Wir sangen dann unser Abendlied und hielten unsern Abendgottesdienst im kleinen Bungalow, worauf wir uns bald zur Ruhe legten. Denn wir wollten am Morgen wieder früh aufbrechen, und zwar gedachten wir unsern Wagen der schlechten Straße wegen hier zu lassen und zu Fuß und zu Pferd nach Nallalam weiter zu gehen.

16. October. Heute wollten wir eigentlich schon um 4 Uhr aufbrechen, und ich weckte meine Leute noch viel früher, denn ich hatte keine Uhr, und die Sterne täuschten mich. Ich ließ mir eine Tasse Thee machen, aber schon beim Anziehen merkte ich, daß die vorige Mitternacht mir ein Leid gethan hatte. Meine Brust war so beklommen, daß ich nicht stehen konnte. So blieb nichts übrig als den Tag abzuwarten, und da der mich auch nicht besser fand, schickte ich meinen Leser voraus, um mit den freundlich wie mit den feindlich gesinnten Heiden freundlich zu reden und ihnen meine Ankunft für den Nachmittag anzuzeigen, da ich hoffte, bis dahin so viel besser geworden zu sein.

Inzwischen kam ein Bote und sagte, daß der Weg gut genug
für den Wagen sei und daß man eine Hütte für mich erbaut habe,
um mich nicht sogleich wieder fort zu lassen. Wir machten uns also
mit Sack und Pack auf und zogen auf Nallalam zu. Es sollten
wohl nur drei Meilen sein, aber es waren reichlich fünf, und der
Weg war durch Steine und Morast derart, daß ich doch bedauerte,
den Wagen genommen zu haben. Nun war aber nichts mehr daran
zu ändern, und so kamen wir denn mit Mühe und Noth an Ort
und Stelle an und fanden schon einen Haufen Volks, auch Frauen
und Kinder, bereit uns zu empfangen. Bald hatte ich aber das Loos
aller Missionare, ich mußte viele Klagen anhören. Die Heiden hat=
ten den Bau der Hütte für mich zuerst mit Schuhschlägen (die größte
Schande für Tamulen) zu hindern gesucht, und als die Hütte den=
noch zu Stande gekommen war, hatten sie sie wieder eingerissen und
das Material umher gestreut. Unsere Leute hatten sich darauf
klagend an den Tasildar gewandt, und der hatte Befehl gegeben, daß
die Hütte wieder aufgebaut werden sollte, woran nun die Heiden
selbst mithelfen mußten. Da der Anführer der Feinde der reiche
Munsifdar (Ortsrichter) war, der auch meinen Lesern keine Auf=
nahme von Andern erlauben, ja selbst nicht einmal mit ihnen reden
wollte, so sagte ich: Nun bleibt ihr alle hier, ich will allein zu dem
Manne gehen. Ich setzte mich also aufs Pferd und bat Gott, mir
auch hier wie einst in Jangambur Sieg zu verleihen. Bald hatte
ich einen Haufen Volks beisammen, mit welchem ich über Heiden=
thum und Christenthum zu reden anfing. Es währte nicht lange,
als ein kleiner grauer Mann herbei kam, der vor Aufregung stark
zitterte. Er stellte sich, als ein Mann von Gewicht, vor das Volk
gegen mich hin und sprach mit. Auf meine Frage, wer er sei, gab
er sich als den Munsifdar zu erkennen. Er habe mich in den Ort
reiten sehen und sei in Folge dessen vom Felde herbeigeeilt.
Gut, sagte ich, und redete weiter in angefangener Weise fort. Da

wir über die Sünde sprachen und diese den Leuten im einzelnen nicht klar werden wollte, so fragte ich den Munsifdar, der nun zum Sprecher geworden war, wie viele wohl in seinem Dorfe keine Lüge redeten.

Keine Lüge? erwiderte er, solche giebt's hier gar nicht. Hier sind lauter Lügner.

Ohne Ausnahme? fragte ich.

Ohne Ausnahme, hier lügt ein jeder.

Also auch Sie?

Da fingen die Männer an zu lachen und er biß sich in die Lippen, sagte aber bald:

Ich bin ein Beamter, wie könnte ich wohl auskommen, wenn ich nicht Lüge und Wahrheit zusammen mischen wollte? Ich kann also nicht sagen, daß ich nicht lüge. Ohne Lüge könnte ich also nicht bestehen.

Und denken Sie damit auch vor Gott zu bestehen?

Das freilich nicht.

Und was wird dann aus Ihnen, wenn Sie vor Gott nicht bestehen?

In dieser Weise ging ich auf des Mannes Gewissen ein und frug dann auch nach dem Druck, welchen er auf die Leute übt.

Wenn diese Leute lernen wollten, sagte er, würden sie es wohl unterlassen, auch wenn ich es zu hindern suche? Sie fragen aber in Wahrheit nichts nach der Religion, sie suchen blos ihren Nutzen.

Wenn jene also nichts darnach fragen, so thun Sie es wenigstens.

Ja, das mag wohl später geschehen.

Ich denke auch, daß Ihre und Ihresgleichen Zeit noch nicht gekommen ist. Aber sie wird gewiß kommen und Ihre Tempel werden verfallen. Auch der große Tempel in Tiruvanamalei wird zu Ruinen werden.

Sie nennen ihn also einen großen Tempel?

Ja, weil des Gesteins dort so viel ist; sonst ist zwischen jenem dort und diesem hier kein Unterschied. Da Ihre Zeit nun noch nicht gekommen ist, warum bedrücken Sie die Armen, deren Zeit gekommen zu sein scheint, warum werden dieselben sogar geschlagen, wenn Sie mir eine Hütte zum Aufenthalte bauen wollen? Denken Sie, wenn ich das nachsuchen wollte, die Uebertreter würden frei ausgehen?

Aber durch Ihre Gegenwart sollte hier Niemandem Leids geschehen, sagte er.

Das ist auch mein Wille nicht. Ich wünsche, daß ihr alle euch darüber freuen und einen Segen davon haben möchtet. Denn euch allen zu gut und nicht zu leid bin ich hergekommen. Ich werde also das Vergangene vergangen sein lassen, aber künftig darf derlei nicht mehr vorkommen.

Nein, es soll nun auch nicht mehr geschehen.

So ist's gut. Aber merkt Euch das: Wer Böses säet, der wird Böses ernten. Das Böse, das ihr Andern thut, fällt doch zuletzt auf euren Kopf. So thut denn Gutes, damit ihr auch Gutes empfanget. Morgen sehe ich euch wieder.

Damit ritt ich in meine Hütte zurück und freute mich, daß der Mann doch so weit zur Vernunft gekommen war. In der Hütte erzählte ich dann den Leutchen, daß sie sich nun nicht mehr so fürchten sollten. Darauf hatten wir unsern Abendgottesdienst, wobei mir von einer Seite eine Laterne und von der andern ein flackerndes Licht gehalten wurde, und ich doch kaum sehen konnte. Da der 32. Psalm an der Reihe war, so nahm ich davon Gelegenheit zu zeigen, worin die Seligkeit besteht, und frug sie dann, ob sie der Seligkeit begehrten? Ja wohl, riefen sie. So sucht sie also nicht in irdischem Gut, welcher Art es sei. Sucht sie zuerst in der Vergebung eurer Sünden, und die sucht am rechten Ort, bei Dem, der allein sie auch für euch erworben hat ꝛc. Nach dem Gebet entließ ich sie in ihre Hütten und ging auch selbst zur Ruhe, denn ich war matt und müde.

17. October. Sonnabend. Früh mit dem Aufgang der Sonne versammelte ich wieder das ganze Dorf und hielt Morgengottesdienst mit ihnen. Ich ließ die acht Seligpreisungen vorlesen und redete lange Zeit mit ihnen besonders auch über die Seligkeit der Verfolgung um Christi willen. Die Männer redeten oft dazu, die Frauen waren entsetzlich scheu. Nach dem Gebet ging dann ein jeder an seine Arbeit, sie auf's Feld, ich auf's Pferd.

Ich sah mir nun die Gegend ordentlich an. Nallalam liegt in einer erhöhten Ebene, so daß man nach allen Seiten eine weite Aussicht hat. Nur gegen Westen wird der Horizont durch hübsch geformte Berge, die sich lang hinziehen und oft in tiefes Blau eingehüllt sind, begrenzt. — Ich ritt zu einem benachbarten Dorfe, wo die Männer auch dem Christenthume geneigt sind, aber das andere Dorf, welches mir eine Hütte gebaut hatte, vorausgehen lassen wollten. Hier war aber schon alles zur Arbeit ausgezogen. Im nächsten Dorfe fand ich ein Haus voll Männer, die aber nicht, der Landessitte gemäß, aufstanden und mich begrüßten. Da ich jedoch weiter niemand sah, blieb ich stehen und fing mit ihnen ein Gespräch an. Es war aber ein Schreier unter ihnen, der mich immer unterbrach und es zu nichts kommen ließ. Nach langem vergeblichen Abmühen sagte ich ihm endlich, da er kein Ohr zu hören habe, so solle er seine Zungenübungen in meiner Abwesenheit treiben, denn mit einem Narren wollte ich meine Zeit nicht verbringen, obwohl es mir um die andern Männer leid sei; und so ging ich weiter.

Auf dem Rückwege fand ich den Munsifdar vor seinem Hause, der aufsprang und mir entgegen kam. Ich bemerkte ihm, daß ich die Hütte nicht abgebrochen wünschte, da ich bald wieder zu kommen gedächte. Sie soll stehen bleiben, erwiderte er. Dann sagte ich zu ihm: Ich habe den Leuten mitgetheilt, was Sie gestern über sie äußerten, daß es ihnen nämlich nicht um das Christenthum, sondern nur um ihren Nutzen zu thun sei. Sie erklärten das aber für eine Unwahrheit. So lassen Sie die Leute denn in Ruhe. Wenn wir sie lehren nicht zu stehlen, nicht zu lügen, ihren Herren gehorsam zu sein, treu zu arbeiten ꝛc., so wird das nicht nur Niemandem Schaden, sondern Jedermann Nutzen bringen, auch Euch. Hindert sie also künftig nicht mehr.

Wir wollen sie nicht hindern. Aber Ihr Diener hier achtet mein Ansehen nicht und bringt auch andere dazu, es zu mißachten.

Das soll er nicht thun, sagte ich, verwieß sogleich dem Betreffenden sein etwas freies Mundwerk und gebot ihm, die Obrigkeit des Ortes zu ehren, wie es recht sei. Da der Munsifdar bald nach Cuddalore zu kommen hatte, so lud ich ihn ein, mich zu besuchen, was er auch zu thun versprach. So schieden wir wenigstens in äußerem Frieden von einander.

In der Hütte angekommen, las ich noch meinen Leuten eine Lection, wie Christen insonderheit demüthig zu sein hätten, auch hochmüthigen und Unrecht thuenden Heiden gegenüber. Denn der HErr hat den Sanftmüthigen das Erdreich verheißen, nicht den Zänkischen und Klagfertigen. Und durch Sanftmuth, durch Leiden und Bluten haben die Christen endlich den Sieg davon getragen.

Darauf ging ich in's Dorf der Männer, die sich für das Christenthum erklärt hatten. Am Ende des Dorfes fand ich drei Steine aufgestellt und mit Oel beschmiert, doch nicht frisch. Auf meine Bemerkung, daß sie die nun fort thun müßten, lief einer alsbald hin und warf sie um. Ich hieß die Steine in einen Morast werfen, um darauf treten und so trocknen Fußes hinübergehen zu können, damit sie doch zu etwas nütze seien. Sie thaten es auf der Stelle.

Bald darauf kam der Maniakaren (Landaufseher) des Orts, der verreist gewesen war. Er scheint ein gutmüthiger, aber schwacher Mann zu sein, der durch den Verlust seines Vaters in seiner Kindheit und durch Ränke neuer Eindringlinge (des bösen Munsifdars) um den größten Theil seines Vermögens gekommen ist. Durch diese neuen Eindringlinge ist auch der ärmeren Klasse erst so viel Noth erwachsen, denn des Maniakaren Vater hielt seine Arbeiter alle wie seine Kinder, weshalb er bei ihnen auch noch in sehr gutem Andenken steht.

Nun folgte eine Episode, wie sie sich immer wieder im Leben der Missionare wiederholt, die neue Bahnen brechen und in neuen Orten das Evangelium pflanzen. Des feindlichen Munsifdars Rede nämlich: „die Leute fragen nichts nach dem Christenthum, sie suchen nur ihren Vortheil" hatte doch auch etwas wahres. Das Christenthum hat schon längst nicht mehr solche äußere Gestalt und Schöne, daß es die Heiden durch sich selbst anziehen sollte. Zur Zeit, als man mit Fingern auf die Christen weisen und sagen konnte: Sehet, wie sie sich lieben!, da hatte das Christenthum für sich allein Anziehungskraft genug. Jetzt aber, da die Heiden, wenn sie mit Fingern weisen wollen, nur rufen könnten: Sehet, wie sie sich streiten!, ist diese Schöne für das äußere Auge dahin. Und mit äußeren Augen nur können doch die Heiden das Christenthum ansehen. Wenn sie nun sehen in nächster Nähe: Römer und Lutheraner, Episcopale und Presbyterianer, Methodisten und Babtisten, Calvinisten und Congregationalisten, wie jedes seine Fahne aufsteckt und oftmals leider nur zu gern auch in des Nachbars Teiche fischt, müssen sie da nicht denken, diese Christenthümer werden feilgeboten wie die Waaren des Kaufmanns, wo ein jeder die seinige preist und die des andern herabsetzt? Denn ein inneres Auge und Verständniß kann man doch bei den Heiden noch nicht erwarten. So haben die äußeren Verhältnisse in der Regel viel dabei mitzuthun, wenn Heiden zum Christenthum kommen. Und wenn auch die armen Leute nichts weiter suchen, so suchen sie doch gewöhnlich mit dem Christenthum auch einigen äußeren Schutz, da sie ja den früheren Schutz daran geben müssen und nur Feindschaft dafür ernten. So wollten denn auch diese

Leute in Nallalam etwas Schutz haben, nicht eben viel, aber doch so
viel, daß sie mit ihrer Bitte um das wüste Stück Land, das die Regierung nur zu gern weggiebt, nicht durch Lug und Trug abgewiesen
werden möchten. Denn die Beamten des Dorfes müssen erst erklären, ob dieser Bitte nichts im Wege steht, ob nicht schon ein anderer
das Land begehrt 2c. Auf diese Weise aber bekommen es die Leutchen nie und werden darum verzagt, so daß sie zu Tausenden auswandern. — Ich hatte ihnen nun gleich von Anfang an gesagt, daß das
zwei ganz verschiedene Dinge seien: wenn sie Land wollten, so müßten sie es auf anderem Wege suchen; wenn sie aber sich bekehren und
Christen werden wollten, so seien sie an der rechten Stelle. Nur
dürften sie nicht eins sagen und ein anderes denken. Sie erklärten
aber wiederholt, daß sie zwar das Land auch gern hätten, daß sie
aber alle Christen werden wollten, sie erlangten das Land oder nicht.
Sie hatten dann auch ohne mein Zuthun ihre Bittschrift eingereicht
und darauf den Befehl an die Ortsbehörde erhalten, das Land abzumessen und den nöthigen Bericht darüber einzusenden. Aber sie
fürchteten sich, diesen Befehl abzugeben, weil dann der Betrug losgehen würde.

Da nun der Maniakaren, das heißt der betreffende Beamte gerade hier war, so ließ ich auch den anderen Beamten, den Kanaken
(Rechnungsführer) herzuholen und ermahnte sie, ehrlich und ordentlich bei der Sache zu Werke zu gehen. Sie versprachen das auch,
riefen sich ihre Leute und gingen das Land zu vermessen. Nachdem
das geschehen, kamen sie wieder in meine Hütte, sagten mir, daß es
etwas über 25 Morgen seien, und wollten nun ins Dorf gehen,
ihren Bericht zu schreiben. Dem widersetzte ich mich aber, weil der
Munsifdar dann alles verdorben haben würde, und er amtlich doch
nichts damit zu thun hatte. So ward denn der Bericht in meiner
Hütte geschrieben. Dennoch setzte der Kanaken einen Satz hinein, den
er selbst nicht für wahr erklären wollte, weshalb ich darauf bestand,

daß er die Wahrheit unten noch hinzufüge. Ich ermahnte ihn darauf noch, wenn er sein Amt behalten wolle, stets der Wahrheit gemäß zu handeln und zu berichten, weil die Lüge doch nicht bestehen, er dadurch aber sein Amt verlieren könnte. Dann nahm ich meinen Stock und ging etwas auf's Feld hinaus, weil die kleine Hütte der Luft doch gar zu wenig hatte. Nun erhob sich aber ein großer Zank. Der Munsifdar bedrohte den Kanaken und schalt ihn aus, daß er den Bericht in meiner Hütte geschrieben hätte, und dieser vertheidigte sich: „Er nahm den Stock und drohte mir, was konnte ich thun!" So ließ der Munsifdar seinen Wagen anspannen und wollte wer weiß wohin fahren, mich zu verklagen. Da er mich aber hier bleiben sah, so blieb er auch, und wir konnten ungestört unsern gewöhnlichen Abendgottesdienst halten, in dem ich den 34. Psalm erklärte. Darauf ging ich bald zur Ruhe.

18. October. Tag des HErrn. Schon um 4 Uhr begann der Lärm im Dorfe, da der böse Feind die Leute zur Arbeit rief. Aber alles Schreien und Schelten und eine ganze Anzahl Männer, die er sich zur Hülfe mitbrachte, half ihm diesmal nichts. Ohne daß ich davon wußte, erklärten ihm die Leute: Wir sind Christen und arbeiten nun des Sonntags nicht mehr. Morgen früh wollen wir kommen. Gegen acht Uhr kamen denn alle zum Gottesdienst in die Hütte, so viel hinein konnten, die übrigen blieben draußen. Sie setzten sich gleich ordentlich, die Männer auf die eine Seite, die Frauen auf die andere, wie es einige von ihnen in Cuddalore gesehen hatten. Bei den Frauen hielt's freilich nicht ganz leicht, sie dazu zu bringen. Denn hier zu Lande ist es Sitte, daß eine Frau in Gegenwart ihres Schwiegervaters oder des älteren Bruders ihres Mannes nicht sitzen darf. Sie scheuten sich daher hereinzukommen und antworteten, nach dem Grunde gefragt, ganz verschämt: Wie kann ich mich denn hinsetzen, ist doch mein Schwiegervater da! Oder siehst du nicht meines Mannes Annan (älteren Bruder), wie kann

ich mich denn setzen? In diesen Dingen verdirbt es ein Neuling gar oft mit den Leuten, da er ihre Sitte und die eigentlichen Gründe ihres Handelns nicht kennt. Indien aber ist ein Land, das man nicht so bald ausgelernt hat. Nach einiger Mühe setzten sich indeß die meisten von ihnen doch, und nur einige blieben draußen stehen. So hielten wir denn unsern Gottesdienst, den die Feinde durch lautes Schreien nahe bei der Hütte zu stören drohten. Da sie aber keinen von uns herauslocken konnten, so wurden sie des Spieles müde und gingen davon. Ich zeigte aus dem Evangelium des Tages, daß wie einst die Krankheit den Gichtbrüchigen zum HErrn getrieben habe, so treibe sie jetzt die gegenwärtige Trübsal zu ihm. Sie sollten deshalb nicht darüber unmuthig werden, noch die Feinde hassen, sondern vielmehr dem HErrn danken, daß Er sie durch diese Trübsal zu sich ziehen wolle, um sie von dem größten aller Uebel, von der Sünde zu erlösen.

Nun war ein mehr als hundertjähriger Greis unter ihnen, der schon gestern sein Verlangen nach der Taufe ausgesprochen hatte. Da ich ihn nicht wieder zu sehen hoffen konnte, so versprach ich seinen Wunsch zu erfüllen und bereitete ihn darauf vor. Als das ein anderer Greis von etwa neunzig Jahren hörte, bat er sehr, doch auch dabei sein zu dürfen, da er ja nur zehn Jahre jünger sei als jener. So nahm ich den auch dazu. Auch noch ein dritter fand sich ein, den ich aber für jetzt noch zurückstellte, da er noch ziemlich kräftig aussah und wohl noch etwas mehr zu lernen im Stande war. Die beiden Greise, von welchen der alte im rechten Winkel gebückt, in der einen Hand einen Stab, die andere auf den Knieen ruhend, nur sehr langsam und zitternd einen Fuß vor den andern setzen konnte, hockten also vor dem Tische, den ich von Cuddalore mitgebracht hatte, und auf welchem mein messingnes Waschbecken als Taufbecken bereit stand. Ich erklärte nun allen die Wichtigkeit und den Segen des heil. Sacraments und betete für die Täuflinge. Nachdem diese dem Teufel kräftig entsagt und den Glauben an den dreieinigen Gott bekannt hatten, taufte ich sie, den Alten Patiam (Seligkeit), den andern Arulappen (Johannes), worauf wir mit Gebet und Segen schlossen. Nach dem Gottesdienst ließ ich den Leuten noch längere Zeit die Hauptstücke des Katechismus vorsagen, bis sie hungrig wurden und in ihre Hütten gingen.

Dann hatte ich wieder Besuch vom Maniakaren, der wie ein gescheuchtes Reh bei uns Zuflucht suchte und mich dringend bat, doch noch einige Tage dort zu bleiben. Ich durfte aber hier den Ausbruch des Monsuns, der stündlich drohte, nicht abwarten, weil ich sonst für lange nicht fortgekonnt hätte. So hinterließ ich ihm wenigstens ein gedrucktes Evangelium mit der Ermahnung, sich damit bekannt zu machen und sein Heidenthum zu verlassen, in welchem er doch nur Trostlosigkeit nach allen Seiten finde. Er sprach sich gut aus und ich bat Gott, daß auch ihn die Trübsal zum Tröster aller Mühseligen treiben möchte. Nach manchen weiteren Gesprächen mit einzelnen Männern bekam ich meinen Reis und Kari, worauf wir uns zum Aufbruch rüsteten.

Da aber der böse Feind gedroht hatte: Laßt nur den Weißen erst fort sein, so will ich schon mit euch reden!, so wollte ich die Leutchen nicht gar ohne Schutz lassen. Ich trug also einem meiner Leute auf, hier zu bleiben und wenn der böse Mensch komme, sich mit Papier und Bleistift in das Dorf zu stellen, ohne ein Wort zu reden. Wenn er dann gefragt würde, was er da wolle, so solle er ganz ruhig antworten: Sie haben meinem Herrn versprochen, diesen Leuten ferner keine Noth zu bereiten. Nun hat mich mein Herr beauftragt, hier zu bleiben und zu sehen, ob Sie auch Wort halten, sonst aber Ihr Reden und Thun sogleich aufzuschreiben und ihm zu überbringen. Auf diese Weise hoffte ich den Bösewicht von allzu Bösem abzuhalten. Wir brachen dann auf und ich ritt, obgleich es leise regnete, erst noch auf zwei am Wege liegende Dörfer und redete mit den Leuten, die alle aufmerksam und bescheiden zuhörten. In dem einen fand ich einige römische Familien, die auch ein Bethaus hatten, das aber leer stand. Wozu nützt es euch denn? fragte ich. Nun, wir gehen halt selber hin und beten, wenn wir Lust haben. Ein Priester hatte sie mit wenig über 100 Rup. von ihrem Schuldherrn losgekauft und zu Christen gemacht. Er hatte auch die Bethütte hingebaut und wollte sich hier weiter ausbreiten. Er kam aber fort, und so blieb seine Arbeit liegen. Die Leutchen hatten nun Lust, sich an uns anzuschließen, wenn wir eine Gemeinde in der Nähe gründeten.

Die Römer sind also in diesem Punkte nicht so bedenklich, als viele Protestanten. Sie fürchten sich nicht so sehr vor dem Gespenst, die Heiden möchten des äußeren Vortheils wegen zum Christenthum kommen. Auch die alte Kirche, die noch nicht römisch war, aber schon lutherisch, die Kirche unter dem Drucke der heidnischen Kaiser hielt es für sehr rühmlich, Sklaven freizukaufen und sie zu Christen zu machen. Sollte das unerlaubt sein? Eigentlich kommt doch ein jeder Mensch des Vortheils wegen zu Christo. Niemand bringt ihm etwas, es sei denn seine Sünde. Ein jeder will etwas von ihm haben, und zwar etwas Großes, Unaussprechliches, Ewiges. Der Gichtbrüchige aber und alle die Blinden und Lahmen und Aussätzigen kamen auch um äußeren Nutzens willen zu ihm. Und stieß er sie deshalb von sich? Nicht einen. Er gab ihnen mehr, als alle Missionare und Missionen zusammengenommen einem Menschen geben können. Er gab ihnen Gesundheit des Leibes oder der Glieder, und dazu seinen Gnadenblick und sein süßes Trostwort, das ihre Herzen band, wie nur Sein Wort sie binden konnte. Wir dagegen trauen den Leuten so wenig und verlangen oft die Früchte, ehe wir auch nur den Baum gepflanzt haben. Wir sind so geneigt, den Heiden Lasten aufzulegen, die wir selbst vielleicht mit keinem Finger anrühren würden. O, wie viel barmherziger ist doch die Barmherzigkeit Gottes, als die der Menschen! Gegen die neuen Christen in Nallalam wandte sich nicht nur die Feindschaft ihres Brotherrn, sondern als ein Neugetaufter fröhlich nach Hause kam, stieß ihn sein eigens Weib von sich und flohen ihn seine Kinder. Das zum Willkommen, neben dem Fluch und der Drohung seines Brotherrn! Wahrlich ja, auch die Armen in Indien haben um Christi willen Schmach zu leiden und an ihrem Kreuze schwerer zu tragen, als die seidene Christenheit der Heimath sich's denken mag. — Doch jenes Mannes Sanftmuth und Geduld überwand den Widerstand seiner Frau, und sie wurde später auch willens, Christin zu werden mit ihren Kindern.

Unter solchen Gedanken ritt ich einsam weiter dem Wagen weit voraus, denn der Weg war äußerst schlecht, so daß sechs Männer von Nallalam mitgehen mußten, um dem Wagen über die schlechtesten Stellen hinüber zu helfen. Endlich merkte ich, daß ich meine Begleiter völlig verloren hatte, und da ich in der Gegend ganz fremd war, so ritt ich auf einen Hügel, um mich nach ihnen umzusehen. Dort stieg ich ab und wartete. — Ein Mann fand sich herzu, der mich von fern beobachtet hatte. Ich ging auf ihn zu und er fragte, von wo ich käme, da er mich vor einigen Tagen habe vorbei reiten sehen. Ich sagte es ihm und fragte ihn dagegen nach dem Tempel auf dem gegenüberliegenden Hügel. Der Gott ist fort, antwortete er. Die Unterstützung der Regierung hat aufgehört, und das Maniam (zinsfreies Land), das früher dazu gehörte, ist auch weg, so mögen die Priester nun auch keinen Dienst mehr thun. Also maniamillei pusciumillei? frug ich. Gerade so, erwiderte er, maniamillei pusciumillei, d. h. etwa: ohne Lohn auch keinen Gottesdienst. Komm, laß uns hinaufgehen, sagte ich, und wir gingen beide den einen Hügel hinunter und stiegen den andern hinan, während ich vom wahren Gottesdienst mit ihm redete. Der Mann war sehr verständig. Ja wohl, sagte er, die Leute säen Spreu und wollen

Reis ernten. Dornen säen sie, entgegnete ich, und denken Reis zu ernten, denn sie thun Böses und erwarten doch Gutes dafür, sündigen und erwarten noch Lohn dafür! So kamen wir oben auf dem Hügel an. Verschiedene Götzenbilder von Granit lagen und standen noch dort umher, aber die beiden Hauptgötzen waren nach einem andern Tempel gebracht worden. Leicht hätte ich hier eine solche granitene Heiligkeit erobern können, wären sie nicht alle viel zu schwer gewesen, um sie zu heben oder meinen Wagen damit zu belasten. Noch ein anderer Mann fand sich herzu und wir hatten ein recht freundliches und gutes Gespräch mit einander, in welchem ich sie von den todten Götzen zu dem lebendigen Gott, und von dem Oelen der Steine zum Anbeten im Geist und in der Wahrheit zu führen suchte.

Zu diesen luftleeren Tempelräumen aber hatte mein wachsendes Kopfleiden so zugenommen, daß ich fast nicht wieder aufs Pferd konnte. Man lud mich daher ein, in den Wagen zu steigen, aber ich wollte Wagen und Leute schonen und so ritt ich noch bis auf die Straße hinaus, wo sich unsre Gesellschaft in drei Theile theilte und nach drei Richtungen hin auseinander ging. Die Männer von Rallalam sandte ich mit den nöthigen Ermahnungen zurück nach dem Westen, zwei Leser mit verschiedenen Aufträgen nach dem Süden, während ich selbst mit den übrigen Leuten gen Osten zog. Von nun an hatte ich aber an meinem Kopf so viel zu leiden, daß ich den Rest des Nachmittags und die ganze Nacht sehr elend im Wagen zubringen mußte. Müde und matt erreichte ich in der Frühe Pondichery, von wo wir dann Abends nach Hause kamen.

7.

Aus dem Palaste der Großmoguln.

Im Palaste zu Delhi sitzt der Kaiser. Der Saal ist oval, sechzig Fuß lang, ganz aus weißem Marmor. Die Decke, von feiner Arbeit in Gold, ruht auf Marmorsäulen. Die eine Seite des offnen Saales sieht nach dem Schloßhof; die andere gewährt eine schöne Aussicht auf den breiten Jamuna-Fluß; die dritte führt zu den Schloßgärten; der Rücken lehnt sich an die Zenana — die Zimmer der Frauen. In der Mitte des Saales steht der Pfauenthron. Er ist nicht groß. Sechs Fuß Länge und vier Fuß Breite machen seinen ganzen Umfang aus. Aber er ist aus massivem Golde, voll köstlicher Steine. Zwölf goldene Säulen tragen den goldenen Baldachin, umhangen mit langen Schnüren von Perlen und Diamanten. Vierzig Millionen Thaler ist der Preis dieses Thrones. Der ihn erbaute und darauf sitzt, das ist Shah Jehan, der glänzendste aller Großmoguln. Vor ihm stehen gebückt die Großen seines Reiches. Die Thiere der Erde werden vor ihm vorübergeführt: allerlei wilde Thiere und Gevögel. Die Elephanten beugen ein Knie vor ihm, heben den Rüssel hoch in die Luft und begrüßen mit einem gewissen Ton ihren Gebieter. Mit den Elephanten beugt sich der sechste Theil aller Erdenbewohner vor ihm und ist ihm unterthan. Der Kaiser fühlt sein Glück. Er spricht — und läßt es in Marmor eingraben —: „Wenn's ein Paradies auf Erden giebt, so ist es hier, so ist es hier!"

Armer Shah Jehan! Wie hast du dich getäuscht. Wie bald verging dies Paradies! Als du sieben Jahre lang, bis zu deinem Tode, ein Gefangener deines eigenen Sohnes warst, hattest du Zeit, die Nichtigkeit eines irdischen Paradieses, mit der Sündenschlange in der Mitte, zu erwägen. Möchte die Wahrheit des dir nicht unbekannten Christenthums dir gewährt haben, was die Lüge des Halbmondes nimmer kann: den Trost aus dem Paradiese Gottes, nicht der Menschen!

— Achtzig Jahre sind vergangen. Wir sind wieder im Palaste zu Delhi. Wie ist die Scene verändert! Neben Mohamed Shah, dem Groß-Mogul, sitzt Nadir Shah aus Persien, sein Besieger. Delhis Straßen fließen mit Blut, denn 30,000 Seelen werden dem Zorne Nadir Shah's geopfert. Der Großmogul wird zum Bittenden; — er bittet um das Leben seiner Unterthanen. Das Blut hört auf zu fließen, aber der köstliche Pfauenthron, und alle Schätze des Palastes, und alles Vermögen von Delhi, und viele Große des Landes ziehen als Beute mit nach Persien.

Armer Nachfolger Shah Jehan's! Wo ist doch dein Paradies? —

— Ueber hundert Jahre sind vergangen. Wir sind noch einmal im Palaste zu Delhi. Im Saale sitzt ein 80jähriger Greis, Bahadur Shah, der letzte Großmogul. Er sitzt, — nicht auf dem Pfauenthron seines großen Vorfahren, nicht auf irgend einem Thron — er sitzt auf einer gewöhnlichen Bettstatt, oder kauert darauf. Hinter ihm stehen die Rothjacken mit grimmigem Gesicht: seine Wächter. Vor ihm — stehen nicht mehr die Großen seines Reiches — sitzen englische Officiere: seine Richter. Auf Verrath und Mord lautet die Anklage. Verrath seiner Wohlthäter, die ihn und sein Haus aus den Händen der Mahratten erretteten und sich seine „Sklaven" nannten. Mord der unschuldigen Frauen und Kinder englischer Officiere, die bei ihm Zuflucht suchten und den Tod, den grausamen, fanden. Tage und Wochen lang sitzt der Mogul und sitzen seine Richter. Endlich sind alle Acten durchgesehen, alle Zeugen verhört, jedes Zeugniß ist erwogen und: Schuldig! lautet der Richterspruch. Des Todes schuldig. Aber nicht aus der Welt, aus Indien nur, aus dem Lande seiner Väter, wird der Greis hinausgeschafft, ein armer, verachteter, vergessener Verbannter.

Letzter Erbe Shah Jehan's, wo ist doch dein Paradies?

„Alle Könige der Heiden mit einander ruhen doch mit Ehren ein jeglicher in seinem Hause. Du aber bist verworfen von deinem Grabe, wie ein verachteter Zweig; — wie ein Kleid der Erschlagenen, so mit dem Schwert erstochen sind, die hinunterfahren zu den Steinhaufen der Hölle, wie eine zertretene Leiche. Du wirst nicht wie dieselben begraben werden. — Richtet zu, daß man seine Kinder schlachte, um ihrer Väter Missethat willen, daß sie nicht aufkommen noch das Land erben, noch den Erdboden voll Städte machen." —

Der Du das verlorne Paradies suchest, auf Erden ist es nicht, auf Erden ist es nicht!

8.

Vom Todtenfelde.

Der Palast der Großmoguln ist leer; die ihn bewohnten, liegen um uns her. Hier ein mächtiges Denkmal und da eins, wie nur Großmoguln sie bauten. Wir sehen und staunen. Aber dort, in der Mitte mächtiger Grabesdenkmale, liegt ein einfaches, schlichtes Grab — wie eines Taglöhners. Rasen ist seine Decke, dürres Gras, welk und trocken. Ein einfacher Marmorstein steht zu seinen Häupten, mit kurzer Inschrift. Diese Ausnahme ist so groß, so auffällig; wir fühlen uns hingezogen, um zu sehen, wer so einfach unter den Großen ruht. Es ist das Grab Jehanara's, des großen Shah Jehan's Tochter. Sie theilte freiwillig die siebenjährige Gefangenschaft ihres Vaters und starb bald nach seinem Tode. Die Inschrift ist von ihr selbst. Lies sie, Christ, und schaue! „Lasset kein reiches Denkmal mein Grab bedecken. Dieses Gras ist die beste Decke des Grabes der geistlich armen, der demüthigen, der vergänglichen Jehanara, Jüngerin des heiligen Mannes Christi, Tochter Shah Jehan's!"

Hat die Sonne der Gerechtigkeit in dein Gefängniß, in dein Herz hinein geschienen, o Kaiserstochter!? oder woher hast du diese Sprache? Wie klingt sie so anders als die Sprache jener Christen-Dame, die, als sie in dem Taj Mahal stand, dem Grabe deiner Mutter, dem größten Mausoleum, das die Erde trägt, von dieser

Erdenherrlichkeit überwältigt, ausrief: „Was ich denke, kann ich nicht sagen, aber ich fühle, daß ich morgen sterben möchte, wenn ein solches Denkmal mein Gebein bedeckte!"

Du warest weiser „demüthige Jüngerin des heiligen Mannes Christi!" Friede sei mit deiner Asche; deine Seele sei bei dem HErrn!

—

9.

Vom Grabe eines Weisen.

Wir sind zu Futtehpoor Seekree. Es glänzt uns von fern entgegen das weiße Mausoleum des Weisen San Saliem. Wir eilen den Hügel hinan, denn werth ist's das Grabdenkmal zu sehen, das an drei Millionen Thaler gekostet hat, und werth ist's der Mann, daß wir seinen Staub besuchen. Er war ein Einsiedler im Rufe großer Heiligkeit. Kaiser Akbar wallfahrtete mit seiner Kaiserin zu Fuß zu ihm, um durch ihn von Gott einen Erben zu erbitten. Der Erbe kam, in Person Jehangir's, des Vaters von Shah Jehan, und der Einsiedler war groß, sehr groß und reich. Von seinem Nachlaß ward dieß Denkmal gebaut, und er selbst setzte sich die Inschrift. Ist auch die Einleitung apogryphisch, die Worte sind golden; merke sie wohl! Sie heißt: „Jesus — Friede sei mit ihm! — hat gesagt: Diese Welt ist nur eine Brücke; ihr sollt darüber hingehen und nicht euch Häuser darauf bauen!"

Kann der Halbmond so von der Erde hinwegleuchten, — Sonne der Gerechtigkeit, leuchte uns hin zu dir! —

www.ingramcontent.com/pod-product-compliance
Lightning Source LLC
Chambersburg PA
CBHW030015240426
43672CB00007B/965